잘 파는 사람은 무엇이 다른가

2000퍼센트 매출 상승을 이끄는 판매 설계의 기술

잘 파는 사람은
무엇이 다른가

김남희 지음

WHAT MAKES
A GOOD SELLER

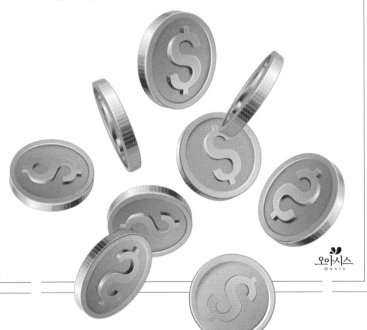

오아시스
Oasis

10명 중 9명이 실패하는 냉혹한 시장에서, 잘 파는 1명의 관점

왜 모든 회사가 진심을 다해 열정적으로 판매하는데도 성공하는 기업과 실패하는 기업의 차이가 이렇게 극명할까? 대기업이든 스타트업이든, 모든 회사는 자신들의 비전과 스토리, 제품과 솔루션을 열심히 팔고 있다. 하지만 안타깝게도 시장의 결과는 냉혹하다. 진심을 다해 노력해도 팔지 못하는 기업은 결국 사라지고 만다.

개인도 마찬가지다. 현장에서 만나는 영업인들은 하나같이 간절한 마음으로 최선을 다한다. 하지만 대다수가 성과를 내지 못하며 팔지 못하는 사람은 결국 현장에서 살아남지 못한다. 이것이 우리가 마주한 현실이다.

요즘은 더욱 치열하다. 글로벌 기업들은 이제 국가 단위가 아닌 부서별로 영업조직을 재편하고 있으며, 국내 기업들도 한국 시장을 넘어 세계로 눈을 돌리고 있다. CEO부터 신입사원까지, 모든 구성원이 '잘 파는 것'에 집중해야 하는 시대가 된 것이다. 경제가 어려워질수록 이러한 경향은 더욱 강화될 것이다.

그렇다면 질문을 바꿔보자. 남들과 똑같이, 어쩌면 더 적게 노력하는 것처럼 보이는데도 꾸준히 성과를 내는 상위 10%의 비결은 무엇일까? 그들의 영업 미팅 일정은 늘 꽉 차있고, 주변에는 항상 사람들이 모여든다. 시장에서는 '영업통'이라 불리며 끊임없이 러브콜을 받는다. 도대체 그들은 무엇이 다른 걸까?

수년간 영업 전문가들을 발굴하고 교육하며 직접 기업을 상대로 영업 일선에서 뛰어온 사람으로서, 나는 그 해답을 찾았다고 자신한다. 국내 1호 비즈니스 전문가로 선정되기까지 많은 회사의 매출을 성장시키고 새로운 영업 기록을 갱신하면서 깨달은 것이 있다. 그것은 바로 '비즈니스 관계'의 힘이었다.

지금까지 우리가 배워온 판매방식은 '거래판매'였다. 제품을 사고파는 그 자체에만 집중하는 방식이다. 판매자가 정보의 우위를 점하고 있던 시대에는 이런 방식도 통했다. 하지만 지금은 다르다. 소비자가 많은 정보를 가지고 있으며 인구는 줄어들어 잠재 고객이 감소하는 추세다. 많은 기업이 B2C에서 B2B로 전환하는 것도 이러한 이유에서다.

그래서 나는 이 책에서 새로운 패러다임을 제시하고자 한다. 바로 '관계판매'이다. 관계판매는 상위 10%의 영업 고수들이 실천하는, 그러나 지금까지 체계적으로 정리된 적 없는 그들만의 비밀이자 관점이다.

여기서 말하는 관계는 단순한 인맥이나 친분과는 다르다. 바로 '비즈니스 관계'다. 비즈니스 관계는 상호 성공을 위해 맺는 전략적 관계를 말한다.

관계 영업은 상대방의 성공에서 출발한다. 그들이 꿈꾸는 비전에 집중하고, 전문적 지식을 바탕으로 최선의 의사결정을 도와주는 것이다. 그렇게 상대방의 비즈니스 성공을 돕는 과정에서 자연스럽게 나의 성공도 따라오는 것, 그것이 바로 진정한 관계판매이다.

나는 이러한 관계 중심의 비즈니스를 오랜 시간 연구하고 체계화했다. 그 과정에서 쌓은 귀중한 경험과 통찰을 이 책에 담아, 영업을 시작하는 이들도 쉽게 이해하고 실천할 수 있도록 정성껏 풀어냈다.

이 책은 총 4개의 장으로 구성되어 있으며 실제 사례를 풍부하게 담아 현장에서 바로 적용할 수 있도록 했다. 1장에서는 잘 파는 사람들이 관계를 어떻게 설계하는지를, 2장에서는 그들이 지키는 핵심 원칙들을 다룬다. 이 두 장은 관계 영업의 본질을 다루는 부분으로, 꼼꼼히 읽기를 권한다. 이해 없이 방법론만 따라 하다 보면 어느새 과거의 거래 중심의 영업으로 회귀하기 쉽기 때문이다.

3장은 주도권을 갖고 말하고 듣는 대화의 기술과 이야기에 생명을 불어넣는 방법을, 4장은 내가 직접 개발한 'TMORW(Target, Meet, Opportunity, Relationship, Write)' 프로세스를 상세히 다룬다. TMORW는 내가 현장에서 직접 사용하며 검증한 방법들로, 실전에 바로 적용하여 성과를 낼 수 있는 프로세스이다.

이 책에서는 '마케팅'이라는 단어를 의도적으로 배제했다. 불특정 다수를 대상으로 하는 마케팅과 달리, 여기서 말하는 판매와 영업은 철저히 관계에 기반한다. 진정한 관계 중심의 영업이란, 고객에게 잊지 못할 경험과 차별화된 가치를 선사하여 그들이 기꺼이 기다려주는 영업이자 고객이 먼저 찾아오는 영업이다. 또한 우리가 가진 솔루션이 절실한 이들을 능동적으로 발굴하고 다가가는 영업이다.

흔히들 영업은 외롭고 고독한 길이라고 한다. 끊임없는 자기 수련과 마음의 단련이 필요한 일이라고도 한다. 하지만 관계판매는 다르다. 다른 이의 꿈을 이루어주고, 그들의 성공을 돕는 과정에서 자연스럽게 나의 성장도 이뤄지는 가치 있는 여정이다. 이 방식을 터득하면 당신도 여유를 가지고 더 큰 성과를 낼 수 있을 것이다. 또한 당신과 당신 주변의 모든 이들이 함께 성장하고 성공하는 선순환이 만들어지게 된다.

이 책은 잘 팔고 싶은 모든 이들을 위해 썼다. 영업이 어려운 분들, 처음 시작하시는 분들, 실적 향상이 절실한 분들, 그리고 직원

또는 팀원이 효과적인 영업 교육을 받기를 원하는 리더분들께 이 책을 추천한다.

이 책을 통해 당신도 상위 10%의 비밀을 깨닫고, 진정한 '관계판매'의 고수가 되기를 바란다. 당신의 새로운 도전을 진심으로 응원한다.

김남희

차례

CHAPTER 2 │ 잘 파는 사람은 어떤 원칙을 가지고 있는가

CHAPTER 4 | 잘 파는 사람은 어떻게 성과를 얻는가

CHAPTER 1

잘 파는 사람은
어떻게 관계를
맺는가

잘 파는 사람의
비밀

1,900%의 기적을 가져온 전략

"어떻게 IT 강국 한국에서 유럽의 온라인 외국어 교육 서비스를 팔 수 있을까?"

스위스 기반 온라인 비즈니스 외국어 교육 회사의 대표를 맡은 후 나는 이러한 큰 도전에 직면했다. 그 회사는 기업에 직원 교육 서비스를 제공하는 기업으로, 직장인들에게 필요한 비즈니스 외국어 교육을 제공하였다. 나는 이 회사의 대표가 되어 직접 영업을 하면서 영업팀을 관리하는 역할까지 맡았는데 이 일은 예상치 못한 큰 도전이었다. 마치 안구인식으로 문을 여는 나라에서 열쇠로 문을 여는 제품을 파는 것과 같은 난제가 내 어깨를 짓눌렀다.

현실을 직시하고 분석한 후 이대로는 안 되겠다고 생각한 나는 결심했다. 기존의 영업 전략을 완전히 뒤엎어야 한다고 말이다.

새로운 전략의 핵심은 바로 우리 회사의 정체성을 재정의하는 것이었다.

"우리는 더 이상 '외국어 교육 회사'가 아니다. 우리는 '기업 교육 컨설팅 회사'이다."

이렇게 결정하고 나는 대담한 시도를 하기 시작했다.

첫 번째 단계는 고객을 이해하는 것이었다. 나는 주요 고객인 기업의 경영진과 인사팀을 만나기 시작했다. 그리고 그들과의 대화에서 1가지 공통된 고민을 발견했다. 바로 "어떻게 하면 직원들을 능동적으로 참여하게 할 수 있을까요?"였다. 그들이 직원 교육을 제공하는 이유는 직원들의 성장이었다. 많은 직원들이 교육에 참여하기를 원했지만 모든 직원들이 열정을 가지고 교육에 참여하는 것은 아니었다.

이러한 인사이트를 바탕으로 나는 기업의 인적 자원 개발 전략 전반에 대한 컨설팅을 제공하기 시작했다. 매분기마다 우리는 '인문학 포럼'을 개최했다. 이 포럼에는 저명한 인문학 교수들과 전문가들이 초청되어 '사람을 움직이는 인사이트'를 공유했다. 이 자리는 단순한 지식 전달의 장을 넘어 기업 교육 담당자들이 서로의 경험과 고민을 나누는 네트워킹의 장이 되었다.

고객과의 미팅도 완전히 달라졌다. 우리는 더 이상 영어 교육 제품에 대해 이야기하지 않았다. 대신 기업 교육 시장의 트렌드와 효과적인 직원 교육 참여 전략에 대해 깊이 있는 대화를 나눴다.

이를 위해 나는 끊임없이 공부했다. 심리학, 경제학, 인문학 서적을 탐독하고, 최신 교육 트렌드와 연구 결과를 주시했다. 고객과의 미팅은 '영업'이 아닌 '교육 전략 수립 세션'으로 진화했다. 우리는 고객사의 특성과 니즈를 깊이 이해하고 맞춤형 교육 솔루션을 함께 고민하고 설계했다. 이 과정에서 우리는 단순한 공급자가 아닌 고객의 성공을 위한 진정한 파트너로 자리매김할 수 있었다.

나의 시도는 여기에서 그치지 않았다. 당시 대부분의 기업들이 직원 교육에 있어 엄격한 학습 이수 기준을 설정하고 이를 충족하지 못할 경우 다음 교육 기회를 제한하거나 심지어 패널티를 부과하는 것이 일반적이었다. 이에 새로운 방식이 필요하다고 생각했던 나는 특히 이수 기준이 없음에도 불구하고 직원들의 교육 참여도가 매우 높은 바이엘 제약회사의 사례를 연구했고, 이 연구자료를 통해 얻은 통찰력은 매우 가치 있었다. 이를 우리 고객사들과 적극적으로 공유하자 고객사들도 점점 마인드가 점점 바뀌어갔다.

한 고객사와의 경험은 특히 인상적이었다. 재계약을 위해 미팅을 하다가 고객의 고민을 듣고 즉시 계획을 변경한 경우였다. 직원들의 자기주도적 학습 참여도가 낮다는 고민을 듣고는 함께 그 원인을 분석하고 해결책을 모색했다. 우리는 직원들의 업무 현황, 연령

대, 기존 교육 결과, 입사와 퇴사 상황 등을 종합적으로 분석했다. 이를 바탕으로 새로운 교육 프로그램을 설계했고, 지속적인 개선을 통해 점진적으로 효과를 높여갔다.

이러한 혁신적인 접근법은 놀라운 결과를 가져왔다. 단 3년 만에 우리 회사는 1,900%라는 믿기 힘든 영업 실적 성장을 이루어냈고, 기업 고객 유치율 역시 1,800%나 증가했다. 이는 단순한 숫자 이상의 의미를 가진다. 국내 유수의 대기업들과 세계적인 글로벌 기업들을 고객으로 유치하는 데도 성공했기 때문이다. 이미 시장에서 자리를 잡은 해외 지사들도 우리가 유치한 고객사들을 보고 놀라워했으며, 이를 '기적'이라고까지 표현했다. 우리나라에서는 거의 인지도가 없었던 회사였고 인맥이나 기존 마케팅 전략의 도움 없이 이루어낸 결과라는 점에서 나에게는 더욱 의미가 깊다.

더욱 고무적인 것은 이렇게 유치한 고객사들 대부분이 현재까지도 지속적으로 거래를 유지하고 있다는 점이다. 나는 그 회사를 떠난 지금도 고객들에게 이 회사의 서비스를 계속 이용하도록 권유하고 있다.

이러한 관계 중심의 전략은 일회성 성공에 그치지 않았다. 그 후로도 나는 이 방법을 끊임없이 발전시키며 성공적인 영업을 이어오고 있다. 시간이 지날수록 이 전략의 효과성은 더욱 명확해졌고 다양한 산업과 상황에서도 그 성과를 입증했다.

처음에는 직관과 경험에 의존했던 이 접근 방식을 나는 점차 체계화하기 시작했다. 고객과의 모든 상호작용, 성공 사례, 심지어 실패 경험까지도 세심하게 분석하였다. 이를 통해 '관계 중심의 비즈니스'라는 큰 틀 안에서 구체적이고 반복 가능한 프로세스를 개발할 수 있었다. 이제부터 우리는 이 프로세스를 차근차근 알아갈 것이다.

520억 원의 기록을 세운
페이드너의 비밀

'관계 중심 비즈니스'의 핵심을 명확히 알 수 있도록 이번엔 에리카 페이드너(Erica Feidner)의 이야기를 해보려고 한다. 피아노는 재구매가 거의 없고, 구매 결정에 오랜 시간이 걸리는 고가의 악기이다. 에리카 페이드너는 이 팔기 까다로운 피아노를 4,000만 달러(한화 약 520억 원) 이상 판매하는 기록을 세웠다. 그녀의 성공 비결은 무엇이었을까?

페이드너는 자신을 단순한 판매원이 아닌, 사람과 그에게 완벽한 피아노를 연결해주는 '메신저'로 여겼다. 이러한 마인드셋은 그녀가 고객들과 맺는 관계의 본질을 새로운 차원으로 끌어올렸다. 그녀는 피아노를 한 번도 연주해본 적 없는 사람, 심지어 음악에 관심이 없던 사람들의 마음속에 피아노에 대한 열정을 불러일으키는 특별한 능력을 가지고 있었다.

페이드너의 접근 방식은 철저히 고객 중심적이었다. 그녀는 초보자들에게 피아노의 기초를 가르치는 데 아낌없이 시간을 투자했다. 한편 전문 연주자들을 대할 때는 또 다른 모습을 보였다. 그들의 섬세한 취향과 높은 기대치를 정확히 이해하고 그에 완벽히 부합하는 피아노를 찾아주는 데 모든 노력을 기울였다. 마치 오랜 친구처럼 편안하게 대화를 나누며 고객의 내면에 숨겨진 욕구까지 파악해 나갔다.

페이드너에게 가장 중요한 것은 고객과 피아노 사이의 완벽한 조화였다. 그녀는 결코 고객에게 맞지 않는 피아노를 팔지 않았다. 설령 그것이 더 비싼 제품이라 하더라도 말이다. 이런 진정성 있는 태도는 고객들의 마음을 움직였고 깊은 신뢰를 얻게 되었다. 페이드너는 피아노를 팔았지만 실제로는 음악의 아름다움과 자기표현의 즐거움을 전달했던 것이다.

앞서 언급한 나의 사례와 페이드너의 영업방식은 많은 부분 닮아 있다. 먼저, 고객의 니즈를 심층적으로 이해했고, 전문성을 가지고 맞춤형 솔루션을 제공했다. 또한 지속적인 관계를 구축했으며, 고객의 성공을 위한 진정한 파트너가 되었다. 이것이 바로 앞으로 이야기할 '관계판매'이다. 고객과의 깊이 있는 관계를 구축하는 데 초점을 맞추고 있는 이 접근 방식은 비즈니스의 본질을 새롭게 정의하는 패러다임의 전환이다.

잘 파는 사람은
이것이 다르다

만약 현재 판매에 어려움을 겪고 있다면 아마도 그 원인을 찾기 위해 여러 가지를 고민해 보았을 것이다. 제품의 문제일까? 가격이 적절하지 않은 걸까? 상권의 문제일까? 아니면 단순히 의지력이 부족한 걸까? 물론 이 모든 요소들이 판매 성과에 영향을 미칠 수 있다. 그러나 실제로 잘 파는 사람들을 관찰해보면 그들의 성공 비결은 이런 표면적인 요소들과는 조금 다른 곳에 있음을 알 수 있다.

흥미롭게도 내가 지금껏 봐온 성공적인 판매자들 중에는 겉보기에 매우 한가롭게 시간을 보내는 것처럼 보이는데 놀라운 실적과 높은 매출을 기록하는 사람들이 있다. 이는 단순히 노력의 양과 판매 성과가 정비례하지 않는다는 것을 보여준다. 만약 노력에 정확히 비례해서 실적이 나온다면, 강도 높은 노력을 기울이는 사람들이 가장 큰 성공을 거둬야 할 것이다. 그러나 현실은 그렇지 않다. 오히려 이솝 우화의 '개미와 베짱이' 이야기의 베짱이 같은 사람들이 놀랍게도 더 좋은 실적을 내는 경우가 많다. 그렇다면 이들의 비밀은 무엇일까?

여러 영업 전문가들은 각자 다른 관점에서 성공적인 판매의 비결을 제시한다. 《판매의 심리학》의 저자인 브라이언 트레이시(Brain Tracy)는 '정확한 목표 설정'의 중요성을 강조했다. 전설적인 영업인 7인 중 한 명으로 꼽히는 지그 지글러(Zig Ziglar)는 《정상에서 만납시다》라는 책에서 '신뢰 구축'의 중요성을 강조했다. 한편 세계적인 영업 컨설팅 회사인 허스웨이트(Huthwaite)의 설립자인 닐 라컴(Neil Rackhan)은 '문제 분석과 해결 능력'을 영업 성공의 핵심 요소로 꼽았다. 또한 미국 매트리스 업계의 판매왕이었던 나폴레온 바라간(Napoleon Barragan)은 '고객 서비스'가 핵심이라고 말했다.

내가 도달한 결론은 성공적인 판매의 핵심이 바로 '관계'에 있다는 것이다. 비즈니스, 즉 사고파는 행위는 본질적으로 관계로부터 출발한다. 앞서 언급한 성공 사례들도 모두 관계를 기반으로 이루어낸 결과들이다.

나의 관계가 넓어지고 깊어질수록 판매 성과도 함께 향상되었다. 좋은 관계는 신뢰를 만들고 이 신뢰는 다시 더 많은 비즈니스 기회로 이어지기 때문이다.

여기서 1가지 중요한 점은 비즈니스에서의 관계는 단순한 도구가 아니라는 점이다. 즉, 개인의 성공을 위해 관계를 이용하는 것이 아니다. 오히려 관계는 잘 팔기 위한 동기가 되며 동시에 나를 행복하게 만들어주는 선물과 같은 존재이다. 관계의 놀라운 비밀을 알게 되면 당신은 더 큰 성공을 경험할 수 있을 뿐만 아니라 그 과정에서 더 큰 행복과 만족을 느낄 수 있을 것이다.

002

거래판매와
관계판매의 차이

숫자의 가치를 이해하는 자가 살아남는다

영업의 성공을 위한 3요소

영업에는 3가지 요소가 있다. 바로 역량(Competence), 마인드(Mind-set), 숫자(Number)이다. 이 요소들은 영업의 성공을 위한 핵심 축이라고 할 수 있다. 하나씩 자세히 들여다보자.

먼저 역량은 제품에 대한 지식이나 판매 기술만을 의미하지 않는다. 이는 영업에 필요한 다양한 요소들을 포괄하는 넓은 개념이다. 기본적인 영업 스킬은 물론이고 그 스킬을 효과적으로 활용할 수 있는 적극적인 업무 태도와 다양한 상황에 대한 깊은 이해력, 그리고 문제를 해결할 수 있는 능력과 원활한 대인 관계 능력 등이 모두 포함된다. 이러한 요소들이 모여 진정한 영업 역량을 형성하는 것이다.

다음으로 마인드는 단순한 열정을 넘어선 개념이다. 이는 어떤 어려운 상황에서도 최선을 다해 목표를 달성하려는 굳건한 마음의 태도를 말한다. '내가 안 해서 그렇지, 결심만 하면 제대로 하는 사람이다.'라거나 '환경이 나아지면 일을 잘해볼 거야.'와 같은 안일한 생각과는 거리가 멀다. 오히려 마인드는 극한의 상황, 예를 들어 무인도에 떨어졌을 때 생존하는 것에 그치지 않고 그곳을 지상낙원으로 만들려는 뜨거운 마음가짐 같은 것이다. 이를 위해 자신을 지독하게 관리하고 끊임없이 실력을 쌓으며 결과에 집착하고, 실패를 두려워하지 않으며 다른 사람들의 인정을 즐기는 태도가 바로 진정한 영업 마인드라고 할 수 있다.

마지막으로, 숫자가 있다. 이 3가지 요소 중 가장 중요한 것이 무엇일까? 물론 3가지 모두 중요하지만 그중에서도 가장 핵심적인 요소를 찾아보자. 각 요소를 하나씩 제거해보면 그 중요성을 명확히 알 수 있다.

먼저 역량을 빼보자. 열정적인 마인드를 가지고 많은 사람을 만나는데 역량이 부족하다면 어떨까? 물론 어느 정도 결과가 나온다. 역량이 부족해도 100명을 만나면 그 중 1~2명의 고객은 만들 수 있다. 그 상품을 정말 필요로 하는 사람이 있기 때문이다.

이번엔 마인드를 빼보자. 영업 역량을 갖추고 많은 사람을 만나는 경우, 마인드가 부족해도 어느 정도 결과가 나온다. 마인드가 부족해 영업 성과가 높지 않더라도 역량이 있으니 어느 정도는 팔 수는 있다.

자, 이제 숫자를 빼보자. 뛰어난 영업 역량도 있고, 열정적인 마인드도 있지만 사람들을 만나지 않는다면 어떨까? 이 경우에는 절대로 결과가 나올 수 없다. 아무리 뛰어난 역량과 마인드를 가졌더라도 만날 사람이 없다면 아무것도 팔 수 없는 것이다. 살 사람이 문을 두드리고 스스로 찾아오면 모를까, 살 사람을 만나지 않고 팔수 있는 방법은 없다.

따라서 영업의 3가지 요소 중 가장 중요한 것은 바로 '숫자'이다. 많은 영업인은 영업에서 숫자라고 하면 매출이나 판매액을 생각한다. 그러나 이 숫자는 바로 '사람'을 뜻한다. 당신이 '만난 사람들', '앞으로 만날 사람들', 그리고 '당신 주변의 사람들'이 바로 이 숫자의 실체이다. 그리고 이 숫자의 의미는 사람의 수가 아니라 그 사람들을 통해 얻어낸 영업 결과와 성과를 의미한다.

평균의 법칙은 틀렸다

많은 영업 교육에서는 이 숫자의 개념을 설명하기 위해 '평균의 법칙(Law of Averages)'을 활용한다. 평균의 법칙은 어떤 사건이 반복될 때, 그 사건의 결과가 시간이 지남에 따라 평균에 가까워진다는 이론이다. 예를 들어, 동전을 던져 앞면이 열 번 나오게 하려면 어떻게 해야 할까? 동전을 던질 때마다 앞면이 나올 확률은 50%이다. 하지만 짧은 시간 동안 던졌을 때는 앞면보다 뒷면이 더 많이 나올 수도 있다. 이럴 때 앞면이 열 번 나오게 하려면 계속해서 동전을 던지면 된다. 결국 동전을 많이 던질수록 앞면과 뒷면이 나오는 확률은 50%에 가까워지게 된다.

영업 교육에서 이 평균의 법칙을 적용하는 이유는 간단하다. 더 많은 사람을 만나면 고객이 늘어날 확률도 높아진다는 것을 보여주기 위해서이다. 또한 9명이 구매를 거절했더라도 포기하지 말고 1명을 더 만나보라는 의미로도 쓰이기도 한다.

하지만 이런 평균의 법칙 개념은 틀렸다. 이 개념대로라면 10명의 고객을 만들기 위해 100명을 만나야 하고, 20명의 고객을 만들려면 200명을 만나야 한다. 그러나 이렇게 무작정 많은 사람을 만나는 방식으로는 장기적인 성공을 기대하기 어렵고, 현실적으로 그렇게 많은 사람을 계속해서 만날 수도 없다.

잘 팔기 위해서는 평균의 법칙이 말하는 것처럼 1명의 고객을 만들기 위해 10명을 만나는 것이 아니라, 만나는 10명 중 최대한 많은 사람이 당신의 고객이 되도록 해야 한다. 이를 위해서는 영업의 3요소 중 가장 중요한 '사람의 숫자'를 전략적이고 꼼꼼하게 관리하는 것이 중요하다.

성공적인 비즈니스 관계란 무엇인가?

인맥, 네트워킹, 비즈니스 관계의 차이

영업을 하는 사람이라면 누구나 인맥 관리의 중요성을 알고 있다. '인맥'이란 단어는 '사람 사이에 흐르는 맥'이란 뜻이다. 원래 인맥은 '빽이 있다'는 표현처럼 도움이 필요할 때 도움을 받을 수 있는 사람을 의미하는 말이었다. '빽'은 영어의 '백그라운드(Background)'에서 유래한 표현이다.

한편 '네트워킹(Networking)'은 의도적으로 사람들과의 관계를 깊고 넓게 확장하는 것을 말한다. 현재 우리는 인맥과 네트워킹을 거의 같은 뜻으로 사용하고 있다. 그리고 이 두 개념을 통틀어 우리는 '관계'라고 부른다.

결국 영업의 핵심은 이 '관계'에 있다. 얼마나 많은 사람을 알고 있는지, 그 사람들과 어떤 관계를 맺고 있는지, 그리고 그 관계를 통해 어떻게 영업 성과를 만들어내는지가 영업의 성패를 좌우한다. 따라서 성공적인 영업을 위해서는 단순히 제품에 대한 지식을 쌓거나 열정적인 태도를 갖추는 것을 넘어 효과적으로 '관계'를 만들고 관리하는 방법을 익혀야 한다. 이것이 바로 영업의 진정한 힘이자 핵심이다.

비즈니스 세계에서 '관계'라는 단어는 자주 사용되지만 그 진정한 의미는 종종 오해되곤 한다. 많은 사람들이 비즈니스 관계를 인맥이나 네트워킹과 동일시하지만 실제로 이는 매우 다른 개념이다. 지금부터 진정한 비즈니스 관계의 본질과 그 중요성에 대해 살펴보겠다.

인맥은 도움을 주는 쪽과 받는 쪽이 명확히 구분된다. 이는 동등하지 않은 관계로, 한쪽이 우위를 차지하는 갑을 관계에 가깝다. 접대나 골프, 판공비 지원 등은 이러한 불균형한 관계의 표현이며 진정한 비즈니스 관계와는 거리가 멀다.

네트워킹은 보다 광범위하지만 동시에 한정적인 개념이다. 많은 네트워킹 모임에 참석하더라도, 그것이 실질적인 비즈니스 관계로 발전하기까지는 상당한 시간과 노력이 필요하다.

반면, 진정한 비즈니스 관계는 이와는 완전히 다른 차원의 개념이다. 이는 서로가 함께 성장하고 성공하는 것을 목표로 하는, 사람과 사람 사이의 연결된 힘이다. '가는 정이 있으면 오는 정도 있다.'는 자연의 기본 법칙이 비즈니스 관계에서도 그대로 적용된다. 이러한 관계는 신성하고 고결하며, 순수한 의도와 진정성이 있어야만 형성될 수 있다.

비즈니스 관계에서 중요한 것은 단순히 관계의 수가 아니다. 오히려 그 관계를 통해 실제로 비즈니스 결과를 만들어내는 것이 핵심이다. 잘 파는 사람들은 이러한 '비즈니스 관계의 숫자'를 전략적으로 관리한다. 그들은 만났던 사람, 앞으로 만날 사람, 그리고 주변의 모든 사람과 함께 성장하고 성공하기 위해 노력한다. 반대로 자신의 이익만을 위해 관계를 만들려 한다면 함께 성장하고 성공하는 비즈니스 관계를 만들 수 없다.

데일 카네기의 인간관계론

그렇다면 성공적인 비즈니스 관계를 구축하기 위해서 우리는 어떻게 해야 할까? 인간관계의 대가로 알려진 데일 카네기(Dale Carnegie)의 이야기에서 그 답을 찾아보자. 카네기는 오랜 기간 영업을 했던 경험을 바탕으로, 모든 영향력은 관계에서 시작된다고 믿었다. 그의 영업 성공 비결은 무엇이었을까?

카네기는 사람들에게 진정한 관심을 보이는 것을 가장 중요하게 여겼다. 단순히 겉으로만 관심 있는 척하는 것이 아니라, 진심으로 상대방에 대해 알고 싶어 하는 태도를 보였다. 또한 그는 적절한 질문을 하는 것의 중요성을 강조했다. 질문을 통해 상대방의 이야기를 더 깊이 들을 수 있고, 그들의 필요와 욕구를 더 잘 이해할 수 있기 때문이다.

또한 사람들의 이름을 기억하는 것이 매우 중요하다고 강조했다. 그는 이름을 기억하고 불러주는 것만으로도 상대방에게 특별한 존재감을 느끼게 해줄 수 있다고 믿었다. 그리고 아첨을 피하라고 조언했다. 진실하지 않은 칭찬이나 과도한 아부는 오히려 관계를 해칠 수 있다고 보았기 때문이다.

카네기는 이러한 원칙들을 바탕으로 사람들과 지속적으로 소통하기 위해 노력했다. 그는 만나는 모든 사람들을 중요한 사람으로 대했고 그들이 특별한 존재감을 느낄 수 있도록 말하고 행동했다. 이러한 그의 경험과 통찰은 후에 '데일 카네기 인간관계론'으로 체계화되어 전 세계 많은 사람들에게 영향을 미쳤다.

성공적인 비즈니스 관계를 구축하는 이들의 공통점

성공적인 비즈니스 관계를 유지하는 이들은 고객의 요구와 상황을 깊이 이해하고, 그에 맞는 최선의 솔루션을 제시하는 것을 넘어 지속적인 관계를 유지하기 위해 노력한다. 예를 들어, 그들은 감사 편지나 기념일 카드를 보내는 등의 작은 노력을 통해 고객과의 관계를 꾸준히 이어간다.

또한 그들은 고객들이 상품과 서비스에 만족하는지 지속적으로 확인하고, 더 나아가 그들이 새로운 고객을 소개할 수 있도록 유도한다. 이는 고객을 자신의 비즈니스 파트너로 만드는 전략이라고 볼 수 있다.

더불어, 이들은 자신의 성공을 나누는 데에도 인색하지 않다. 많은 영업인들에게 교육과 훈련을 제공하며 자신의 노하우를 공유한다. 세미나와 강연을 통해 그들은 더 넓은 네트워크를 구축할 수 있었다.

이러한 맥락에서 조 지라드(Joe Girard)의 '250법칙'은 매우 흥미로운 개념이다. 여러 차례 기네스북에 오른 영업의 달인 조 지라드는 한 사람이 평생 동안 의미 있는 관계를 맺는 사람의 평균 수가 250명이라는 점에 주목했다. 그는 이를 바탕으로 만약 우리가 한 사람과 의미 있는 관계를 맺는다면, 그 사람과 연결된 250명과도 잠재적인 관계를 맺을 수 있다고 주장했다.

이 250법칙은 비즈니스 관계의 잠재력을 잘 보여준다. SNS의 발달로 이 개념은 현대 사회에서 더욱 큰 의미를 갖게 되었다. 온라인 상에서 우리는 훨씬 더 많은 사람들과 연결될 수 있게 되었고, 이는 비즈니스 관계의 가능성을 무한대로 확장시켰다. 따라서 관계 관리의 중요성은 그 어느 때보다 커졌다고 할 수 있다.

거래판매과 관계판매는 무엇이 다른가

"관계 관리를 잘하는 사람이 잘 파는 사람이다."라는 말이 있다. 이 말의 의미를 이해하기 위해, 2가지 다른 영업 방식을 비교해보자. 하나는 관계를 수단으로 보는 방식이고, 다른 하나는 관계를 목적으로 보는 방식이다.

여기 두 사람의 영업자가 있다. 한 사람은 관계를 수단으로 생각한다. 반면 다른 사람은 관계를 목적으로 생각한다.

거래판매 - 관계를 수단으로 보다

먼저 김수단(가명) 영업사원의 이야기를 살펴보자. 이 이야기는 전형적인 거래판매(Transactional Selling)의 예시라고 할 수 있다.

김 사원의 하루는 매우 바쁘다. 그는 매출 목표를 달성하기 위해 끊임없이 새로운 고객들을 만난다. 고객과의 만남에서 그는 즐거운 대화를 나누고, 상대방의 니즈를 빠르게 파악한 뒤 적절한 제품을 추천한다. 거래가 성사되면, 그는 곧바로 다음 고객에게 집중한다.

김 사원에게 고객과의 관계는 목표 달성을 위한 수단이다. 그는 필요한 만큼만 관계를 형성하고 거래가 끝나면 그 관계는 자연스럽게 소멸된다. 그의 방식은 단기적으로는 효과적일 수 있다. 매달 높은 실적을 내기 때문이다.

하지만 이런 방식에는 문제가 있다. 김 사원을 만났던 고객들은 대부분 그를 기억하지 못하거나, 기억하더라도 단지 '물건을 팔기 위해 만났던 사람'으로만 여긴다. 김 사원에게는 이런 고객들의 인식이 중요하지 않다. 그는 이미 다음 고객으로 넘어갔기 때문이다. 김 사원에게 사람들의 그런 생각은 중요하지 않을뿐더러 다시 그들과 연락을 하지 않으니 그 생각을 알지도 못한다.

이는 전형적인 거래판매의 예시다. 거래판매는 짧은 시간 내에 가능한 많은 판매를 성사시키는 것에 중점을 둔다. 사람과 정서적으로 연결되고 장기적인 관계를 구축하는 것이 우선시되지 않고 즉각적으로 많은 판매를 내는 것이 거래판매의 주요 목표다. 즉, 거래판매에서 사람들과의 관계는 판매의 수단이다.

관계판매 - 관계를 목적으로 보다

반면 이목적(가명) 영업사원의 접근 방식은 완전히 다르다. 이 사원의 방식은 관계판매(Relationship Selling)의 본질을 보여준다.

이 사원은 새로운 고객을 만날 때마다 그들의 상황, 고민, 목표,

비전을 깊이 이해하려고 노력한다. 그는 많은 질문을 하고 고객의 이야기를 주의 깊게 경청한다. 이 사원에게는 즉각적인 판매보다 고객과의 신뢰 구축이 더 중요하다.

이 사원의 특징은 모든 고객을 동등하게 대우한다는 것이다. 회사의 규모나 거래 가능성에 상관없이 그는 모든 사람을 정중하게 대한다. 때로는 자신이 판매하는 상품이 고객의 필요에 맞지 않다고 판단되면 과감히 판매 기회를 포기하기도 한다. 대신 고객에게 진정으로 도움이 될 만한 정보를 제공한다.

이 사원은 고객의 장기적인 성공에 진심으로 관심을 가진다. 그는 고객과 비전을 공유하며 함께 성장하는 관계를 만들어간다. 시간이 지나면서 고객들은 그를 단순한 영업사원이 아닌 '신뢰할 수 있는 비즈니스 파트너'로 인식하게 된다.

관계판매에서는 사람들과의 긍정적인 관계 구축이 최우선 과제이다. 이를 통해 자연스럽게 판매가 이루어지는 것이다. 이 방식에서 관계는 단순한 수단이 아닌 그 자체로 목적이 된다.

어떤 영업인이 되고 싶은가?

김수단 사원의 거래판매 방식은 단기적으로 높은 실적을 낼 수 있다. 그러나 이 방식의 한계는 분명하다. 그의 고객들은 거래가 끝난 후 다시 그를 찾지 않을 가능성이 높다. 김 사원이 제공하는 가치가 '거래'에 한정되어 있기 때문이다.

반면, 이목적 사원의 관계판매 방식은 초기에는 시간이 더 걸리고 당장의 성과가 눈에 띄지 않을 수 있다. 그러나 장기적으로 봤을 때, 이 방식은 매우 강력한 힘을 발휘한다. 시간이 지남에 따라 그의 고객들은 그와 함께 성장하고 서로 깊은 신뢰를 쌓으며 오랫동안 지속되는 비즈니스 파트너십을 형성하게 된다.

당신에게 묻고 싶다. 당신이 되고 싶은 영업인은 누구인가? 빠르게 거래를 성사시키고 끝내는 김 사원과 같은 영업인이 되고 싶은가? 아니면 고객과의 신뢰를 바탕으로 오랫동안 함께 성장해 나가는 이 사원 같은 영업인이 되고 싶은가?

당신이 선택하는 관계에 대한 관점은 앞으로의 영업 경력과 만나게 될 사람들에게 큰 영향을 미칠 것이다. 지금 이 순간, 어떤 영업인이 되고 싶은지 스스로에게 물어보기 바란다.

마지막으로, 관계판매를 다단계 영업과 혼동하지 않도록 주의해야 한다. 다단계 영업(Multi-level Selling)도 영업 방법의 하나이지만, 관계판매와는 다른 개념이다.

다단계 영업은 네트워크를 확장하고 새로운 영업인을 모집하여 수익을 창출하는 방식이다. 따라서 네트워크의 확장, 영업인 채용, 그리고 판매원 간의 관계가 중요하다.

반면 관계판매는 고객과의 직접적인 관계를 통해 판매 결과를 만들어낸다. 관계판매에서 가장 중요한 것은 고객과의 긍정적이고 장기적인 관계이다.

평판은 진품 보증서와 같다

그렇다면 관계영업을 하기 위해 갖추어야 할 것은 무엇일까? 바로 '평판'이다.

과거에는 판매자가 구매자보다 제품이나 서비스에 대한 정보를 더 많이 가지고 있었고 이는 판매자에게 큰 우위를 제공했다. 하지만 디지털 시대가 도래하면서 상황이 크게 바뀌었다. 이제는 누구나 필요한 정보를 쉽게 얻을 수 있게 되었고 때로는 구매자가 판매자보다 더 많은 정보를 가지고 있는 경우도 있다.

경제가 어려워질수록 기업들은 예산을 더욱 빈틈없이 관리한다. 이는 영업팀에 할당되는 자원이 줄어든다는 것을 의미한다. 이런 상황에서 판매자 개인이 가진 관계 자산의 중요성은 더욱 커진다. 회사가 어려움을 겪을 때, 흔히 제품 조정, 가격 인하, 인력 감축 등의 조치를 취하게 되는데 이때 탄탄한 비즈니스 관계 자산이 많은 영업인은 어느 회사에서나 환영받는 인재가 된다.

그렇다면 이러한 관계 자산은 어떻게 만들어지는 것일까? 여기서 우리는 '평판'이라는 중요한 개념을 마주하게 된다. 관계 관리를 잘하는 사람들은 대부분 훌륭한 평판을 가지고 있다. 그리고 이 좋은 평판은 그들이 큰 성과를 만드는 원동력이 된다.

흥미로운 점은 영업에서의 평판이 실적에서 나오는 것이 아니라는 것이다. 오히려 태도에서 비롯되는 경우가 많다. 실적은 외부 요인의 영향을 받을 수 있지만, 태도는 순수하게 영업인의 타고난 자질과 삶을 대하는 방식을 반영하기 때문이다.

예를 들어, 평판이 좋지 않은 영업인들은 종종 다음과 같은 특징을 보인다. 그들은 성공했을 때는 자신의 능력 덕분이라고 여기고, 실패했을 때는 회사, 상사, 상품, 심지어 고객을 탓한다. 이런 태도는 때로 공개적인 발언으로 이어지기도 한다. 또한 그들은 자신에게 이익이 되는 관계에만 집중하고 그렇지 않은 잠재 고객은 무시하는 경향이 있다. 그들은 항상 자신이 주인공이 되어야 한다고 생각하며 다른 이들을 단순히 자신을 빛내주는 조연으로 여긴다.

이런 태도를 가진 영업인은 '관객 없는 무대에서 혼자 연극을 하는 배우'와 같다. 그들은 단기적으로는 어느 정도의 성과를 낼 수 있을지 모르지만 장기적으로는 신뢰를 잃고 고립되기 쉽다.

반면, 평판이 좋은 영업인들은 완전히 다른 모습을 보여준다. 그들은 성공했을 때 그것을 자신과 상대방이 나눈 좋은 대화의 결과로 여긴다. 또한 상대방을 더 잘 돕기 위해 끊임없이 자신의 역량을 개발하며 겸손하면서도 성숙한 태도를 보인다.

더 나아가, 이들은 자신뿐만 아니라 동료 영업인들의 성공도 함께 응원한다. 또한 좋은 정보를 공유하고 서로의 성장을 돕는 것을 당연하게 여긴다. 이런 태도는 주변 사람들에게 깊은 인상을 남긴다. 그들과 대화를 나눈 사람들은 설령 당장 고객이 되지 않더라도 계속 만나고 싶어하고 주변에 그들을 소개한다. 이런 영업인을 아는 것 자체가 고객들에게도 큰 가치가 되기 때문이다.

평판은 일종의 '진품 보증서'와 같다. 우리가 보증서가 없는 제품을 가짜로 여기는 것처럼, 평판이 없는 사람은 신뢰하기 어렵다. 따라서 평판이 없는 것은 사실상 나쁜 평판과 다름없다고 할 수 있다. 평판이 없다는 것은 곧 좋은 평판을 쌓지 못했다는 의미이다.

좋은 평판은 여러 가지 면에서 큰 가치를 지닌다. 우선, 신뢰를 형성한다. 평판이 좋은 사람의 말은 더 쉽게 믿을 수 있고, 그들과의 거래는 더 안전하게 느껴진다. 또한 평판은 관계를 안전하고 견고하게 만들어준다. 어려운 상황이 생기더라도, 좋은 평판을 가진 사람과의 관계는 쉽게 흔들리지 않는다.

흔히 평판을 '다른 사람이 써주는 이력서'라고 한다. 이는 평판이 자신의 노력만으로는 만들어낼 수 없는, 타인의 인정과 신뢰가 필요한 것임을 의미한다. 그래서 평판은 더욱 가치 있고 소중한 자산인 것이다.

비즈니스 세계에서 관계와 평판의 중요성은 아무리 강조해도 지나치지 않다. 최근 내가 경험한 사례들은 이 점을 더욱 명확히 보여준다.

기업 대표들과의 모임에서 나는 흥미로운 현상을 목격했다. 최근 2명의 대표가 회사에서 해임되었는데 이는 임원들 사이에서는 그리 특별한 일이 아니다. 흔히 임원을 '임시직원'이라고 부르는 것도 이 때문이다. 주목할 점은 이 두 사람의 운명이 매우 다르게 전개되었다는 것이다.

이 중 평판이 좋지 않았던 대표는 모임에서 완전히 사라졌다. 반면 평판이 좋았던 다른 대표는 오히려 더 좋은 곳으로 이직하는 기회를 얻었다. 이는 좋은 평판이 마치 보험과 같은 역할을 한다는 것을 보여준다. 좋은 평판은 보험과 같아서 설사 어떠한 일이 발생해도 명성을 회복시켜 주는 역할을 한다.

또 다른 사례로, 한 임원이 중요한 프로젝트를 시작하면서 지인으로부터 소개받은 사람을 평판이 좋지 않다는 이유로 거절했다는 이야기를 들었다. 이는 사회적으로 중요한 위치에 있는 사람들이 얼마나 평판에 신경 쓰는지를 잘 보여준다. 그들은 평판이 없거나 나쁜 사람들과는 거리를 두거나 만나지 않으려 한다.

이는 인도의 격언 "좋든 나쁘든 당신은 당신을 알리는 역할을 한다."라는 말을 떠올리게 한다. 잘 파는 사람들은 이 점을 잘 알고 있다. 그들은 다른 사람의 평판을 이야기하기보다 자신의 평판부터 잘 관리한다.

내가 헤드헌터사에서 일할 때도 항상 후보자들의 이전 직장에서의 관계를 확인했다. 관계를 소홀히 했던 사람은 업무에서도 성과를 내기 힘들다는 것을 경험을 통해 알고 있었기 때문이다. 최근 한국경제와 잡코리아의 설문 결과도 이를 뒷받침한다. 61%의 응답자가 상사와 동료와의 관계가 좋지 않았던 사람은 채용하지 않으며, 사람과의 긍정적인 관계를 채용에서 가장 중요한 1순위로 본다고 답했다.

외부 고객만큼 중요한 내부 고객

영업에서의 '관계'를 이야기할 때 우리가 놓치지 말아야 할 중요한 것이 있다. 바로 '내부 고객'과의 관계이다.

내부 동료들도 영업인에게는 중요한 고객이다. 내부 동료들과 관계가 좋으면 고객에게 더 좋은 정보를 제공할 수 있고 업무 수행에서도 많은 도움을 받을 수 있다.

영업인으로서는 때로 영업 실적이나 숫자로 압박을 받지 않는 사무직 직원들이 편해 보일 수 있다. 하지만 그들 역시 자신만의 어려움과 스트레스를 가지고 있다는 사실을 이해해야 한다. 나 역시 영업 결과가 나오지 않을 때면 회사에 있기가 불편할 때가 있다. 그러나 평소에 내부 고객들과 좋은 관계를 유지했기에 내가 힘들어할 때 그들이 먼저 다가와 응원해주곤 한다. 이런 응원은 그 어떤 것보다도 값진 것이다. 최근 지방 출장 중에 동료들로부터 여러 메시지를 받았다. 내가 없어 회사가 적막하다는 농담부터 더운 날씨에 대한 염려, 그리고 응원의 메시지까지 다양했다. 이는 평소 내가 내부 관계를 잘 관리해 왔기 때문에 가능한 일이다.

또한 내부 고객들은 영업인들이 모르는 중요한 정보를 가지고 있을 수 있다. 상품 업그레이드 상황이나 잠재 고객 정보 등을 미리 얻을 수 있는 경우가 많기 때문이다. 나는 심지어 퇴사한 내부 직원들로부터 잠재 고객을 소개받은 적도 있다.

반면 내부 관계의 중요성을 모르면 큰 손해를 볼 수 있다. 예를 들어, 중요한 고객 데이터를 내부와 공유하지 않거나, 다른 영업인들보다 실적을 올리고 싶어 정보를 숨기는 행동은 장기적으로 해가 될 수 있다. 이는 작은 이익을 얻으려다 큰 손해를 보는 소탐대실(小貪大失)의 전형적인 예이다.

성공적인 영업인은 단순히 제품을 파는 데 그치지 않는다. 그들은 외부와 내부의 관계를 잘 관리하고 발전시켜 나간다. 관계를 수단이 아닌 목적으로 생각하며, 사람들과의 관계에서 함께 성장하고 성공한다. 잘 맺어진 관계를 통해 자연스럽게 판매 성과를 얻는 것이 중요하다는 것을 알고 있기 때문이다.

이처럼 영업에서 가장 중요한 '숫자', 즉 사람들과의 관계의 중요성을 인식하고 이를 전략적으로 관리하는 것은 잘 파는 영업인의 핵심 전략이다. 좋은 평판과 탄탄한 관계는 어떤 어려움이 닥쳐도 우리를 지탱해 주는 강력한 자산이 된다. 이는 단기적인 성과를 넘어 장기적인 성공과 성장을 위한 필수적인 요소이다.

003

'왜(WHY)'에
주목하라

.

사이먼 사이넥의 골든 서클

"왜 어떤 영업인들은 고객과의 관계를 통해 지속적인 성공을 거두
는 반면, 다른 영업인들은 그렇지 못할까?"

"일에 대한 전문성을 갖추고 문제해결 능력이 오르면 저절로 고
객이 많아지고 실적이 올라가는 것일까?"

"나를 성공하게 하는 고객과의 관계는 어떻게 만들어질까?"

이 질문들은 많은 영업인들이 비즈니스 관계에 대해 가지는 중요
한 질문들이다.

관계판매는 이러한 질문들에 대한 하나의 답이 될 수 있다.

관계판매는 단순히 제품을 팔아넘기는 것이 아니라, 고객과의 관계를 우선시하는 영업 방식을 말한다. 짐 캐스카트(Jim Cathcart)는 그의 책에서 관계판매를 이렇게 정의했다. "관계판매는 다른 사람들을 돕는 것이며, 그 결과로 판매자가 이익을 얻는 것입니다. 진정으로 사람들에게 도움을 줄 때, 당신은 단지 물건을 판매하는 것이 아니라, 고객들과 신뢰와 충성도를 구축합니다."

이 정의는 관계판매의 핵심을 잘 보여준다. 즉, 고객을 단순한 거래 대상이 아닌, 함께 성장하고 발전할 수 있는 파트너로 여기는 것이다. 이러한 접근 방식은 단기적인 판매 실적보다는 장기적인 관계 구축에 초점을 맞춘다. 결과적으로 이는 지속 가능한 비즈니스 성과로 이어진다.

이러한 관계판매의 개념을 더 깊이 이해하기 위해, 우리는 사이먼 사이넥(Simon Sinek)의 골든 서클(Golden Circle) 이론을 활용할 수 있다. 사이넥은 그의 책 《왜 일을 하는가》에서 사람을 움직이고 행동하게 하는 것은 '왜(Why)'라고 주장했다.

일반적으로 사람들은 '무엇(What)'을 할지, '어떻게(How)' 할지를 먼저 생각한다. 하지만 사이넥은 이 순서를 뒤집어야 한다고 말한다. 즉, '무엇(What)' → '어떻게(How)' → '왜(Why)'의 순서가 아닌, '왜(Why)' → '어떻게(How)' → '무엇(What)'의 순서로 생각해야 한다는 것이다. 이는 일의 이유와 가치를 먼저 이해하면 그 일을 바라보는 관점이 완전히 달라지기 때문이다.

애플의 'Why'와 델의 'What'

골든 서클 이론의 힘은 여러 실제 사례를 통해 더 잘 이해할 수 있다. 사이넥은 두 컴퓨터 회사, 델(Dell)과 애플(Apple)의 예를 들어 설명한다.

델은 "우리의 제품은 뛰어납니다(What). 디자인이 세련되었고, 사용자가 이용하기 편리합니다(How). 사시겠어요?"라고 접근한다.

반면 애플은 이렇게 접근한다. "우리는 현 상태에 도전하고 세상을 변화시키기 위해 존재합니다(Why). 우리는 단순하면서도 아름다운 디자인을 통해 이를 실현합니다(How). 그래서 우리는 혁신적인 컴퓨터와 전자기기를 만듭니다(What)."

델은 제품(What)으로 이야기를 시작했지만, 애플은 그들이 가치로 여기는 왜(Why)로 시작했다. 결과적으로 사람들은 애플의 이야기에 더 큰 감동을 받고 그들의 제품을 선택하게 되었다. 이는 단순히 제품의 기능이나 품질 때문이 아니라 애플이 추구하는 가치와 비전에 공감했기 때문이다.

또 다른 좋은 예는 파타고니아(Patagonia)의 사례이다. 2011년, 파타고니아는 〈뉴욕타임즈〉에 "Don't Buy This Jacket!(이 자켓을 사지 마세요!)"라는 광고를 실었다. 이는 단순한 마케팅 전략이 아니라, 파타고니아의 '왜'를 명확히 보여주는 것이었다. 그들은 환경 보호와 지속 가능성이라는 가치를 최우선으로 여기며 이를 통해 세상을 변화시키고자 하는 비전을 가졌다. 이러한 강력한 '왜'는 많은 소비자들의 마음을 움직였고 파타고니아 브랜드에 대한 강한 충성심을 만들어냈다.

이처럼 '왜'의 힘은 매우 강력하다. 그렇다면 영업에서의 '왜'는 무엇일까? 많은 사람들이 영업 하면 판매 실적, 성과, 숫자, 돈, 결과와 같은 이미지를 떠올린다. 하지만 이것들은 진정한 '왜'가 아니다. 물론 좋은 성과와 성공을 원하는 것은 당연하지만, 이것만으로는 영업의 본질적인 동기가 될 수 없다.

애플과 파타고니아에게 판매란 단순히 물건을 팔아 이익을 남기는 것이 아니다. 그들은 고객이 꿈꾸는 비전, 즉 고객이 이루고 싶어 하는 꿈을 실현시키는 것이 진정한 판매라고 생각한다. 비전이란 무엇일까? 그것은 고객이 살고 싶어 하는 이상적인 세상, 꿈꾸는 삶의 모습이다.

우리 모두는 "이런 세상에서 살고 싶다.", "이런 삶을 살고 싶다."와 같은 꿈과 비전을 가지고 있다. 비즈니스를 정말 잘하는 사람들은 이 점을 정확히 이해하고 있다. 그들은 단순히 제품이나 서비스를 파는 것이 아니라, 고객의 이런 비전을 실현시키기 위해 판매를 한다. 스스로를 '비전 실현자'라고 생각하는 것이다.

성과와 실적에만 집중하는 박결과 씨와 고객의 비전을 실현시키는 최비전 씨의 이야기를 통해 '왜'의 중요성에 대해 더 깊이 알아보자.

성과와 실적에만 집중하는 박결과 씨

박결과(가명)는 30대 중반의 영업사원으로, 서울의 한 중소기업에서 B2B 고객을 대상으로 IT 솔루션을 판매하고 있다. 그는 회사에서 인정받는 영업사원이지만, 그의 영업 방식은 철저히 성과 중심적이다. 그의 모든 행동과 결정은 개인적인 목표, 즉 높은 성과와 실적을 내어 인정받고 승진하는 것이다.

매일 아침, 박결과의 첫 번째 행동은 영업 목표를 확인하고 그날의 고객 리스트를 점검하는 것이다. 그의 머릿속에는 항상 매출 목표가 자리 잡고 있다. 그는 회사의 성과 평가에서 좋은 점수를 받고 연말에 높은 인센티브를 받기 위해 끊임없이 새로운 고객을 만나야 한다고 생각한다.

이러한 생각은 그의 일정 관리에도 반영된다. 그는 하루 일정을 빡빡하게 만들려고 한다. 그 이유는 2가지이다. 첫째, 계속해서 사람을 만나지 않으면 결과가 나오지 않을 것 같다는 불안감 때문이다. 둘째, 바쁘게 보여야 일을 잘하는 사람처럼 보일 것 같다는 생각 때문이다.

고객과의 만남에서도 박결과의 접근 방식은 일관된다. 그는 자사의 제품이 얼마나 뛰어난지, 경쟁사보다 가격이 얼마나 더 합리적인지를 강조한다. 때로는 제품이 고객의 비전과 목표를 이루는 데 완전히 일치하지 않더라도 최대한 설득해서 계약을 성사시키려 한다. 그의 유일한 목표는 이번 달 매출 목표를 달성하는 것뿐이다.

이러한 접근 방식에서 고객은 단순히 숫자에 불과하다. 박결과가 가장 중요하게 생각하는 것은 그 고객이 매출 목표에 얼마나 기여할 수 있는지, 그리고 그로 인해 자신의 성과가 얼마나 올라갈 수 있는지이다. 그는 고객의 요구나 문제를 진심으로 이해하려는 노력보다는 그저 거래를 성사시키기 위한 전략에만 집중한다.

처음 몇 년 동안은 이러한 방식이 효과가 있었다. 박결과는 적극적으로 고객을 찾아다니며 계약을 체결했고, 그 결과 회사 내에서 빠르게 인정을 받았다. 그러나 시간이 지남에 따라 문제점이 드러나기 시작했다.

고객들이 점점 그를 멀리하기 시작한 것이다. 박결과는 제품을 판매한 후에 그 고객과 관계를 유지하지 않았고, 결과적으로 고객들도 그를 기억하지 못하게 되었다. 심지어 고객들이 박결과가 판매하는 제품이 필요할 때도 그를 찾지 않았다. 자연스럽게 그가 판매하는 제품의 재구매율도 현저히 낮아졌다.

이로 인해 박결과는 매번 새로운 고객을 찾아야 했고 그 과정에서 많은 시간과 비용이 소요되었다. 한때 높았던 그의 실적은 점점 하락하기 시작했고, 그는 그 이유를 찾지 못한 채 점점 더 많은 스트레스를 받게 되었다.

이제 박결과에게 영업은 더 이상 즐거운 일이 아니다. 성과를 내야 한다는 압박감에 휩싸여 아침에 눈을 뜨는 것조차 부담스러워졌다. 그는 자신이 왜 영업을 하는지에 대한 명확한 '왜(Why)'를 알지 못했다. 여전히 성공을 갈망하고 있었지만 그 성공이 무엇을 위해 필요한지, 왜 자신이 이 일을 하는지에 대한 확신이 없었다.

결국 고객과의 관계가 아닌 단지 숫자와 성과에만 집착한 그의 영업 방식은 그를 점점 더 고립시켰고, 그는 자신의 목표를 이루지 못한 채 지쳐가고 있었다.

박결과의 사례는 단기적인 성과에만 집중하는 영업 방식의 한계를 잘 보여준다. 이는 초기에는 효과가 있을 수 있지만, 장기적으로는 지속 가능하지 않다. 진정한 성공을 위해서는 '왜' 이 일을 하는지, 어떤 가치를 제공하고자 하는지에 대한 명확한 이해가 필요하다.

만약 박결과가 자신의 '왜'를 찾았다면, 그의 영업 방식은 완전히 달라졌을 것이다. 예를 들어, 그의 '왜'가 '기업들이 IT 솔루션을 통해 더 효율적으로 운영되고 성장할 수 있도록 돕는 것'이었다면, 그는 단순히 제품을 판매하는 것이 아니라 고객의 비즈니스를 이해하고 그들의 성공을 위해 최선의 솔루션을 제공하려 노력했을 것이다.

이러한 접근 방식은 고객과의 장기적인 관계 구축으로 이어지고, 결과적으로 더 높은 고객 만족도와 재구매율, 그리고 지속적인 성과로 이어지게 된다. 또한 매일의 업무에서 더 큰 의미와 만족을 찾을 수 있다.

고객의 비전을 실현시키는 최비전 씨

최비전의 사례는 완전히 다른 모습을 보여준다. 최비전 역시 박결과와 같은 30대 중반의 영업사원으로, 같은 업계에서 IT 솔루션을 판매하고 있다. 하지만 그의 영업 방식은 박결과와는 크게 다르다.

최비전은 단순히 제품을 판매하는 것을 넘어서 고객이 이루고자 하는 비전을 실현시키는 것을 자신의 목표로 삼고 있다. 그는 매일 아침 출근하면 그날 만날 고객의 비즈니스 목표와 도전 과제를 깊이 고민한다. 고객의 업계 동향을 분석하고, 그들이 현재 직면한 문제와 미래의 목표를 이해하려고 노력한다.

최비전에게 고객과의 만남은 단순히 제품을 팔기 위한 기회가 아니다. 그는 고객이 이루고자 하는 비전을 함께 그리기 위해 만난다. 이러한 접근 방식은 실제 고객과의 관계에서 잘 드러난다.

최비전이 새로운 고객을 만났을 때의 이야기를 살펴보자. 그 고객은 최근 큰 변화를 겪고 있는 제조업체였으며 디지털 전환이 필요한 상황이었다. 최비전은 단순히 자사의 IT 솔루션을 제안하는 데 그치지 않았다. 대신 그 회사가 어떻게 디지털 전환을 통해 생산성을 높이고 경쟁력을 강화할 수 있는지에 대한 전체적인 비전을 제시했다.

최비전은 고객에게 이렇게 말했다. "저는 단순히 이 제품을 팔기 위해 여기 온 것이 아닙니다. 저는 귀사가 디지털 전환을 성공적으로 이뤄내 새로운 시대에 맞는 경쟁력을 갖추도록 돕고 싶습니다.

저는 당신이 그리는 미래를 함께 실현하고자 합니다."

이후 최비전은 지속적으로 고객과 소통하며, 그들이 설정한 비전이 점점 현실이 되도록 필요한 모든 지원을 아끼지 않았다. 그는 제품 판매 이후에도 꾸준히 고객과의 관계를 유지하며 그들의 성공을 자신의 성공으로 여겼다.

시간이 지나면서 그 고객은 최비전과의 신뢰를 더욱 깊게 쌓았고, 그 결과로 다른 프로젝트에서도 그를 다시 찾았다. 최비전은 단순한 영업사원이 아닌, 고객의 비전을 함께 이루는 파트너로 자리 잡았다.

최비전의 영업 방식은 단기적인 실적보다 고객과의 장기적인 관계와 그들의 성공을 우선시하는 접근법이었다. 그는 고객의 비전이 현실이 되도록 돕는 것을 자신의 사명으로 삼았고, 그 결과 고객들로부터 깊은 신뢰와 존경을 받으며 안정적인 실적을 꾸준히 유지할 수 있었다.

최비전과 박결과의 이야기는 영업에서 '왜(Why)'의 중요성을 잘 보여주는 대조적인 사례이다. 이 두 사례를 통해 우리는 관계 중심의 영업과 단순한 성과 중심의 영업의 차이를 명확히 볼 수 있다.

관계판매가 답이라는 증거

그렇다면 이런 의문이 들 수 있다. "그래서 이런 관계 중심의 비즈니스가 실제로 판매를 늘리는 데 도움이 된다는 증거가 있나요?"

이 질문에 대한 답은 "네, 있습니다."이다. 몇 가지 흥미로운 연구 결과를 함께 살펴보자.

기업 운영에 있어 '예상 판매 실적'이 얼마나 중요한지 아는가? 이는 기업의 생존과 직결되는 핵심 요소이다. 판매를 통해 실적을 내고 그 이익으로 기업이 운영되기 때문이다. 그런데 놀랍게도 많은 기업과 영업팀이 이 예측에 많은 시간을 들이지만 실제로 정확한 예측을 하는 비율은 47%에 불과하다.

이런 상황을 개선하기 위해 콘페리 리서치(Korn Ferry Research)가 2020~2021년 기업들의 판매 성과를 분석했다. 그들은 판매 실적 예측을 잘하는 기업과 그렇지 않은 기업들의 차이점을 연구했고 그 결과 2가지 중요한 요소를 발견했다. 바로 '일관된 판매 프로세스'와 '고객과의 긍정적인 관계'였다.

여기서 주목할 점은 아무리 판매 프로세스를 잘 갖추고 관리해도 고객과의 긍정적인 관계가 없으면 예상한 판매 실적을 달성하기 어렵다는 것이다. 실제로 판매 프로세스를 잘 지키면서 동시에 고객과의 관계 수준이 높은 영업인은 그렇지 않은 사람보다 성공률이 20% 이상 높았다. 이는 관계의 중요성을 명확히 보여주는 결과이다.

또 다른 흥미로운 연구 결과도 있다. 갤럽(Gallup)이 진행한 연구에 따르면, 고객과 감정적으로 연결된 회사는 단순히 만족한 고객을 가진 회사보다 더 높은 수익을 올릴 가능성이 컸다. 여기서 '감정적으로 연결된 고객'이란 무엇을 의미할까? 이는 그 회사와의 관계에서 깊은 신뢰와 긍정적인 감정을 느끼는 고객을 말한다. 이런 고객들은 단순히 제품이나 서비스에 만족하는 것을 넘어 그 회사와의 관계 자체에 강한 애착을 가지고 있다.

갤럽의 연구 결과에 따르면 감정적으로 연결된 고객은 단순히 제품에 만족한 고객보다 평균적으로 23% 더 많은 수익을 창출한다. 왜 이런 결과가 나왔을까? 그 이유는 간단하다. 감정적으로 더 연결되어 있는 회사의 제품을 더 자주, 더 많이 구매하고 다른 사람들에게 그 브랜드를 적극적으로 추천할 가능성이 높기 때문이다.

성공적인 비즈니스의 핵심 -
고객의 비전을 우선하라

그렇다면 구체적으로 어떻게 해야 고객과 깊은 관계를 맺고 더 나은 비즈니스 성과를 낼 수 있을까? 이 질문에 대한 답을 찾기 위해 성공적인 비즈니스의 핵심에 대해 더 깊이 들어가보자.

싱가포르에 있는 한 특별한 레스토랑 이야기를 해볼까 한다. 이 레스토랑의 주인장은 미슐랭 2스타를 받은 셰프 안드레이다. 그런데 이 레스토랑에 가면 아주 특별한 일이 벌어진다.

이 레스토랑에 문을 열고 들어서려는 순간, 누군가가 여러분을 반갑게 맞이한다. 놀랍게도 그 사람은 바로 셰프 안드레이다. 유명 셰프가 직접 고객을 맞이한다니 기분이 어떨까? 아마도 특별한 손님이 된 것 같은 기분이 들지 않을까?

레스토랑 안으로 들어서면 또 다른 놀라운 경험이 당신을 기다리고 있다. 테이블에 앉자마자 직원이 다가와 인사를 건넨다. 그런데 이 직원은 단순히 메뉴를 건네는 것이 아니라 당신의 식사 취향을 정확히 알고 있다. 심지어 지난번 방문 때 어떤 음식을 남겼는지까지 기억하며 당신이 물을 마시는지, 아니면 탄산수를 마시는지도 알고 있다.

그리고 식사를 다 마치고 나갈 때, 또 한 번 놀라게 된다. 셰프 안드레가 다시 나와 당신을 배웅해 주는 것이다. 그리고 레스토랑 앞에 서 있는 올리브 나무를 보게 된다. 이 나무는 셰프가 처음 요리를 배웠던 프랑스에서 가져온 것으로, 자신의 초심을 잊지 않기 위해 심어놓은 것이라고 한다.

이 모든 과정에서 셰프 안드레가 한 일은 뭘까? 사실 그리 대단해 보이지 않을 수도 있다. 주방에서 홀까지 3~4걸음, 그리고 홀에서 식당 밖까지 3~4걸음, 총 6~8걸음을 더 걸은 것뿐이다. 하지만이 작은 노력이 고객들에게는 깊은 감동으로 다가간다.

이 이야기에서 우리가 배울 수 있는 점은 무엇일까? 바로 '고객 경험'의 중요성이다. 셰프 안드레는 단순히 맛있는 음식을 제공하는 것에 그치지 않았다. 그는 고객이 레스토랑에 들어서는 순간부터 나가는 순간까지, 모든 과정에서 특별한 경험을 제공하려 노력했다. 이것이 바로 고객의 비전, 즉 고객이 원하는 이상적인 경험을 우선하는 태도이다.

당신의 비즈니스에서도 이런 접근이 가능하다. 나의 경우를 예로 들어보겠다. 나는 고객과 점심 약속을 잡을 때 항상 세심한 주의를 기울인다. 먼저 전날 저녁 약속이 있는지, 있다면 어느 식당에 갔는지 물어본다. 같은 곳에서 두 번 연속 식사하는 것을 피하기 위해서이다. 이런 작은 배려가 고객에게는 좋은 인상을 줄 수 있다.

또한 고객의 취미나 관심사를 고려해 식당을 선택하기도 한다. 책을 좋아하는 고객과 만날 때는 서점과 가까운 식당을 골라 식사 후 함께 책을 구경하러 간다. 반려견을 키우는 고객과 만날 때는 애견카페가 근처에 있는 식당을 예약하고 식사 후 강아지 간식을 선물로 준비한다. 이런 작은 노력들은 사소하지만 고객과의 관계를 더욱 돈독하게 만든다.

이런 접근 방식은 일본의 '오모테나시(おもてなし)' 개념과 비슷하다. 오모테나시는 상대방이 대접받고 있다는 것을 거의 느끼지 못할 정도로 자연스럽고 세심한 최고의 접대를 의미한다. 일본 항공기를 타본 적이 있다면 탑승 시 제공되는 수건의 온도를 한번 떠올려보자. 그 수건은 지나치게 뜨겁지도, 차갑지도 않다. 이는 승객의 긴장을 풀어주되, 부담을 주지 않는 '적당한 온도의 친절'을 제공하기 위해서이다. 이렇게 상대방이 부담을 느끼거나 다시 그 호의를 돌려줘야 한다는 부담을 주지 않는 적당한 온도의 친절이 오모테나시다.

비즈니스에서도 이처럼 고객에게 부담을 주지 않으면서도 최상의 서비스를 제공하는 것이 중요하다. 나는 항상 고객을 만날 때 이런 '적당한 온도의 접대'를 하려고 노력한다. 이는 바쁜 일정 속에서도 시간을 내어 만나주는 고객들에 대한 나의 작은 배려이다.

여기서 우리는 중요한 점을 발견할 수 있다. 영업을 정말 잘하는 사람들의 공통점이 바로 이타심이라는 것이다. 그들은 자신을 소중히 여기는 만큼 상대방도 소중히 여긴다. 그리고 어떤 상황에서도 상대방의 비전, 즉 상대방이 원하는 것을 우선으로 생각하며 일한다.

물론 세상에는 자신의 성공만을 위해 많이 파는 사람들도 있다. 하지만 그들의 성공은 마치 동화 속 해피엔딩과 같아서, 그 이후의 이야기는 알 수 없다.

영업의 핵심은 바로 고객의 비전을 실현해주기 위해 노력하는 것이다. 우리가 비즈니스를 통해 얻고자 하는 성공, 승진, 기회, 돈, 명예 등은 이런 노력의 결과로 얻어진다.

매일 아침, 출근할 때 영업 결과와 성과에 대한 열망은 고이 접어집 책상서랍에 한편에 놓고 이런 생각을 해보자. "오늘은 내 성과에 대한 욕심은 잠시 접어두고 오직 고객의 성공과 행복을 위해서 일하자."

기억하자. 판매의 성공은 숫자의 문제가 아니다. 얼마나 많은 사람들의 비전을 실현해 주었는가, 그들의 삶에 얼마나 긍정적인 변화를 가져왔는가가 진정한 성공의 척도이다.

나는 고객들의 비전을 실현시키면서 의미 있게 성장하고 성공한 비즈니스맨들을 직접 보았고, 나 또한 그렇게 성장했다. 그 결과 어떤 일이 일어났을까? 나의 고객들은 이직을 할 때, 승진을 할 때, 또는 어려운 고민이 있을 때 나에게 연락을 해온다. 심지어 내가 누군가를 소개해주겠다고 하면, 그 사람이 누구인지 묻지도 않고 승낙한다. 이런 신뢰 관계야말로 비즈니스에서 가장 값진 자산이 아닐까?

이것이 바로 많은 비즈니스맨들이 영업을 통해 얻어야 할 진정한 힘이며 가치이다. 잘 팔기를 원한다면 일하는 '이유(Why)'는 항상 고객을 향해 있어야 한다. 고객과의 관계(Why)에 중점을 두고 판매 방식(How)을 결정한다면, 결국 원하는 성과(What)를 얻을 수 있을 것이다.

004

회사에서 가장 잘 파는 사람은 누구일까?

사장의 경험이 만드는 차이

식당이나 가게를 가보면, 사장이 있는 곳과 없는 곳의 분위기가 다르다는 것을 느끼게 되곤 한다. 단순히 사장이니까 더 열심히 일해서일까? 물론 그럴 수도 있겠지만 실제 이유는 조금 다르다.

사장이 잘 파는 가장 큰 이유는 바로 '고객과의 관계'가 중요하다는 것을 누구보다 잘 알고 있기 때문이다. 사장은 오랜 경험을 통해 고객과의 관계가 판매 성공에 얼마나 중요한지 가장 잘 알고 있다. 그들은 제품을 팔기보다는 고객의 비전을 실현하는 데 집중한다.

아마존의 창립자 제프 베조스는 "고객은 왕이다."라고 말했다. 월

마트의 창립자 샘 월튼도 비슷한 말을 했다. "우리에겐 오직 1명의 상사가 있다. 바로 고객이다. 고객은 자신의 돈을 다른 곳에 쓰는 것만으로도 회장부터 모든 직원을 해고할 수 있다." 이 말들은 모두 고객과의 깊이 있는 관계가 비즈니스의 성패를 좌우한다는 것을 강조한다.

사장은 보통 다른 직원들보다 고객과 더 오랫동안, 더 다양한 상황에서 관계를 맺어왔다. 이 과정에서 그들은 중요한 교훈을 얻게 된다. 바로 장기적인 '관계' 없이는 좋은 '결과'가 나오지 않는다는 것이다.

이런 이유로 많은 기업들이 경기가 안 좋아질 때 '영업통'을 사장으로 임명한다. 비즈니스 관계는 단기간에 만들어지지 않기 때문이다. 신뢰와 평판을 바탕으로 한 관계 구축에는 오랜 시간과 노력이 필요하다. 그래서 풍부한 비즈니스 관계 자산을 가진 '영업통'은 회사에 큰 가치가 된다.

더구나 이런 사장들은 시장 변화에 영향을 덜 받는다. 시장이 어려울 때 오히려 고객들은 그들의 성공을 돕고 싶어한다. 그 결과 그들은 항상 우수한 영업 실적을 낸다.

물론 모든 사장이 관계의 중요성을 이해하는 것은 아니다. 사장도 단기적인 실적에만 집중하다가 관계도, 판매도 망치는 경우가 있다. 몇 가지 예를 들어보자.

한 유명 컨설팅 회사의 사장은 고객과의 미팅에서 '내가 다 안다,

내가 답이다.'라는 태도를 보이고 심지어 상대방 회사의 가치를 깎아내려 미팅을 망치곤 했다. 결과적으로 고객들은 이 회사와의 관계를 피했다. 하지만 안타깝게도 이 사장은 왜 거래가 성사되지 않는지 아직도 알지 못한다.

또 다른 예로, 한 IT 기업의 대표는 새로운 버전의 프로그램을 과대광고했다. 하지만 실제 제품은 광고와 달랐고, 오히려 기존 제품보다 성능이 떨어졌다. 이는 직원들과 고객들의 신뢰를 깨뜨렸고, 그 결과 비즈니스 관계는 회복불가능한 상태가 되었다.

고객의 비전을 실현시켜 주는 사장들

상대방의 비전을 실현하는 데 집중하며 장기적인 비즈니스 관계를 잘 유지하는 사장들은 주변의 존경을 받으며 성장한다. 그들의 회사에서는 고객이 떠나는 경우가 거의 없다.

이런 사장들은 고객의 니즈를 깊이 이해하고, 그들의 성공을 자신의 성공으로 여긴다. 그들은 단순히 제품이나 서비스를 팔기보다는 고객의 비전을 실현하는 파트너가 되려고 노력한다.

이제 이러한 접근 방식을 실제로 적용해 성공을 거둔 사람들의 이야기를 해보려고 한다. 이 사례들을 통해 장기적인 비즈니스 관계가 어떻게 개인과 기업의 성공으로 이어지는지 함께 살펴보자.

먼저, 현재 글로벌 맥주 회사의 사장으로 일하고 있는 L사장의 이야기를 해보려고 한다. L사장은 평범한 영업사원으로 일을 시작했다. 처음에 그에게 주어진 임무는 4개의 도매상을 담당하는 것이었다. 이 도매상들에는 총 40명의 직원이 있었고, 그들이 거래하는 거래처는 무려 2천 군데나 되었다. 대부분의 영업사원들이라면 이런 상황에서 어떻게 했을까? 아마도 빠르게 판매하고 실적을 올리는 데 집중했을 것이다. 하지만 L사장은 달랐다.

그는 기존의 '팔고 빠지는' 영업 방식이나 단순히 도매상을 접대하는 방식을 택하지 않았다. 대신 그는 도매상의 성장을 돕는 '관계' 중심의 영업을 하기로 마음먹었다. 그의 생각은 이랬다. "만약 내가 이 도매상들이 성공하도록 도울 수 있다면, 그들은 결국 나를 찾게 될 것이다."

이런 생각을 바탕으로 L사장은 대단한 결심을 한다. 그는 자신이 담당하는 4개 도매상이 거래하는 2천 개의 모든 거래처를 직접 방문하기로 한 것이다. 하루에 10개 업체를 방문한다고 해도 200일, 즉 거의 7개월이 걸리는 일이었다. 하지만 L사장은 이 일을 해냈다.

그는 이 과정에서 무엇을 했을까? 단순히 방문만 한 게 아니다. 그는 각 거래처가 가진 어려움, 의견, 그리고 도매상에게 바라는 점들을 꼼꼼히 정리하고 분석했다. 그리고 이 정보를 도매상의 직원들과 대표들에게 전달했다.

L사장은 여기서 멈추지 않았다. 그는 지속적으로 도매상의 성공을 위해 연구했고, 심지어 직접 거래처에 가서 도매상이 파는 제품을 팔기도 했다.

이런 노력의 결과 도매상의 매출은 급격하게 성장했다. 그리고 더 놀라운 일이 일어났다. 다른 도매상들도 L사장과 거래하기를 원하게 된 것이다. 모두가 L사장과 비즈니스 관계를 맺길 바랐다. 결과적으로 L사장은 조기 승진하여 영업팀장이 되었고, 그의 실적을 뛰어넘는 사람은 아무도 없었다.

L사장의 이야기는 여기서 끝나지 않는다. 그가 지금 가진 사장의 지위, 돈, 명예 모두는 고객을 성공시키며 얻은 결과이다. 그리고 지금도 그는 여전히 고객과 주변 사람들의 비전을 이루기 위해 자신의 능력과 진심을 다하고 있다. 그래서 업계에서는 여전히 그를 '모셔가고 싶은' 사장으로 평가한다.

이 책을 쓰는 동안 나는 L사장으로부터 한 통의 전화를 받았다. 그가 최고의 스톡옵션과 연봉을 받고 다른 회사로 스카우트되어 이직한다는 소식이었다. L사장의 평판과 그가 비즈니스 관계를 어떻게 생각하는지 알기에, 나는 이것이 당연한 결과라고 생각했고 진심으로 축하했다. 그리고 다시 한번 깨달았다. 시장은 여전히 비즈니스 관계를 긍정적으로 맺고 있는 사람을 찾고 원한다는 것을 말이다.

하지만 비즈니스 세계가 항상 순탄할 수는 없다. 때로는 회사가 어려움을 겪거나 심지어 망하는 경우도 있다. 그런데 놀랍게도 회사가 망했는데도 여전히 사람들의 존경을 받는 사장들이 있다. 어떻게 이런 일이 가능할까?

그들은 회사가 망해 빚을 지고 막대한 손실을 보았음에도 불구하고, 직원들과 거래처에 피해가 가지 않도록 우선적으로 그들의 상황을 돌본다. 그리고 얼마나 오래 걸리든 최선을 다해 성실히 빚을 갚아나간다.

많은 사람들이 이런 사장들과 다시 비즈니스 관계를 맺으려 한다. 왜 그럴까? 사람들은 그 사장이 관계를 그 무엇보다 중요시하는 태도를 직접 목격했기 때문이다. 이는 우리에게 중요한 교훈을 준다. 진정한 관계의 가치는 어려운 상황에서 더욱 빛을 발한다는 것이다.

이제 우리 모두가 잘 아는 기업의 사례를 살펴볼까 한다. 바로 스타벅스이다. 스타벅스의 성공 비결은 무엇일까? 커피의 맛일까?

하워드 슐츠의 비전은 이보다 훨씬 더 컸다. 슐츠는 스타벅스를 단순한 커피 판매점이 아닌 '제3의 장소'로 만들고 싶어했다. 제3의 장소란 무엇일까? 그것은 집과 직장 외에 사람들이 편안하게 쉴 수 있는 또 하나의 공간을 의미한다. 이 비전을 실현하기 위해 슐츠는 스타벅스의 메뉴와 매장 환경을 획기적으로 바꾸었다.

슐츠는 고객과의 관계를 직접 만들어갔다. 그는 종종 매장에서 손님들과 함께 커피를 마시며 대화를 나눴고, 모든 직원들이 손님의 이름을 부르는 문화를 만들었다. 지금 우리가 카페에서 당연하게 여기는 무료 와이파이 서비스도 사실 스타벅스에서 시작된 것이다.

슐츠의 이런 접근 방식은 무엇을 보여주고 있을까? 그는 손님이 빠르게 회전하여 단기적인 매출을 올리는 데 집중하지 않았다. 대신 손님이 편안하게 쉬어갈 수 있는 제3의 장소를 제공함으로써 장기적인 관계와 가치를 만들어냈고, 이를 통해 더 큰 성공을 이루었다.

마지막으로, 나의 개인적인 경험을 나누고 싶다. 내가 외국 교육 회사의 대표로 일할 때의 이야기이다. 나는 매 분기마다 인문학과 효과적인 기업 교육 운영 방법에 대한 주제로 포럼을 열었다. 이 포럼을 기획할 때 내가 가장 신경 썼던 점은 바로 파는 상품과 회사에 대한 소개를 철저히 배제하는 것이었다.

나는 기업에서 교육을 운영하는 분들의 성장이 곧 기업의 성장이라고 믿었다. 그들을 성장시키는 것이 바로 내가, 그리고 내가 일하는 회사가 해야 할 일이라고 생각했다. 이를 위해 나는 수준 높은 포럼을 만들기 위해 많은 노력을 기울였다. 연사를 직접 조사하고 이야기를 나눈 후 초대했고, 포럼 주제를 선정할 때도 참석자들의 성향, 분야, 관심사, 도전 과제 등을 꼼꼼히 조사하여 신중하게 선택했다. 또한 참석자들의 다양한 배경을 고려해 인문학, 디지털 IT, 언어학, 역사 등 다양한 주제를 다루었다.

내 목표는 분명했다. 참석자들의 성장과 인사이트에 실질적인 도움을 주는 것이었다. 포럼의 주인공은 참석자들이라고 생각했고 회사의 규모와 상관없이 모두 VIP로 대했다. 나는 상품을 팔기 위해 그분들을 초청한 것이 아니었다. 기업의 고충과 참석자들의 생각과 비전을 더 이해하고 이를 통해 그들을 더 도울 방법을 찾고 싶었다. 그들이 성공하기를 바랬고, 무엇보다 그들과 장기적으로 좋은 관계를 맺고 싶었다.

나의 생각대로 이런 접근 방식은 오히려 더 많은 상품을 팔 수 있게 해주었다. 참석자들은 내가 진정으로 그들의 성장을 돕고자 한다고 믿어주었고, 그 결과 내가 파는 제품을 구매하였다. 더 나아가 그들의 입소문을 통해 자연스럽게 내 상품이 홍보되었다.

가장 감사한 점은 내가 그 회사를 나온 후에도 여전히 많은 기업들이 나에게 기업 교육에 대해 상담을 요청한다는 것이다. 심지어 내가 새로 시작한 개인 비즈니스를 홍보하지 않았는데도 먼저 구매를 요청하는 기업들도 많다.

나는 오랜 기간 이러한 관계의 선순환을 계속 경험하고 있다. 이러한 관계는 마치 물결이 퍼져나가듯 무한대로 확장되며 시간이 지날수록 그 관계의 깊이와 폭이 더욱 넓어지고 있다. 흔히 "파는 기술을 알면 뭐든지 팔 수 있다."는 말이 있다. 하지만 내 경험에 비추어 볼 때, 이 말은 이제 "팔 수 있는 관계가 있다면 뭐든지 팔 수 있다."로 바뀌어야 한다.

사회적 교환 이론 - "뿌린 대로 거둔다"

현대 비즈니스 시장은 돈의 전쟁터처럼 보인다. 더 많은 돈을 제안받으면 쉽게 이직하고, 추가 업무가 주어지면 바로 추가 보상을 요구하는 모습을 흔히 볼 수 있다. 자본주의 사회에서 이런 태도는 때로 '당당하다.' 또는 '할 말은 한다.'고 긍정적으로 평가받기도 한다.

하지만 돈이 모든 것을 좌우하는 것처럼 보이는 이 시대에, 오히려 사람과의 관계를 더 중요시하며 성공하는 사람들이 있다.

심리학에는 '내재적 동기'라는 개념이 있다. 이는 특별한 외부 보상 없이도 그저 그 일 자체가 좋고 의미 있다고 여겨 행동하는 것을 말한다. 사람들과의 장기적인 관계를 통해 성공하고 성장하려는 사람들에게 이 내재적 동기가 어떻게 작용할까?

이들에게 내재적 동기는 단순히 돈이나 외적인 보상에서 오지 않는다. 그들은 관계 자체에서 오는 보람과 만족감, 그리고 다른 사람들의 비전을 실현하는 과정에서 얻는 성취감에서 동기를 얻는다. 그들에게 자신의 정체성과 역할은 바로 이러한 관계 속에서 형성된다.

예를 들어보자. 한 성공한 영업 관리자의 이야기이다. 그는 매일 아침 출근길에 자신이 오늘 만날 고객들의 얼굴을 떠올린다. 그리고 생각한다. "오늘 나는 어떻게 이 고객의 비즈니스를 성장시키는 데 도움을 줄 수 있을까?" 이런 생각은 그에게 단순한 업무가 아닌, 의미 있는 미션으로 다가온다. 그는 고객의 성공을 자신의 성공으로 여기며, 이를 통해 큰 만족감을 얻는다.

이번엔 인간관계의 형성과 유지에 대해 설명하는 '사회적 교환 이론(Social Exchange Theory)'을 살펴보자. 이 이론에 따르면, 모든 인간관계는 주고받는 보상과 비용의 균형에 의해 형성된다. 쉽게 말해 "뿌린 대로 거둔다."는 속담과 비슷한 개념이다.

이를 비즈니스 관계에 적용해보자. 잘 파는 사람이 고객과의 관계를 잘 유지하는 이유는 바로 이 사회적 교환 이론으로 설명할 수 있다. 그들은 고객에게 단순히 제품이나 서비스를 제공하는 것을 넘어 가치 있는 '보상'을 지속적으로 제공한다. 이 보상은 실질적인 비즈니스 조언일 수도 있고, 진심 어린 관심과 지원일 수도 있다.

예를 들어보자. 한 IT 솔루션 회사의 영업 담당자는 고객사의 기술 세미나에 참석해 최신 기술 트렌드에 대한 인사이트를 공유했다. 이는 직접적인 판매와는 관련이 없었지만 고객에게는 큰 가치가 되는 정보였다. 이런 행동이 쌓여 고객과의 관계는 더욱 돈독해졌고, 결과적으로 장기적인 비즈니스 파트너십으로 발전했다.

우리의 일상적인 관계에서도 마찬가지이다. 친구 사이를 생각해보자. 친구가 시간을 내어 우리의 이야기를 잘 들어주고 공감해줄 때, 우리는 깊은 우정을 느끼게 된다. 그리고 그 친구가 위로가 필요할 때, 우리도 기꺼이 시간을 내어 그 친구를 위해 같은 일을 하게 된다.

직장에서의 관계도 이와 크게 다르지 않다. 회사에서는 보상과 비용이 존재한다. 보상은 상사나 동료로부터 받는 응원, 인정, 승진 기회, 업무 지원 등이 될 수 있겠다. 반면 비용은 스트레스, 갈등, 추가 업무 같은 것들이 될 수 있다. 만약 보상이 비용보다 크다고 느낀다면 우리는 직장에서의 관계를 긍정적으로 보게 된다. 하지만 비용이 보상보다 크다고 느낀다면 불만을 갖게 된다.

이렇게 모든 인간관계는 주고받는 보상과 비용의 균형에 의해 형성된다. 이를 심리학에서는 '사회적 교환 이론'이라고 부른다.

이 이론은 비즈니스 관계에서도 그대로 적용된다. 잘 파는 사람이 고객과의 관계를 잘 유지하는 이유도 바로 이 때문이다. 그들은 고객에게 단순히 제품이나 서비스를 제공하는 것을 넘어, 가치 있는 '보상'을 지속적으로 제공한다. 이런 보상이 쌓이면서 고객과의 관계는 더욱 돈독해지고, 결과적으로 장기적인 비즈니스 성공으로 이어지는 것이다.

이제 사장이 왜 가장 잘 파는지 이해가 될 것이다. 단순히 열심히 일해서가 아니다. 사장은 고객의 비전을 실현하는 관계의 중요성을 누구보다 잘 알고 있으며, 이를 통해 장기적인 성공을 이끌어 낼 수 있다.

하지만 여기서 중요한 점은 이런 접근법이 꼭 사장만의 전유물이 아니라는 것이다. 누구나 관계가 주는 의미와 중요성을 이해하고 실천한다면, 사장만큼 잘 팔 수 있고, 나아가 사장이 될 수도 있다.

사장처럼 팔아라!
잘 파는 사람의 7가지 마인드

당신의 비즈니스 관계 자산이 높아질수록 사람들은 당신의 말을 더 신뢰하게 되고 당신의 가치는 높아지며 영향력은 커진다. 그리고 무엇보다 계속해서 잘 팔 수 있게 된다.

비즈니스의 본질은 단순한 거래가 아닌 관계이다. 그리고 그 관계 속에서 우리는 함께 성장하고 성공할 수 있다. 관계를 통해 성공한 사장의 공통적인 7가지 마인드를 알아보자.

① 고객의 비전을 이해하고 실현하려고 노력한다

사장은 고객의 비전과 목표를 이해하고, 그것을 실현하기 위해 노력한다. 단순히 제품이나 서비스를 판매하는 것이 아니라, 고객의 성공에 기여하는 관계를 맺으려 하는 것이다. 그러기 위해 사장은 고객의 필요와 목표를 깊이 이해하고, 그에 맞는 솔루션을 찾는다.

② 장기적인 관계 구축에 집중한다

사장은 단기적인 성과보다는 장기적인 관계를 구축하는 데 중점을 둔다. 신뢰와 평판은 시간이 지나면서 형성되며, 이는 비즈니스의 지속적인 성공을 보장하는 중요한 요소이기 때문이다.

③ 고객과의 신뢰를 우선시한다
사장은 고객이 신뢰할 수 있는 사람으로 인식되기 위해 노력한다. 고객과의 신뢰를 쌓는 것이 판매의 핵심이라는 것을 누구보다 잘 알기 때문이다. 따라서 약속을 지키고 투명하게 소통하며 고객의 이익을 최우선으로 고려하는 태도를 유지하는 것이 중요하다.

④ 고객의 문제를 해결한다
어려운 상황에서도 고객을 위해 문제를 해결하는 능력이 핵심이다. 고객이 직면한 문제를 해결하려고 노력하며 신뢰를 쌓고 관계를 강화하는 것이 핵심이다.

⑤ 고객과의 관계에서 진정성을 보인다
판매를 위한 접근이 아니라, 고객의 성공을 진심으로 바라는 마음을 보여주어야 한다. 이 진정성은 고객과의 관계를 더욱 깊고 지속적으로 만들어준다.

⑥ 긍정적인 평판을 유지한다
사장은 긍정적인 평판을 유지하기 위해 노력한다. 평판은 비즈니스 관계에서 중요한 역할을 하며, 이는 고객뿐만 아니라 업계 전체에서의 신뢰를 의미한다. 평판을 높이기 위해서는 항상 신뢰할 수 있는 태도로 행동하고 고객과의 관계를 소중히 여겨야 한다.

⑦ 고객의 피드백을 적극적으로 수용한다
사장은 고객의 피드백을 귀담아듣고 이를 개선의 기회로 삼는다. 고객의 의견은 제품이나 서비스를 개선하고 고객이 원하는 방향으로 비즈니스를 조정하게 하는 귀중한 자원이기 때문이다.

005

마음을 사로잡는 비즈니스를 설계하라

비즈니스 성공의

숨겨진 열쇠는?

우리 삶에서 가장 강력한 자산은 다름 아닌 인간관계이다. 어떤 위기가 닥치더라도 탄탄한 인간관계를 가진 사람은 늘 성공의 길을 찾아간다.

　행동경제학자 댄 히스(Dan Heath)는 그의 저서 《업스트림》에서 "강에서 떠내려오는 아이들을 구하는 것도 중요하지만, 더 중요한 건 왜 아이들이 강에 빠지는지 그 원인을 찾아 해결하는 것이다."라고 하였다. 문제 해결의 핵심은 근본 원인을 찾는 것이라는 의미이다.

그는 한 인터뷰에서 이를 더 자세히 설명했다. "업스트림이란 말 그대로 상류다. 예를 들어 당신이 친구와 강가의 하류에서 소풍을 즐기고 있는데 아이가 떠내려오고 있다고 해보자. 당신과 친구는 곧장 뛰어들어 구한다. 하지만 계속해서 더 많은 아이들이 떠내려와 두 사람이 구하기 벅찰 정도로 더 많은 아이들이 물에서 허우적댄다. 그 순간, 당신 친구가 물 밖으로 나가버린다. 구조하다 말고 어딜 가냐고 물으니 친구는 위쪽을 가리키며 상류로(Upstream) 가서 아이들을 물속에 던져놓는 놈을 잡아야 한다고 말한다. 이때 친구가 가리키는 곳, 그가 하는 행동이 업스트림이다." 여기서 친구는 아이들을 물에 빠뜨리는 근본 원인을 찾아 해결하려고 한 것이다. 이는 신뢰를 중요시하지 않는 결혼 생활의 불행을 막으려면 처음부터 약속을 지키는 배우자를 선택해야 하고, 고장난 차의 보닛을 열고 쳐다만 볼 것이 아니라 수리점에 맡기면 되는 것과 같다.

업스트림은 비즈니스 세계에도 그대로 적용된다. 비즈니스에서 업스트림은 무엇일까? 바로 '관계'이다. 말을 잘하는 법, 설득하는 기술, 거절을 극복하는 방법 등은 모두 부차적인 것들이다. 가장 중요한 것은 장기적이고 긍정적인 비즈니스 관계를 만드는 것이다.

영업의 세계에서는 종종 '씨를 뿌린다.'는 표현을 쓴다. 하지만 아무리 좋은 씨앗이라도 메마른 땅에서는 자랄 수 없다. 당신의 비즈니스 관계가 바로 그 비옥한 땅이다. 얼마나 건강하고 풍요로운 관계의 땅을 가꾸고 있는지가 당신의 성공을 좌우한다. 이렇듯 파는 사람에게 관계는 힘이다.

진정한 영업의 고수는 어떤 사람일까? 자신의 이익만을 위해 파는 사람은 초보자이다. 남들보다 잘 팔려고 노력하는 사람은 중급자이다. 하지만 진정한 고수는 장기적인 관계를 통해 고객의 비전을 함께 이뤄가는 사람이다.

그런데 여기서 주의할 점이 있다. 돈으로 만들어진 관계는 진정한 비즈니스 관계가 아니다. 진정한 비즈니스 관계란 당신이 가진 자원과 솔루션으로 상대방이 원하는 모습이 되도록 돕고, 상대방의 비전을 이뤄주는 과정에서 자신 또한 성공하는 관계이다.

관계판매의 강점

사실 '관계판매'는 20세기 후반 등장한 개념이다. 당시 단순히 제품이나 서비스를 파는 것을 넘어 고객과 장기적이고 신뢰할 수 있는 관계를 구축하는 관계판매는 새로운 영업 방식이었다. 이 혁신적인 개념은 여러 전문가들의 노력으로 발전했다. 인간관계의 대가 데일 카네기, 영업 코치의 선두주자 짐 캐스카트, 신뢰 기반 거래의 전문가 제프리 기트머, 그리고 SPIN 이론으로 유명한 닐 라컴 등이 주요 인물이다. 이들은 각자의 방식으로 관계판매의 중요성을 강조하고 체계화했다.

하지만 안타깝게도 우리나라에서는 아직 이런 관계판매의 중요성이 충분히 인식되지 못하고 있다. 여전히 많은 기업들이 단순히 물건을 파는 데에만 집중하고 있는 것이다. 그 결과, 관계판매를 이해하고 실천하는 소수의 사람들만이 지속적인 성공을 거두고 있다. 그 이유는 간단하다.

먼저 오늘날의 시장 환경을 생각해봐야 한다. 오늘날 시장은 비슷한 제품과 서비스로 넘쳐난다. 단순한 가격 경쟁이나 기능 차별화로는 한계가 있게 마련이다. 관계판매는 이런 상황에서 강력한 경쟁력이 된다.

또한 관계판매는 고객 개개인의 요구를 깊이 이해하고, 그에 맞는 해결책을 제공한다. 이는 고객 만족도를 크게 높이는 결과로 이어진다. 더불어 디지털 시대의 특성상, 소비자들은 자신의 경험을 실시간으로 공유한다. 탄탄한 고객 관계는 긍정적인 입소문을 만들고, 부정적인 평가를 막는 방패 역할을 한다.

새로운 고객을 확보하는 것보다 기존 고객을 유지하는 것이 훨씬 효율적이라는 점에서도 관계판매는 유리하다. 비용 측면에서도 관계판매는 큰 이점이 있다. 특히 B2B 영업에서는 그 중요성이 더욱 두드러진다. 기업 간 거래에서는 복잡한 의사결정 과정과 여러 이해관계자가 얽혀 있는데, 이때 신뢰 관계는 거래 성사율을 높이고 고객 만족도를 극대화하는 데 결정적인 역할을 한다.

돈은 그저

관계의 결과일 뿐

만일 당신이 잘 팔지 못하고 있다면 이유는 아마 둘 중에 하나일 것이다. 하나는 아직 당신의 영업 경험이 풍부하지 않기 때문이다. 무엇이든 잘하려면 일정의 시간이 필요하다. 또 다른 하나는 바로 영업에 대한 잘못된 관점 때문이다. 나는 이것이 대부분의 이유라고 생각한다. 많은 사람들이 영업을 단순히 '많이 팔아서 실적을 올리는 것'으로 생각한다. 그동안 그렇게 배워왔기 때문이다.

진정한 성공을 위해서는 이런 관점을 바꿔야 한다. 영업은 물건을 파는 행위가 아니라 비즈니스 관계를 구축하고 가치를 창출하는 과정이다. 이러한 관점의 변화는 영업의 패러다임을 완전히 바꿀 수 있는 힘을 가지고 있다. 관점을 바꾸면 당신은 원하는 성공과 결과를 얻을 뿐만 아니라 다른 사람들로부터 존중받고 스스로에 대한 가치를 느끼게 될 것이다.

내가 아는 한 유명한 투자 전문가가 있다. 그는 수천억 규모의 투자를 유치하며 국내 대기업 임원들을 고객으로 두고 있는 인물이다. 그런 그가 수십 년간 지켜온 2가지 철칙이 있다. 하나는 '조급해하지 말기'이며 다른 하나는 '팔려고 하지 말기'이다. 이 철칙은 그의 멘토가 해준 조언이었다. 이 조언의 핵심은 투자자와의 미팅에서 돈 이야기를 하지 말라는 것이었다. 처음에는 이해하기 어려운 조언이었지만 그 이면을 들여다보니 깊은 통찰을 발견할 수 있었다. 실제로 비즈니스 이야기만 하면 대화는 금방 끝나버리지만 투자자들의 여러 관심사에 대해 이야기를 하다 보면 1시간은 물론이고 5시간이 지나도 끝이 나지 않으며, 때로는 그들의 집으로 초대하기까지 했다.

예를 들어 상대가 요리에 관심이 많다면, 어떤 음식이 맛있는지, 어떤 식당이 좋은지, 어떤 소스를 사용하면 맛이 더 깊어지는지 이야기를 나누다 보면, 하루가 짧을 정도로 대화가 이어졌다. 상대가 골프에 빠져 있다면, 어떻게 하면 스코어를 낮출 수 있을지, 어떤 테크닉이 효과적인지에 대한 이야기를 나누다 보면 따로 다시 일정을 잡아 이야기할 정도로 시간이 모자랐다.

나도 그렇다. 미팅에서 되도록이면 준비해 간 인쇄 자료나 프레젠테이션 자료를 가방에서 꺼내지 않는다. 그런 자료를 꺼내는 순간, 상대는 내가 팔기 위해 왔다고 생각한다. 어떨 때는 그저 그 사람과 별 중요하지 않은 이야기를 하며 시간을 보내기도 한다. 그러다 "아, 맞다. 우리 비즈니스 미팅으로 만난거죠?"라고 화제가 전환되는 경우도 많다. 상대방이 흥미를 가지는 이야기, 상대방이 현재 꽂힌 주제에 대해 이야기를 나누다 보면 투자 이야기는 자연스럽게 흘러나온다. 이렇게 되면 계약은 물론이고 소중한 인연까지 얻게 된다. 그것이 내가 수년간 성공을 하고 있는 비결이기도 하다. 비즈니스에서 중요한 것은 결국 관계다. 비즈니스 이야기는 그 관계가 충분히 형성된 이후에도 할 수 있다.

자동차 판매원 조 지라드는 '세계에서 가장 위대한 판매원'으로 여러 차례 기네스북에 오른 인물이다. 지라드는 고객이 자동차를 통해 어떤 삶을 살고 싶어 하는지 귀 기울여 듣고, 그들의 비전을 실현할 수 있도록 끊임없이 지원했다. 이러한 관계 중심의 판매 전략은 그를 세계 최고의 자동차 판매원으로 만들었다. 한 해에 무려 1,425대의 자동차를 팔아 기네스북에 세 번이나 오르고, 커리어 동안 총 13,001대의 자동차를 판 그의 성과는 단순히 숫자로만 측정할 수 없는 가치를 담고 있다.

관계에 대한 오해

비즈니스 세계에서 '관계'라는 단어는 자주 사용되지만, 그 본질에 대해서는 많은 오해가 있다. 많은 사람들이 관계의 힘을 인맥의 숫자나 명함의 개수로 측정하려 한다. 최근 한 지인이 나에게 "대표님 핸드폰에는 몇천 명의 인맥이 있으시지요?"라고 물은 적이 있다. 이는 내가 다양한 경로의 사람들을 연결해주는 것을 보고 한 질문이었다. 하지만 비즈니스 관계에서 중요한 것은 사람을 많이 아는 것이 아니라, 그들과 얼마나 의미 있는 관계를 맺고 있느냐이다.

이를 잘 보여주는 한 사례가 있다. 얼마 전 나는 모기업의 A부장과 함께 중요한 미팅에 참석했다. A부장은 평소 넓은 인맥을 자랑했고 여러 회사의 의사결정권자들과 친밀한 관계라고 자신을 소개했다. 그의 회사도 이런 그의 '관계'를 보고 스카웃했고, 큰 기대를 걸었다.

그러나 실제 미팅에서의 모습은 전혀 달랐다. A부장이 친분이 있다고 한 결정권자와의 미팅은 10분도 안 되어 끝나버렸다. 다음 일정이 없어 보였음에도 불구하고, 그 결정권자는 바쁘다며 서둘러 미팅을 마무리했다. A부장만 그 사람과 특별한 관계를 맺고 있다고 착각한 것이었다. 더 안타까운 것은 A부장이 상대방이 보내는 미묘한 신호를 전혀 읽지 못했다는 점이다. 미팅을 황급하게 마무리하고 나오는데 A부장은 나에게 "저 형은 항상 많이 바빠요."라며 웃으며 말했다. 나는 그 모습이 못내 안타까웠다.

관계는 명함집에 명함이 많거나, 전화번호부에 많은 연락처가 있다고 해서 형성되는 것이 아니다. 중요한 것은 관계의 넓이가 아니라 깊이이다.

진정한 관계의 가치는 중요한 순간에 드러난다. 누군가와 진솔하게 속 이야기를 하고 싶어지는 날, 전화기를 들고 '누구에게 전화를 하지?'라고 고민하게 되는 순간이 있다. 전화번호부에 그렇게 많은 사람이 있어도 막상 중요한 순간에 누구에게 전화를 할지 모를 때, 우리는 진정한 관계의 의미를 깨닫게 된다.

비즈니스에서도 마찬가지이다. 당신이 성공을 해야 하는 순간에, 혹은 당신이 관계를 맺고 있는 사람이 성공을 해야 하는 순간에 망설임 없이 서로를 떠올릴 수 있는 관계가 진정한 비즈니스 관계이다. 그런 관계라면 당신이 찾아갔을 때 그 사람은 다음 미팅을 연기해서라도 당신을 만날 것이다.

비즈니스 세계에서 관계는 당신의 현재와 미래를 바꿀 수 있는 나침반과 같다. 하지만 여기서 말하는 관계는 상대방의 힘과 권력을 이용하거나 전문성 없이 오직 친분에만 의존하는 그런 관계가 아니다. 그런 관계는 오히려 독이 될 수 있으며 장기적으로 지속되기 어렵고 누군가에게 큰 손해를 안길 수 있다.

성공적이고 긍정적인 비즈니스 관계를 만들고 유지하기 위해서는 끊임없는 성장이 필요하다. 당신이 더 지혜롭고 전문적인 사람이 될수록 더 많은 가치 있는 관계를 맺을 수 있게 되기 때문이다.

영업통으로 유명한 한 IT 기업 대표에게 영업에 대한 생각을 물었던 적이 있다. 그가 말하길, "제 경험에 따르면, '없어 보이면' 잘될 것이라는 생각은 오히려 역효과를 불러일으킵니다. 상대방이 나를 안쓰럽게 여겨 도와줄 것이라는 기대는 잘못된 것이었습니다. 코로나 팬데믹 시절에 친하다고 생각했던 사람들에게 기업 사정이 어렵다고 말했을 때, 저를 도와줄 거라고 예상한 것과 달리 오히려 저를 멀리하더군요. 반대로, 요즘 일이 잘된다고 하니, 사람들이 '어떻게 잘되고 있지?' 하며 오히려 저의 비즈니스에 더 관심을 갖기 시작했습니다."라고 했다. 사람들은 성공하는 사람들과 함께 관계를 맺고 싶어 한다. 그리고 사람들은 자신을 성공시킬 사람들과 관계를 맺고 싶어 한다. 그래서 우리는 절대 현재에 머물러서는 안 된다.

중국에 이런 속담이 있다. '나무를 심기에 가장 좋은 때는 20년

전이다. 그리고 두 번째로 좋은 때는 바로 지금이다'. 이 속담은 어떤 일을 시작하기에 늦었다고 생각할 때, 사실 지금이 가장 좋은 시기라는 교훈을 주는 말이다. 비즈니스 관계 구축도 마찬가지이다. 지금 당장 시작하는 것이 중요하다. 지금부터 긍정적이고 장기적인 비즈니스 관계를 만들어 나간다면, 반드시 성과로 이어질 것이다.

SPECIAL
PAGE

관계판매에 대한 8가지
중요한 사전 질문

관계판매의 대가, 짐 캐스카트는 관계판매를 시작하기 전에 영업인들에게 '관계'에 대해 생각해보도록 다음 8가지 질문을 던졌다. 당신도 이 질문에 답해보길 바란다.

① 당신이 판매 과정에서 상대방과 친밀감을 높이는 3가지 방법은 무엇인가요?

_____

_____

_____

_____

② 현재 당신이 일하고 있는 회사의 평판을 높이기 위한 3가지 방법은 무엇인가요? 경쟁업체나 고객이 당신이 일하고 있는 회사에 대해 말하는 3가지 장점은 무엇인가요?

_____

_____

_____

③ 고객이 영업사원과 관계를 맺는 것을 꺼리거나 주저한다면 그 3가지 이유는 무엇일까요?

_____

_____

_____

④ 치열한 경쟁 시장에서 제품이나 서비스보다 관계가 중요한 3가지 이유는 무엇인가요?

_____

_____

_____

⑤ 판매가 거절되거나 중단되는 가장 일반적인 이유 3가지는 무엇인
가요?

_____

_____

⑥ 고객이 찬사를 아끼지 않는 영업인을 표현하는 가장 일반적인 단어
나 표현 3가지는 무엇인가요?

_____

_____

⑦ 판매자와 구매자 간의 견고한 관계로 구매자가 누리게 되는 3가지
핵심적인 이점은 무엇일까요?

_____

_____

⑧ 고객과의 관계를 중심으로 한 판매 전략이 성공을 거두고, 고객이
되어서도 좋은 관계가 유지된다면 당신에게는 어떤 이점이 있을까요?

_____

_____

_____

CHAPTER 2

잘 파는 사람은
어떤 원칙을
가지고 있는가

001

고객이 나를
기다리게 하라

고객이 기다리는 사람 -

관계판매의 대가 '돼지엄마'

우리는 무언가를 판다면 제품과 서비스를 어떻게 팔 것인가, 누구에게 팔것인가, 얼마에 팔 것인가부터 생각한다. 그런데 당신 주변에 늘 고객이 있다면, 그리고 그들이 언제든지 당신의 제품과 서비스를 구매할 생각이 있다면, 거기에 당신에 대한 호감까지 있다면 당신은 그 고객들에게 당신이 원하는 시점에 당신이 원하는 가격으로 제품과 서비스를 팔 수 있다. 그 고객들을 먼저 만들어놓는 것이 관계판매의 시작이다.

어릴 적 우리 동네에는 '관계판매'의 대가가 있었다. 우리는 그분을 '돼지엄마'라고 불렀다. 그 시절, 미국 제품(그때는 흔히 '미제'라고 불렀다.)은 매우 귀했다. 그런데 돼지엄마는 언제나 신기한 미제 물건들을 가지고 있었다.

"남희엄마, 땅콩잼 하나 들어왔는데 살래요?"

돼지엄마의 이런 전화를 받으면 우리 집 식구들 모두가 신이 났다. 그 귀한 것을 우리 집에 팔기로 결정했다는 사실, 그리고 누구나 가질 수 없는 귀한 물건을 살 수 있게 되었다는 사실 때문이었다.

돼지엄마는 동네에서 굉장한 인기를 누렸다. 땅콩잼을 팔면서 과자도 주고 빵도 주던 돼지엄마는 인심이 넉넉하였고, 좋은 일이 있을 때나 힘든 일이 있을 때나 항상 나타나서 도와주고 위로해주었다.

동네 사람들은 돼지엄마 집에 놀러 가는 것을 좋아했다. 겨울이면 항상 따뜻한 장판을 틀어놓고 사람들이 쉬면서 이야기 나누다 가게 하였고, 여름이면 수박을 몇 통씩 썰어놓았다.

돼지엄마는 단순히 물건을 파는 게 아니었다. 고객이 스스로 찾아오게 만들었다. 아마도 땅콩잼이 들어오면 이걸 누구에게 줘야 할까 고민하였을 것이다. 모든 사람들이 돼지엄마가 팔아주기만을 기다리고 있었으니까 말이다.

이것이 바로 '관계판매'이다. 우리 동네의 돼지엄마처럼 사람들이 만나고 싶게 하고 팔아주길 기다리게 만드는 것이다.

잘나가는 식당은 대기 명단이 길다. 그런 식당은 단순히 음식만 맛있는 게 아니다. 음식을 먹는 내내 대접받는 기분이 들게 해서 다시 가고 싶게 만든다. 맛과 더불어 서비스도 보장되어 있다. 이런 식당을 주변에 추천하면 다녀와서 고맙다는 말을 듣게 된다.

관계판매도 이와 같다. 단순히 제품이나 서비스를 파는 것이 아니라, 고객에게 특별한 경험과 가치를 제공하는 것이다. 고객들이 당신과의 관계 자체를 소중히 여기고 당신이 제공하는 것을 기다리게 만드는 것, 그것이 바로 성공적인 관계 판매의 핵심이다.

짐 캐스카트의
상위 1%가 되는 판매 전략

미국의 성공한 영업맨이자 기업가, 짐 캐스카트의 영업맨 초기 시절 이야기를 해보겠다. 높은 실적을 유지하기 위해 열심히 달리던 그에게 늘 여유 있게 성과를 내는 상위 1%의 영업맨들이 눈에 띄었다.

캐스카트는 이 1%의 영업맨들이 가진 특별한 무언가를 찾아 연구를 시작했다. 그 결과, 그는 놀라운 사실을 발견했다. 언제나 상위 1%를 지키는 판매 프로들이 가진 것은 바로 '관계의 힘'이었던 것이다. 그들은 사람과의 관계를 비즈니스 자산으로 만드는 탁월한 능력을 가지고 있었고, 고객들이 그들을 기다리게 만드는 특별한 재주가 있었다.

흥미로운 점은 이 상위 1%의 영업맨들에게 남들보다 높은 학위, 좋은 배경, 유리한 판매 환경, 뛰어난 지능과 같은 특별한 조건이 주어진 것은 아니라는 사실이다. 그들에게 그런 것은 필요하지 않았다. 대신 그들은 3가지 핵심적인 특성(KPI)을 가지고 있었다. 바로 친절함(Kindly), 전문성(Professional), 그리고 어떤 상황에서도 예의와 품위를 지키는 태도가 주는 영향력(Impact)이다.

무엇보다 그들은 사람들과의 관계가 뛰어났다. 비즈니스 기회가 생기기 전부터 사람들과 관계를 잘 유지했고 비즈니스가 필요할 때 그 관계를 효과적으로 활용했다. 그들은 관계를 통해 자연스럽게 비즈니스가 일어나도록 연구하고 실천하는 사람들이었다.

이들이 가장 중요하게 여긴 것은 단순히 판매 실적을 통해 상위 1%의 자리에 오르는 것만이 아니었다. 이들은 그 정상에 머물면서 동시에 고객들로부터 "그 자리에 어울리는 사람"이라는 인정을 받는 것을 목표로 했다. 그 결과, 고객들은 이들을 존경했고, 그들과의 거래를 기다리며 비즈니스를 하고 싶어 했다.

이는 앞서 이야기한 돼지엄마의 사례와도 일맥상통한다. 상위 1%의 영업맨들에게는 그들을 기다리는 고객들이 있고, 고객들은 그들이 무엇을 팔 것인지 기대하며 기다렸다. 이들이 하는 일은 단순히 기다리는 사람들에게 팔 물건을 소개하는 것뿐이었다.

모든 사람은 자신이 특별하고 가치 있는 존재라는 것을 인정받고 싶어 한다. 그들은 자신에게 물건을 판매하는 영업인이 자신을 그렇게 대해주기를 원한다. 더불어 그들은 자신이 만나는 영업인이 자신의 비전을 실현시켜줄 역량과 신뢰할 만한 자세, 태도를 가진 특별한 사람이기를 바란다.

결국, 상위 1%의 판매 전략에서 핵심은 고객과 깊고 의미 있는 관계를 구축하여 고객의 신뢰를 얻고, 그들이 자발적으로 당신을 찾고 기다리게 만드는 것이다. 이러한 접근 방식은 단기적인 판매 실적을 넘어 장기적이고 지속 가능한 비즈니스 성공으로 이어진다. 더 나아가 이는 판매자와 고객 모두의 개인적 성장을 가능하게 한다. 이것이 바로 상위 1%의 판매 전문가들이 실천하는 '관계의 힘'이다.

짐 캐스카트는 판매의 종류를 2가지로 나눈다. 전통적이고 대중적이지만 일회성 거래가 중심인 거래판매와 가치 있지만 덜 보편화된 관계판매다. 다음 표는 짐 캐스카트가 말한 거래판매와 관계판매의 차이점을 이해할 수 있도록 만든 것이다.

거래판매	관계판매
가장 익숙하다.	보편적이지 않지만 더 가치 있다.
파는 것은 경쟁이다.	파는 것은 서비스다.
파는 것은 설득하는 것이다.	파는 것은 돕고 대화하는 것이다.
고객은 반드시 사야 한다.	고객들은 사는 것을 즐긴다.
고객은 사실을 말하지 않는다.	고객은 신뢰할 수 있는 영업인을 원한다.
마감(클로징)이 가장 중요하다.	계속 관계를 이어가는 것이 가장 중요하다.
우수한 영업인은 조작과 조정에 능하다.	우수한 영업인은 진정으로 고객에게 관심을 가진다.
파는 것은 한 번의 거래다.	파는 것은 지속되는 것이다.

거래판매와 관계판매는 사람과의 관계를 바라보는 시각에서 가장 큰 차이를 보인다. 이 두 방식의 본질적인 차이를 이해하기 위해 자동차 판매를 예로 들어 살펴보겠다.

거래판매는 말 그대로 '거래'에 초점을 맞춘다. 이 방식에서는 관계를 거래 성사를 위한 수단으로 본다. 자동차를 판매하는 거래판매 영업인을 상상해보자. 그는 고객과의 첫 만남에서부터 자동차의 기능, 가격, 구매 시 받을 수 있는 혜택 등을 열심히 설명한다. 그의 모든 노력은 오직 1가지 목표, 즉 거래를 성사시키는 데 집중되어 있다. 그리고 일단 고객이 자동차를 구매하면 어떻게 될까? 그 순간 거래는 끝나고, 그와 함께 고객과의 관계도 끝나버린다. 다음 고객, 다음 거래를 향해 그는 이미 움직이고 있을 것이다.

반면 관계판매는 완전히 다른 접근 방식을 취한다. 이 방식에서는 관계 자체가 목적이 된다. 관계판매를 실천하는 영업인의 모습을 그려보자. 그는 고객과의 첫 만남에서 자동차 판매에 대해 얘기하지 않는다. 대신 그는 고객을 이해하는 데 집중한다. 왜 자동차를 구매하려고 하는지, 어떤 관심사가 있는지 깊이 있게 탐색한다.

예를 들어, 고객이 자동차 연비가 중요하다고 말하면 그 이유를 묻는다. 가족과 함께 탈 계획이라면 안전과 스타일 중 무엇을 더 중요하게 생각하는지 확인한다. 고객의 라이프스타일을 이해하려 노력하며 자동차가 그의 삶에 어떤 편리함을 줄 수 있을지 고민한다. 그는 이런 과정을 거친 후에야 비로소 고객에게 가장 적합한 차량을 추천한다.

관계판매 영업인의 역할은 여기서 끝나지 않는다. 구매 후에도 그는 정기적으로 연락하여 차량의 상태를 확인하고 유지보수에 대한 조언을 제공한다. 마치 자신의 차를 돌보듯 정성을 다한다. 이러한 태도에 고객은 큰 만족감을 느끼게 되고 그 감동을 주변 사람들과 나누고 싶어 한다. 가족, 친구, 지인들에게 이 영업인을 적극적으로 추천하게 되는 것이다.

사람들은 이 영업인에게서 차를 사기 위해 기꺼이 기다린다. 차량 출고에 시간이 걸려도 문제가 되지 않는다. 왜냐하면 그들은 이 영업인이 구매 후에도 변함없이 정성을 다할 것임을 알기 때문이다. 거래가 끝났다고 해서 고객을 외면하지 않는 이것이 바로 진정한 관계판매의 모습이다.

'경영의 신' 이나모리 가즈오에게 배우는
판매의 철학

다행히도 이 관계판매는 누구나 마스터할 수 있는 방법이다. 단, 2가지가 필요하다.

첫째, 판매를 사랑해야 한다. 관계판매는 단순히 지인에게 부탁하는 것이 아니다. 이는 프로페셔널한 정신으로 고객을 만족시켜 그들이 자발적으로 당신을 찾게 만드는 것이다. 이를 위해서는 판매를 전문적인 직업으로 인식하고 이 분야의 프로가 되겠다는 마음가짐이 필요하다. 판매를 사랑하지 않으면 결코 잘 팔 수 없다.

둘째, 이타심이 필요하다. 이타심은 다른 사람의 성공과 행복을 위해 기꺼이 자신의 시간과 자원을 투자하는 것이다. 사람을 진정으로 아끼는 마음 없이는 효과적인 관계를 만들기 어렵다.

관계판매에서는 머릿속에 계산기를 두어서는 안 된다. 오직 상대방을 위하는 마음, 그들의 성공을 바라는 마음, 그들을 위해 더 나은 전문가가 되려는 노력이 진정한 관계를 만들어낸다.

관계판매의 본질은 구매자와 판매자가 함께 상의하여 구매자의 입장에서 가장 합리적인 거래를 완성하는 것이다. 우선 상대방을 설득하려 들지 않는다. 설득은 때로 사고 싶지 않은 사람에게 강요하거나 지식을 강제로 주입하게 된다. 관계판매에서는 구매자를 현명한 결정자로 믿고, 그들의 선택을 존중한다. 필요하지 않다면 판매하지 않으며 구매 여부와 상관없이 기쁜 마음으로 관계를 유지한다.

이러한 이타심 중심의 관점은 일본의 '경영의 신'으로 불리는 이나모리 가즈오의 경영철학과 맥을 같이 한다. 이나모리 가즈오는 〈조선일보〉와의 인터뷰에서 다음과 같이 말했다.

"나는 더 잘되고 싶고 더 부자가 되고 싶으며 회사도 발전시키고 싶다는 욕망을 부정하고 싶지 않습니다. 하지만 그것을 얻음과 동시에 주위 사람들 모두가 똑같이 잘되기를 원합니다. 이것을 불교적 사고방식으로 이타심이라 하는데, 그런 의미에서 남을 생각하고 사랑하는 것은 중요합니다. 일을 열심히 하는 것도 중요하지만 다른 조직의 사람들과도 잘 지내는 이타심도 중요하죠. 그러기 위해선 주위 사람 모두를 행복하게 해준다는 넓은 마음을 가져야 합니다."

이렇게 자신의 이익보다 다른 사람의 성공과 이익을 우선시한 것이 그의 회사가 오랜 기간 한 번도 적자를 내지 않은 비결이었을 것이다. 자신의 실적과 성공보다 고객의 성공과 성장을 우선시하는 이들은 결국 더 깊은 관계를 통해 더 큰 실적과 성공을 거두게 된다.

002

관계를
정리하라

비즈니스 관계의 관리

곤도 마리에(Kondo Marie)는 물건 정리를 통해 삶의 방식을 변화시
키는 세계적인 정리 컨설턴트이다. 그녀의 정리 철학은 물건 정리
를 넘어 삶의 우선순위를 재정비하고 의미 있는 관계를 맺는 방법
에까지 확장된다. 그녀의 방법을 인간관계에 적용해보면, 다음과
같은 단계로 관계를 정리할 수 있다.

1 | 현재 관계 파악하기

곤도 마리에의 정리 철학을 관계 정리에 적용할 때, 가장 먼저 해야

할 일은 현재 우리가 맺고 있는 모든 관계를 파악하는 것이다. 이는 마치 옷장 정리를 시작할 때 모든 옷을 한 자리에 모으는 것과 같은 원리이다.

당신의 모든 관계를 한 눈에 보기 위해서는 먼저 모든 연락처를 한 곳에 모아야 한다. 책상 위에 흩어진 명함들, 아직 정리하지 못한 명함들, 명함 어플에 저장된 연락처, SNS 친구 목록, 스마트폰 주소록, 그리고 혹시 엑셀이나 노트에 따로 정리해둔 연락처까지 모두 찾아내자. 이 과정에서 "이렇게 많은 사람들과 알고 있었나?" 하고 놀랄 수도 있다.

이렇게 모든 연락처를 한 자리에 모으는 작업은 생각보다 시간이 걸릴 수 있다. 하지만 연락처가 흩어져 있다고 해서 죄책감을 느낄 필요는 없다. 많은 사람들이 비슷한 상황에 있으니 말이다. 중요한 것은 지금부터 정리를 시작한다는 점이다.

모든 연락처를 모았다면, 이제 이를 체계적으로 정리할 차례다. 엑셀 시트나 노트 앱 등을 활용해 모든 연락처를 한 곳에 정리하자. 각 연락처에 대한 기본 정보(이름, 연락처, 관계 유형 등)를 기록하고, 가능하다면 마지막으로 연락한 시기도 함께 적어두면 좋다.

이 과정에서 중복된 연락처를 발견할 수도 있고 오래된 연락처를 최신 정보로 업데이트할 기회를 얻을 수도 있다. 또한 각 연락처를 관계 유형별로 분류해보면(예: 가족, 친구, 직장 동료, 비즈니스 파트너 등) 자신의 관계 네트워크의 전체적인 구조를 파악할 수 있게 된다.

2 | 불필요한 관계 정리하기

두 번째 단계는 불필요한 관계를 정리하는 것이다. 이는 옷장에서 더 이상 필요 없는 옷을 버리는 것과 비슷하다. 물론 관계를 물건처럼 쉽게 버릴 수는 없지만, 때로는 일부 관계를 정리하는 것이 필요하다.

곤도 마리에는 옷을 만졌을 때 더 이상 설레지 않으면 버리라고 조언한다. 이를 관계에 적용해보면, 우리 삶에 더 이상 긍정적인 영향을 주지 않는 관계들을 식별할 수 있다. 미니멀리스트 조슈아 필즈 밀번은 3개월 동안 사용하지 않은 물건은 버리라고 하였다. 한편 패션잡지 GQ의 에디터는 그 기간을 2년으로 본다.

그럼 어떤 관계를 버려야 할까? 나의 경험상 관계의 유효기간은 1년이다. 1년 동안 연락이 없거나 교류가 없었다면 그 관계는 자연스럽게 소원해졌을 가능성이 높다. 특히 비즈니스 관계에서 1년 이상의 공백은 상호간의 관심과 필요가 사라졌음을 의미할 수 있다. 따라서 1년 동안 교류가 없고 앞으로도 특별한 이유 없이 교류가 재개될 가능성이 낮다면, 그 관계는 정리하는 것이 현명하다.

하지만 이는 절대적인 기준이 아니다. 만약 지금이라도 소원해진 관계를 살리고 싶다면, 지금 당장 책을 덮고 연락을 해보는 것도 좋은 방법이다. 이는 마치 관계에 심폐소생술을 하는 것과 같다. 특히 영업인은 관계를 소홀히 다루지 않는 것이 중요하다. 무엇이든 버리는 것은 쉽지만, 다시 살리는 데는 처음 관계를 맺을 때보다 더 큰 노력과 정성이 필요하다는 점을 명심해야 한다.

버려야 하는 관계가 있다면 바로 당신의 감정을 부정적으로 만드는 사람들과의 관계다. 곤도 마리에는 물건을 버리는 것이 과거를 처리하는 것이라고 했다. 마찬가지로 당신에게 트라우마나 아픈 경험을 주는 사람과의 관계는 당신의 현재와 미래에 부정적인 영향을 줄 수 있다.

이러한 관계를 정리하는 것은 그들에 대한 부정적인 감정과 생각까지 버리는 것을 의미한다. 만일 그들에게 복수를 하고 싶다면, 그들을 한없이 불쌍한 존재라고 생각하고 더 잘 살면 된다. 그것이 그들에게 할 수 있는 가장 큰 복수다.

관계 정리의 궁극적인 목적은 현재의 의미 있는 관계에 더 집중하고 긍정적인 관계를 유지하며 새로운 가치 있는 관계를 맺을 수 있는 여유를 만드는 것이다. 이는 단순히 관계를 끊는 것이 아니라 더 건강하고 풍요로운 관계 네트워크를 구축하는 과정이다. 또한 당신의 시간과 에너지를 가장 가치 있는 관계에 투자할 수 있게 해주는 중요한 과정이기도 하다.

3 │ 관계를 구분하고 그룹화하기

관계를 구분하고 그룹화하는 것은 물건을 종류별로 정리하는 것과 유사한 과정이다. 물건에 자신의 자리를 마련해주듯이, 각 관계에도 적절한 위치를 부여하는 것이다. 이는 비즈니스에서 관계를 효과적으로 관리하고 활용하기 위한 중요한 전략이다.

관계영업의 대가 짐 캐스카트는 고객을 '마켓'이라 부르며, 2가지 주요 그룹으로 나눈다. 바로 자연적인 마켓(Natural Markets)과 선택한 마켓(Chosen Markets)이다.

자연적인 마켓은 이미 연결된 고객들의 그룹을 의미한다. 이 그룹은 새로운 관계 구축을 위해 특별한 노력을 들이지 않아도 되며, 기존 관계를 통해 자연스럽게 새로운 잠재 고객이 형성되는 특징이 있다. 쉽게 말해, 우리의 기존 고객 베이스라고 할 수 있다.

반면 선택한 마켓은 새롭게 개척하고자 하는 그룹이다. 이는 새로운 기회를 발견하고, 관련 정보를 수집하며, 연락을 취하고, 관계를 발전시키는 과정을 통해 형성된다. 이는 우리가 새롭게 접근하고자 하는 잠재 고객군이라고 볼 수 있다.

캐스카트는 이 두 마켓을 효과적으로 연결하기 위해 먼저 자연적인 마켓을 매우 구체적으로 프로파일링할 것을 제안한다. 예를 들어, 의사를 대상으로 영업을 한다면, '의사'라는 하나의 그룹이 아니라, 정형외과 의사, 내과 의사, 가정의학과 의사 등으로 세분화하여 관리하는 것이다.

더 나아가, 각 그룹에 대해 연간 학회 참석 횟수, 주요 구매 제품, 주요 관심사 등에 관한 구체적인 정보를 카테고리별로 정리한다. 이는 같은 의사라도 각 분야마다 상황과 필요한 정보가 다르기 때문이다.

이렇게 자연적인 마켓을 구체적으로 구분해 놓으면 새로운 관계를 맺을 때 자연적 마켓에서 공통점을 가진 사람들과 쉽게 연결시킬 수 있다. 캐스카트는 이러한 과정을 통해 자연적 마켓과 선택한 마켓이 연결되어 관계가 확장되는 것을 도미노가 쓰러지는 것에 비유했다. 효과적으로 연결된 관계는 도미노처럼 계속해서 확장된다는 것이다.

각 관계를 적절히 분류하고 연결함으로써 우리는 더 효율적으로 고객을 관리하고 새로운 기회를 창출할 수 있게 된다. 곤도 마리에의 정리 철학이 단순히 물건을 정리하는 것을 넘어 삶의 질을 향상시키는 것과 마찬가지로, 관계의 정리와 그룹화는 비즈니스의 성장과 발전을 이끄는 핵심 전략이 될 수 있는 것이다.

나의 경우엔 내가 가진 자원(시간과 에너지)을 효율적으로 배분하기 위해 현재 고객과 기대 고객을 세 그룹으로 나누어 관리한다. 이는 고객을 등급으로 나눠 전략적으로 관리하는 것으로, 사람을 목적 달성을 위한 이용 수단으로 보는 것이 아니라 고객의 중요도나 잠재력에 따라 자원을 배분하는 전략이다.

실제로 켄사스 대학(University of Kansas)의 연구에 따르면, 관계를 전략적으로 관리하고 수행하는 영업인은 그렇지 않은 영업인보다 평균적으로 성과가 20~30% 더 높았다. 이는 상당히 큰 차이다.

나는 취미로 승마를 하고 있다. 그래서 고객 그룹 이름을 '적토마', '경주마', '포니'라고 이름 붙였다. 적토마 그룹에는 고객이 될 가능성이 높거나 큰 수익을 내고 있는 고객들이 포함되며, 이 그룹에 자원의 60%를 할애한다. 경주마 그룹은 고객이 될 가능성은 낮지만 관계를 넓힐 수 있는 그룹으로, 여기에 30%의 자원을 투자한다. 포니 그룹은 고객이 될 가능성이 없지만 업계 동향을 이해하거나 서로에게 좋은 인사이트를 주고받을 수 있는 지인들로 구성되며, 이 그룹에 10%의 자원을 사용한다.

나는 미팅이나 네트워킹 모임에서 사람을 만나면 그들을 이 세 그룹으로 나눠 저장한다. 그리고 수시로 그 관계를 확장하고 사람들과 관계를 지속적으로 이어간다. 무엇보다 중요한 것은 거래가 성사되지 않아도 관계의 그룹에서 제외하지 않고 기존처럼 계속 관계를 이어가는 것이다.

이러한 방식으로 관계를 분류한 후에는 그룹 안 관계의 수가 한쪽에 지나치게 집중되어 있지 않고 고르게 균등한지 살펴본다. 그리고 관계의 중요도에 따라 당신의 시간과 에너지를 잘 사용하고 있는지를 확인한다. 실적을 바로 낼 수 있는 중요한 관계의 수가 적으면 실적이 나올 수 없으니 좋지 않고, 지나치게 중요한 관계의 수만 많아도 긴장도가 지나치게 높아질 수 있다. 또한 중요한 등급에 있는 관계와 최근 연락이 없었다면 우선적으로 연락을 취하고 주기적으로 연락할 수 있도록 메모하거나 알림을 설정해두는 것이 좋다.

곤도 마리에는 정리를 통해 자신이 무엇을 남기고 싶어 하는가를 알게 된다고 했다. 관계 정리도 마찬가지다. 이 과정을 통해 어떤 관계가 정말 소중하고 의미 있는지, 어떤 관계에 더 많은 노력을 기울여야 하는지 깨닫게 된다.

4 │ 관계 확장하기

관계를 다양하게 확장하는 것은 비즈니스 성장의 핵심 요소 중 하나이다. 이는 다양한 채널을 통해 더 넓은 네트워크를 구축하고 자신의 브랜드를 알리는 과정이다. 이를 위해 소셜 미디어, 이메일 마케팅, 오프라인 이벤트 등 다양한 경로를 활용할 수 있다.

특히 링크드인(LinkedIn)과 같은 전문적인 소셜 네트워크 플랫폼은 자신의 브랜드를 전 세계에 알리는 데 매우 효과적인 도구가 될 수 있다. 이때 중요한 것은 그냥 자신의 이야기를 하는 것이 아니라, 독자들에게 실질적인 인사이트를 제공하는 내용을 공유하는 것이다. 나는 링크드인에 2년 넘게 매주 2~3회 게시물을 올리면서 내 생각과 함께 유익한 정보와 인사이트를 공유해왔다. 현재는 게시물당 최소 5천 명에서 많게는 2만 명 이상의 조회수를 기록하고 있다.

이러한 노력은 자신의 세계관과 가치관을 보여주는 기회가 되며, 온라인상의 사람들과 관계를 형성하고 유지하는 데 도움이 된다. 더불어 이를 통해 자신이 제공하는 가치에 대한 문의를 받아 실제 영업 성과로 이어지기도 한다. 우리가 소셜 미디어, 이메일 마케팅,

오프라인 이벤트 등 여러 경로를 활용하여 더 많은 사람들에게 다가가야 하는 이유이다.

한편 개인의 성장뿐만 아니라 주변 사람들의 발전에 기여하는 것도 중요하다. 업계 선배들과 멘토 관계를 맺어 조언을 구하고, 후배들에게는 멘토링을 제공함으로써 새로운 인연이 만들어진다. 이러한 노력들은 개인의 성장은 물론 업계 전체의 발전에도 기여하고 긍정적인 평판을 쌓는 데도 도움을 주며 자신과 주변, 그리고 업계 전체의 상생으로 이어지는 선순환을 만들어낸다.

5 | 지속적으로 학습하고 성장하기

관계를 지속하고 발전시키기 위해서는 끊임없는 학습과 성장이 필수적이다. 시장은 계속해서 변화하고 있으며, 이에 발맞추어 새로운 트렌드와 기술에 대한 학습, 그리고 데이터 분석을 통한 영업 전략의 조정이 필요하다.

특히 중요한 것은 고객들이 사용하는 언어를 정확히 이해하고 구사하는 능력이다. 각 산업과 분야마다 사용하는 전문 용어와 그 의미가 다를 수 있기 때문에 이를 정확히 파악하는 것이 효과적인 커뮤니케이션의 기본이 된다.

예를 들어, 병원 관계자들을 상대할 때는 의료 분야의 특수한 언어와 시스템을 이해해야 한다. 병원에서 'CT'라는 단어는 '컴퓨터 단층촬영(Computed Tomography)'을 의미하지만, IT 산업에서는 '통신 기술(Communication Technology)'을 뜻한다. 또한 금융 분야에서 '리스크(Risk)'는 투자 위험을 의미하지만, 보건 분야에서는 환자의 건강 위험을 지칭한다.

이처럼 같은 단어라도 산업마다 다른 의미를 가질 수 있기 때문에 각 분야의 전문 용어와 그 맥락을 정확히 이해하는 것이 중요하다. 이는 그 산업의 문화와 특성을 이해하는 것을 의미한다.

고객의 언어로 소통한다는 것은 단순히 전문 용어를 사용하는 것 이상의 의미를 갖는다. 이는 고객의 관점에서 생각하고, 그들의 요구와 기대를 정확히 파악하는 능력을 의미한다. 이를 통해 고객과의 신뢰 관계를 구축하고, 더 나아가 당신의 전문성을 효과적으로 전달할 수 있게 된다.

내부 고객 관리의 중요성

내부 고객 관리의 중요성은 영업에서 종종 간과되지만, 실제로는 외부 고객 관리만큼이나 중요한 요소이다. 내부 고객, 즉 함께 일하는 동료들과의 관계는 영업인의 성공에 결정적인 역할을 한다.

잘 파는 사람의 특징 중 하나는 다른 사람들을 성공시키는 능력이다. 이는 외부 고객뿐만 아니라 내부 직원들에게도 적용된다. 내부 동료들을 성공시키려는 마음가짐을 가지면 그들로부터 큰 힘과 지원을 얻을 수 있다.

일부 영업인들은 내부 고객을 대하는 것이 외부 고객보다 더 어렵다고 말하기도 한다. 이런 경우, 내부 직원을 단순히 동료나 상사로 보지 말고 중요한 고객으로 대하는 접근법이 효과적일 수 있다. 나는 아침에 출근하면 나보다 일찍 출근한 사람들에게 다가가 1명 1명 모두 인사를 나누고, 일주일에 2번은 내부고객과 점심을 먹으려고 한다.

내부 고객과의 관계 관리도 외부 고객과 마찬가지로 경청의 자세가 중요하다. 그들의 이야기를 들어주고 비전을 이해하려 노력하는 것이 핵심이다. 또한 지속적인 연결을 위해 노력해야 한다. 외부 고객과의 약속으로 내부 고객과의 시간이 줄어들 때는 짧은 대화 시간이라도 마련하는 것이 좋다.

그러면 당신이 어려운 상황에 처하거나 지쳐 있을 때 내부 고객으로부터 따뜻한 위로와 응원을 받을 수 있다. 이는 영업인의 동기부여와 업무 효율성 향상에 크게 기여한다.

나는 외부 네트워킹의 기회를 동료와 공유하며 그들이 높은 실적을 내면 공개적으로 축하해준다. 내부 고객 관리의 핵심은 상호호혜적인 관계를 구축하는 것이다. 당신이 내부 고객에게 받고 싶은 것을 먼저 제공하면, 그들로부터 더 큰 지원과 협력을 얻을 수 있다. 이는 단순히 두 배, 세 배의 보답을 받는 것을 넘어, 전체적인 업무 효율성과 팀워크의 향상으로 이어진다.

반면 중요한 고객 데이터를 공유하지 않거나 다른 영업 동료에게 도움이 되는 정보를 제공하지 않는 것은 전체 팀의 성과를 저해할 수 있다. 예를 들어, 전문 지식이 필요한 고객의 경우 해당 지식을 가진 영업직원이 담당하는 것이 적절한데도 단순히 자신의 이익만을 위해 정보를 공유하지 않는 것은 바람직하지 않다.

이번 장에서는 관계 정리의 중요성과 그 방법에 대해 다루었다. 관계를 정리한다는 것은 불필요한 관계를 끊는 것이 아니라, 중요한 관계가 소원해지지 않도록 관리하고 영업인의 한정된 시간과 에너지를 효율적으로 사용하여 실적을 높일 수 있는 환경을 조성하는 것을 의미한다.

더불어 현재의 관계에 안주하지 않고 지속적으로 새로운 관계를 만들고 확장해 나가는 방법과 태도에 대해서도 이야기했다. 고객 정리의 궁극적인 목표는 당신과 관계를 맺고 싶어 하는 사람들이 끊임없이 유입되는 상태를 만드는 것이다. 이는 마치 강물이 끊임없이 흐르는 것과 같은 상태로 지속적이고 건강한 비즈니스 관계의 흐름을 의미한다.

관계 정리 방법
핵심 포인트

① 현재 관계 파악
- **모든 연락처 수집:** 우선, 모든 연락처와 명함을 한 곳에 모은다. 책상, 명함 관리 앱, SNS, 핸드폰에 저장된 연락처들을 모두 수집한다.
- **데이터 통합:** 수집한 연락처를 고객 관계 관리 시스템인 CRM(Customer Relationship Management) 소프트웨어나 엑셀에 입력한다. 엑셀을 사용할 경우, 연락처 이름, 직책, 회사, 연락처 정보, 마지막 연락일 등을 기록한다. CRM 소프트웨어는 엑셀보다 더 많은 기능을 제공한다.

② 관계 평가
- **분류 기준 설정:** 각 관계를 평가하고 분류하기 위한 기준을 설정한다. 예를 들어, 비즈니스 중요도, 최근 연락 빈도, 잠재적인 가치 등을 기준으로 삼을 수 있다.
- **우선순위 지정:** 각 관계를 고우선, 중간우선, 저우선으로 분류한다. 고우선은 중요한 비즈니스 파트너나 고객, 중간우선은 잠재적 파트너나 고객, 저우선은 비교적 시간과 에너지를 적게 투자하는 관계로 분류한다.

③ 관계 유지 및 강화
- **정기적인 연락:** 고우선과 중간우선 관계에 대해 정기적인 연락을 이어간한다. 이를 위해 연락 주기와 방법을 설정한다. 예를 들어, 월별 이메일, 분기별 전화 통화, 연례 만남 등을 계획한다.
- **개인화된 접근:** 각 관계에 생일, 기념일 등을 기억하고 축하 메시지를 보내는 등 개인화된 접근을 한다.
- **가치 제공:** 관계를 유지하고 강화하기 위해 유용한 정보, 자원, 기회를 제공하자. 이는 상대방에게 도움이 되고 당신의 가치를 높여준다.

④ 관계 정리
- **불필요한 관계 정리:** 장기간 연락이 없거나 더 이상 가치가 없는 관계는 정리한다. 이를 위해 설정한 기준을 사용하여 정리할 관계를 결정한다.
- **감사 인사:** 관계를 정리하며 마음속으로 자기 자신에게 감사 인사를 한다. 예를 들어, '감사한 관계였다. 고마웠어.'라고 생각하며 보내준다.

⑤ 지속적인 관리
- **주기적인 검토:** 주기적으로(예: 월별, 분기별) 관계를 검토하고 업데이트한다. 새로운 연락처를 추가하고, 변화된 상황을 반영하여 우선순위를 재조정한다.
- **피드백 수집:** 관계 관리 과정에서 피드백을 수집하여 이를 바탕으로 지속적으로 개선해 나가는 것이 중요하다.

003

긴 호흡으로
관계를 맺어라

지속 가능한

관계 형성의 기술

얼마 전 한 대형 로펌의 변호사가 영업에 대한 고민을 안고 나를 찾아왔다. 그의 고민은 변호사 업계의 치열한 경쟁 속에서 잠재 고객을 만나기도 어렵고, 간신히 만난다 해도 실제 고객으로 이어지는 경우가 드물다는 것이었다. TV에서 보던 화려한 변호사의 모습과는 사뭇 다른 현실이었다.

처음엔 명성 있는 로펌의 변호사가 영업을 하는 것이 어렵고, 왜 고객이 계속 이어지는 경우가 적을까 의아했는데 이는 변호사가 하는 일의 특성과 관련이 있었다. 변호사의 주요 업무는 사건을 신속하게 해결하는 것이다. 의뢰인들은 대부분 빠른 문제 해결을 원한다. "변호사님, 우리 여유를 가지고 이 사건을 1년 동안 천천히 해결해 보지요."라고 말하는 고객은 없다. 변호사들도 이를 선호한다. 단시간에 많은 사건을 해결해야 높은 신뢰와 수익으로 이어지기 때문이다. 이로 인해 변호사들의 거래 기간과 영업 주기는 짧으며, 대부분의 계약이 일주일 이내에 이루어진다. 거래가 끝나면 그 사람을 다시 보는 경우도 거의 없다. 사건을 멋지게 해결하고 나오면서, "내년 형사사건 때 다시 만나시지요."라고 말할 수는 없을 것이다. 제품을 사용해보고 효과가 있으면 다시 계약을 하는 상품과 달리 변호사는 이렇게 단기간의 일회성 사건들이 계속 이어진다.

이러한 특성은 변호사뿐만 아니라 의사, 컨설턴트, 금융 분석가 등 영업 주기가 짧은 전문직 종사자들에게도 해당된다. 또한 단기간에 실적을 내야 하는 영업인들도 비슷한 고민을 안고 있다.

이렇게 호흡이 짧으면 마음이 급해진다. 그런 마음 자체가 잘못된 것은 아니지만, 그런 마음으로는 고객과의 긍정적인 관계를 형성하기도 어려울 뿐만 아니라 실제로 거래가 성사되기도 어렵다. 고객의 속도와 파는 사람의 속도가 다르기 때문이다. 고객 입장에서는 처음 보는 당신이 어떤 사람인지, 당신 회사가 어떤지 이해하는 시간이 필요하고 구매하기 전에 여러 가지 사항도 확인해야 한다. 무엇보다 당신이 믿을 만한 사람인지 확신할 시간이 필요하다.

한편 영업인의 입장에서도 시간이 필요하다. 고객이 바라는 비전이 무엇인지 이해하고 다른 영업인이 제시하는 해결책보다 더 훌륭한 해결책을 내기 위해서 고객을 더 연구하는 양질의 시간이 있어야 한다.

그럼에도 많은 영업 전문가들이 여유 없이 조급한 마음으로 사람들을 만난다. 그러다 보면 오히려 판매 실적이 떨어지고 만날 사람마저 줄어드는 악순환에 빠지게 된다. 이는 더 큰 불안감과 긴장감을 유발하며, 때로는 자신의 능력에 대한 의구심마저 들게 한다.

반복해서 이야기하지만 판매는 단순히 제품이나 서비스를 거래하는 것이 아니라, 사람과 관계를 맺는 과정이다. 그리고 사람들과 건강한 관계를 맺는 것은 단거리 경주가 아닌 마라톤과 같은 것이다. 즉, 긴 호흡과 인내가 필요한 일이다.

나는 팔고 나면 사라지는 거래판매로는 절대 길고 멀리 갈 수 없음을 강조하고 싶다. 거래판매는 단거리 경주고, 우리 모두 그렇게 단거리 경주를 매일 뛸 수는 없다. 그렇게 뛰다가는 지쳐 쓰러지고 만다. 오래 잘 팔려면 사람들과 올바른 관계를 만들어 멀리 가야 한다. 그러려면 어깨에 들어간 힘을 빼고 깊은 숨을 내뱉어 긴 호흡으로 갈 준비를 해야 한다. 물 아래에 깊이 잠수를 하려면 몸속에 있는 공기를 모두 내뱉고 힘을 빼야 한다. 힘이 남아있으면 물에 뜬다. 판매도 마찬가지이다. 힘을 뺄 때 비로소 실력을 발휘할 수 있고 고객의 진심을 듣고 자신의 진심을 보여줄 수 있다. 특히 거래

금액이 크거나 구매자에게 다양한 선택권이 있는 경우, 또는 판매자의 상품이나 서비스의 차이가 크지 않은 경우에는 더욱 긴 호흡으로 봐야 한다.

ACE -
고객과의 거리를 좁혀주는 전략

이렇듯 비즈니스 관계에서 성공을 이루기 위해서는 고객과의 건강하고 장기적인 관계 형성이 필수적이다. 이를 위한 효과적인 전략으로 'ACE 방법'을 소개한다. 이 방법을 따른다면 당신도 고객과의 거리를 조금씩 좁혀갈 수 있을 것이다.

인식(Acknowledge)

이 방법의 첫 번째 단계는 '인식'이다. 인식 단계에서 가장 중요한 것은 고객에게 연락하기 전에 먼저 자문해보는 것이다. "나는 고객에게 무엇을 해줄 수 있는가?", "나는 고객에게 무엇을 제공할 수 있는가?"라는 질문을 스스로에게 던져보아야 한다. 그리고 그 답이 진정으로 고객에게 도움이 되는 것인지, 고객이 실제로 원하는 것인지를 깊이 고민해야 한다.

이 개념은 다음 카네기의 사례에서 잘 드러난다. 데일 카네기가 편도선 치료를 위해 병원을 방문했을 때, 의사는 환자의 건강 상태보다 그의 재정 상태에 더 관심을 보였다. 이는 의사와 환자의 니즈가 일치하지 않았음을 보여주는 예시이다. 결과적으로 카네기는 다른 병원을 선택했다. 이 사례는 고객의 필요를 제대로 인식하지 못한 판매자의 실패를 보여준다.

따라서 무언가를 판매하려 할 때, 가장 먼저 해야 할 일은 상대방이 그것을 진정으로 원하는지를 파악하는 것이다. 동시에 자신이 상대방의 욕구를 충족시킬 수 있는지를 객관적으로 평가해야 한다.

더욱 명확하게 이해하기 위해 한 기술 회사의 사례를 살펴보자. 이 회사는 새로운 소프트웨어 제품을 출시하면서 초기 실적을 빠르게 올리기 위해 공격적인 판매 전략을 채택했다. 한 달간의 무료 체험을 제공했지만, 영업팀은 고객에게 제품을 충분히 테스트할 시간을 주지 않고 유료 전환을 재촉했다. 결과적으로 많은 사람이 신청했지만 실제 유료 고객으로 전환된 비율은 매우 낮았다. 급한 마음과 고객을 배려하지 않는 태도에 고객이 될 수도 있던 사람들마저 잃게 된 것이다. 안타깝게도 고객의 니즈를 제대로 인식하지 못하고 단기적인 실적에만 집중한 결과였다.

이 사례는 단순히 구매자를 만나는 것만으로는 비즈니스가 성사되지 않는다는 점을 잘 보여준다. 성공적인 판매를 위해서는 상대방이 진정으로 원하는 것이 무엇인지 정확히 파악하고, 그것을 제공할 수 있는 능력이 있는지를 냉철하게 평가해야 한다.

이렇듯, ACE 방법의 '인식' 단계는 고객과의 관계 형성에 있어 매우 중요한 첫걸음이다. 관계 형성은 고객의 진정한 니즈를 이해하고 그에 맞는 가치를 제공하는 것에서 시작된다는 것을 잊지 말자.

연결(Connection)

ACE의 두 번째 단계는 '연결'이다. '연결'의 핵심은 고객이 지속적으로 당신을 기억하게 만드는 것이다. 가능하다면 이메일이나 전화와 같은 비대면 방식보다는 직접 만나는 것이 좋다. 대면 접촉은 더 깊은 인상을 남기고 관계를 강화하는 데 효과적이다. 연락 빈도는 3개월에 한 번 정도가 적당하다. 너무 자주 연락하면 고객에게 부담이 될 수 있고, 반대로 너무 드물게 연락하면 관계가 소원해질 수 있기 때문이다.

이때 중요한 것은 판매를 목적으로 연락하지 않는 것이다. 대신, 고객에게 유용한 정보를 제공하거나 새로운 제품이나 서비스에 대해 알려주는 것이 좋다. 또한 고객에게 도움이 될 만한 네트워킹 기회나 포럼 등에 초청하는 것도 좋은 방법이다.

나는 고객사 미팅을 마친 후 근처의 다른 중요 고객사를 방문해 인사를 나누거나 함께 점심을 먹는 방식으로 관계를 유지한다. 이때 역시 구매에 관한 내용은 언급하지 않고, 상대방의 근황이나 관심사에 대해 이야기하며 친분을 쌓는다.

의미 있는 이유를 만들어 고객과 계속 연락을 유지해 상대방이 당신을 잊지 않게 하는 것이 이 단계의 핵심이다. 이러한 지속적인 연결은 고객이 구매 결정을 해야 할 시기에 당신을 가장 먼저 떠올리게 만드는 결정적인 요인이 된다.

기대(Expectation)

'기대'는 판매자가 고객에게 주는 것이 아닌 자기 자신에게 부여하는 것이다. 이는 정돈된 마음과 태도로 고객의 비전을 실현하기 위해 관계를 지속해 나가면 반드시 판매에 성공할 수 있다는 믿음을 의미한다. 즉, 시간이 지나 고객이 당신의 진정성을 인식하고 긍정적인 비즈니스 관계가 형성되어 다른 사람이 아닌 당신에게 구매할 것이라는 확신을 스스로 갖는 것이다.

그러나 이러한 기대를 유지하며 기다리는 것은 쉽지 않은 일이다. 특히 대부분의 영업 전문가들은 책임감이 강하고 성과 지향적이기 때문에 기다림이 더욱 어렵게 느껴질 수 있다. 기다림은 큰 인내심을 요구하며, 때로는 기약 없는 상황에 직면할 수도 있다. 이럴 때 빠른 결정을 강요하고 싶은 충동이 들 수 있지만, 그럴수록 잠시 숨을 고르고 평정심을 유지하는 것이 중요하다.

다만 구매 결정이 지연되는 상황에 직면했을 때는 그 원인을 바로 분석할 필요가 있다. 이러한 지연은 주로 환경적 요인과 심리적 요인에서 비롯된다. 환경적 요인은 주로 구매자 측의 상황과 관련이 있다. 예를 들어, 기업 내부의 복잡한 의사결정 과정, 핵심 결정권자와의 소통 문제, 기존 공급업체와의 계약 기간, 또는 예산 미확정 등이 이에 해당한다. 때로는 구매자의 선호도와 판매하는 제품의 특성 사이의 불일치도 문제가 될 수 있다. 최신 제품을 선호하는 고객에게 기존 제품을 판매하려 하거나, 검증된 제품을 원하는 고객에게 신제품을 소개하는 경우가 이에 해당한다.

한편, 심리적 요인은 주로 판매자와 구매자 사이의 관계나 소통과 관련이 있다. 판매자에 대한 신뢰 부족, 제품이나 서비스에 대한 이해 부족, 또는 판매자가 고객의 필요를 정확히 파악하지 못한 경우 등이 여기에 속한다.

이러한 상황에 효과적으로 대처하기 위해서는 먼저 구매 결정을 방해하는 요소를 정확히 파악해야 한다. 그 후 해결 가능한 문제라면 적극적으로 해결책을 제시하는 것이 좋다. 하지만 즉시 해결이 어려운 상황이라면 단기적인 판매 압박보다는 장기적인 관계 구축에 집중하는 것이 현명한 접근법이다. 고객과 좋은 관계를 이어나간다면, 결국에는 판매 성공으로 이어질 것이라는 믿음을 가져야 한다.

긴 호흡의 영업이
만드는 차이

비즈니스 관계에서 '긴 호흡'의 중요성은 고객이 거절했을 때에도 드러난다.

사이먼 사이넥의 일화는 이를 잘 보여준다. 한 기업가가 그의 리더십 이론이 필요 없다고 말했을 때, 사이넥은 "지금은 필요 없겠지요."라고 대답했다. 이는 모든 기업이 결국 리더십의 중요성을 깨닫게 된다는 통찰을 담고 있다.

구매 결정도 마찬가지이다. "구매하지 않겠습니다."라는 대답은 사실 "지금은 구매하지 않겠습니다."라는 의미일 수 있다. 따라서 현재의 거절이 관계의 종료를 의미하지 않으며, 거래가 성사되었다고 해서 관계를 끝내서도 안 된다. 비즈니스 관계는 구매 여부와 관계없이 지속되어야 한다.

고객이 구매를 거절할 때 나는 진심 어린 감사와 응원의 메시지를 보낸다. 예를 들어, "그동안 고민하시는 부분과 비전에 대해 저를 믿고 이야기해주셔서 감사합니다. 비록 지금은 도움을 드릴 수 없지만 기회를 주신다면 성심껏 최선을 다해 도움을 드리겠습니다. 그리고 계획하셨던 부분에 대해 도움이 될 좋은 인사이트나 모임이 있을 때 공유드리겠습니다. 어떤 결정을 내리셨든 현재 상황에서 가장 맞는 결정을 하셨다고 믿습니다. 진심으로 응원드리며, 곧 다시 뵙겠습니다. 감사합니다."라고 말하며 상대방이 내린 결정을 응원해주고, 그 결정이 잘 이루어지도록 도와주기도 한다.

내가 파는 상품을 거절한 고객에게 이렇게 하는 것은 고객을 위한 것이기도 하지만, 나를 위한 일이기도 하다. 이는 파는 일에 대한 가치를 부여하며, 다음에 만날 고객에게 지속적으로 긍정적이고 힘이 되는 메시지를 전달하는 원동력이 된다. 더불어 의도치 않게 좋은 평판으로 이어져 새로운 거래 기회를 만들어내기도 한다.

그럼 고객과 언제까지 긴 호흡을 이어가는 것이 좋을까? 비즈니스 관계에서 '긴 호흡'의 중요성은 분명하지만, 이를 실제로 적용할 때는 현실적인 접근이 필요하다. 영업인의 시간과 에너지는 한정되어 있기 때문에 무작정 모든 잠재 고객이 언젠가는 실제 고객이 될 것이라고 기대하며 기다리기만 할 수는 없다. 따라서 효율적인 영업 활동을 위해서는 '호흡의 길이'를 적절히 설정해야 한다.

　일반적으로 대규모 거래의 경우 구매 결정에 약 1년이 걸린다고 본다. 이는 1년에 한 건씩 큰 거래를 성사시키겠다는 마인드셋을 갖게 해주며, 이러한 접근 방식은 판매자와 구매자 모두에게 충분한 시간과 여유를 제공한다. 이를 통해 양측은 더 깊고 의미 있는 대화를 나눌 수 있게 되며, 서로의 니즈와 가치를 더 잘 이해할 수 있다.

　그러나 1년 이상 'ACE 접근법'을 주기적으로 적용했음에도 구매로 이어지지 않는 경우에는 전략을 조정할 필요가 있다. 이런 경우 해당 고객을 '규모는 크지만 가능성이 낮은 잠재 고객' 카테고리로 분류하고 접촉 빈도를 조정하는 것이 좋다. 예를 들어, 6개월에 한 번씩 연락하는 방식으로 전환할 수 있는 것이다.

　이러한 전략적 결정은 더 큰 기회가 있는 잠재 고객에게 더 많은 시간과 에너지를 할애하기 위한 것이지 관계를 단절한다는 의미는 아니다. 항상 "관계는 반드시 끊어야 하는 순간까지 절대 끊지 않는다."는 원칙을 유지해야 한다는 것을 기억하자. 미래의 잠재적 기회를 열어두는 동시에, 현재의 자원을 효율적으로 활용할 수 있기 때문이다.

영업을 긴 호흡으로 바라보는 관점은 판매자 자신에게도 심리적 이점을 제공한다. 판매자도 마음의 여유를 갖게 되는 것이다. 이러한 여유는 판매자의 태도에 큰 영향을 미치며, 이는 곧바로 고객과의 상호작용에 반영된다.

예를 들어, 긴장된 상태로 악수를 하면 그 긴장감이 상대방에게 전달되듯이, 영업 현장에서는 판매자의 심리 상태가 고객에게 그대로 전달된다. 여유로운 태도는 고객에게도 편안함을 주어 더 나은 소통과 신뢰 구축으로 이어질 수 있다.

다음 사례는 긴 호흡으로 접근하는 방법의 효과를 잘 보여준다. 한 컨설팅 업체 직원은 공식 미팅 전에 매번 카페테리아에서 직원들과 대화를 나누며 회사에 대한 깊이 있는 이해를 쌓았고, 이를 통해 그 컨설턴트는 대표조차 인식하지 못했던 문제점을 파악할 수 있었다. 그리고 이러한 노력은 궁극적으로 더 나은 솔루션 제공과 신뢰 구축으로 이어졌다.

2020년 맥킨지 보고서의 결과는 이러한 효과를 수치로 보여준다. 고객과 깊은 비즈니스 관계를 구축한 컨설턴트들이 그렇지 않은 이들보다 15% 높은 연평균 수익을 올렸다는 조사 결과는 긴 호흡 접근이 단순히 이상적인 개념이 아니라 실질적인 비즈니스 성과로 이어진다는 것을 증명한다.

고객의 입장에서 볼 때 조급함을 보이는 판매자는 부담스러울 수 있다. 반면 여유 있는 태도를 가진 판매자에게서 구매하고 싶어 하는 것이 일반적인 고객 심리이다. 이는 고객이 신중하게 결정을 내리고 싶어 하는 욕구와 일치한다.

빠른 결과를 얻으려는 조급함은 불필요한 스트레스와 에너지 소모를 야기한다. 또한 단기적 이익을 위해 관계를 쉽게 포기하는 것은 장기적으로 볼 때 큰 기회비용을 초래할 수 있다. 많은 비즈니스인들이 과거에 급하게 관계를 끊은 것을 후회하는 경우가 이를 잘 보여준다.

긴 호흡의 영업은 단순한 판매를 넘어서 고객과의 신뢰 관계를 형성하는 과정이다. 이렇게 쌓인 신뢰와 만족은 시간이 지날수록 더욱 견고해져 장기적 성공으로 이어진다. 어떤 비즈니스를 하든 지속적인 영업 활동이 필요하다. 급한 마음으로 결과를 내려 하기보다는, 긴 호흡으로 더 멀리 보고 나아가는 것이 중요하다.

004 비즈니스 관계를 업그레이드하라

당신의 비즈니스 관계가 곧 당신의 미래이다

지금 자신의 비즈니스 관계를 점검해보기 위해 다음 2가지 질문에 솔직하게 답해보자.

1. 당신이 만나고 싶어하는 사람들이 기꺼이 당신을 만나려 하는가?
2. 만일 만난다면 그들은 기꺼이 당신과 비즈니스 관계를 맺고 당신 옆에 머무르려 하는가?

이 2가지 질문에 자신 있게 '네, 물론입니다.'라고 말할 수 있다면 지금 바로 이 책을 더 이상 읽지 않아도 된다. 그러나 그렇지 않다면 관계 개선을 위한 노력이 필요하다.

만나고 싶은 사람을 만나는 것은 생각보다 어렵지 않을 수 있다. 적절한 네트워킹과 정중한 요청으로 기회를 만들면 된다. 하지만 진짜 중요한 것은 그다음이다. 어떻게 하면 그들이 당신 곁에 머물고 싶어 할까?

이를 위해 가장 중요한 것은 상대방의 비전을 이해하고 그것을 실현하는 데 도움을 줄 수 있어야 한다는 것이다. 만약 당신이 제공하는 상품이나 서비스가 상대방의 비전 실현에 도움이 되지 않는다면 어떻게 해야 할까?

거래판매에 집중하는 영업인은 상대방의 실제 필요와 상관없이 자신의 상품을 팔려고 할 것이다. 이들은 단기적인 판매 실적에만 집중하여 때로는 상대방을 속이거나 부적절한 설득 전술을 사용하기도 한다.

그러나 이러한 접근은 단기적인 판매 성과는 얻을 수 있을지 모르지만, 신뢰를 잃고 관계가 파괴되어 향후의 비즈니스 기회를 모두 잃을 수 있다. 또한 이는 윤리적으로도 문제가 있으며 영업인 자신의 정직성과 직업적 만족도를 해칠 수 있다. 거래가 성사되었다는 잠시의 안도감은 남겠지만 결국 자신과 상대방을 속이는 일인 것이다.

나는 나의 제품이 고객에게 최선의 선택이 아니라고 판단되면 과

감히 판매를 포기한다. 대신 고객에게 더 적합한 다른 제품이나 서비스를 추천한다. 심지어 그것이 경쟁사의 제품일지라도 말이다.

사잇꾼의 기술

나의 머릿속에는 잘 정리된 관계 카테고리가 있다. 이것은 마치 지도와 같아서 언제 어디서든 사람들을 연결하는 데 사용된다.

얼마 전, 나는 글로벌 이벤트 기업들을 위한 네트워킹 만찬에 초대받았다. 그 자리에서 우연히 맞은편에 앉게 된 한 기업의 대표와 대화를 나누게 되었다. 그분은 몇 달 후 개최 예정인 국제환경학회의 연사 섭외에 어려움을 겪고 있다고 털어놓았다. 그의 목소리에서 프로젝트에 대한 부담감이 느껴졌다.

나는 즉시 내가 알고 있는 한 연사를 추천하였다. 그분은 대중적으로 유명한 인사는 아니었지만 업계에서 큰 영향력을 가진 전문가였고 뛰어난 강연 능력을 갖추고 있었다. 이 연결로 학회 주최 측은 수준 높은 연사를 확보할 수 있었고 연사 또한 국제 무대에 설 수 있는 기회를 얻었다.

결과적으로 양측 모두에게 이익이 되는 연결이었다. 학회를 주최한 대표는 내가 추천한 연사 덕분에 행사의 품격이 한층 높아졌다며 감사 인사를 전해왔고, 연사 역시 권위 있는 국제 학회에 참여할 기회를 얻게 되어 고마워했다.

이 경험은 내게도 뜻밖의 혜택을 가져다주었다. 소개한 연사분이 자발적으로 나의 사업을 주변에 홍보해준 것이다.

이렇게 나는 항상 좋은 사람을 만나면 그들을 다른 훌륭한 인재들과 연결해주려 노력한다. 그들이 만나 새로운 비즈니스를 창출하고 함께 성장하는 모습을 상상하면 그 어떤 판매 실적보다도 더 큰 보람을 느낀다.

물론 이러한 연결에는 책임이 따른다. 나는 누군가를 소개하기 전에 항상 그들의 평판, 실력, 그리고 비전을 꼼꼼히 확인한다. 사람을 연결하는 일은 곧 나의 평판과 직결되기 때문이다. 그리고 가장 중요한 것은 내가 먼저 신뢰할 만한 사람이 되어야 한다는 점이다. 나를 믿을 수 있을 때, 사람들은 기꺼이 나를 통해 연결되고자 할 테니까 말이다.

《이어령의 마지막 수업》에서는 '사잇꾼'이라는 개념이 소개된다. 사잇꾼이란 사람과 사람을 오가며 관계를 풀어주고 다리를 놓는 사람을 말한다. 이어령 작가는 앞으로 사잇꾼의 시대가 열릴 것이라고 예견했다.

나 역시 그런 사잇꾼 중 하나로, 나와 연결된 관계의 사람들이 각자의 비전을 이룰 수 있도록 돕고 있다. 때로는 내가 판매하는 상품이 그들의 성공에 도움이 되기도 하고, 때로는 다른 이의 솔루션을 소개하기도 한다. 이렇게 하면 상대방, 내가 연결해준 사람, 그리고 나 자신도 함께 성공하게 된다.

사잇꾼이 되기 위해서는 몇 가지 중요한 실천 방법이 있다. 우선

평소에 사람들의 전문 분야, 필요 사항, 비전과 목표 등에 깊은 관심을 가져야 한다. 이를 바탕으로 사람들을 전문 분야, 필요 사항, 목표 등에 따라 분류하여 그룹을 지어 놓는다. 이렇게 관계를 잘 정리해 놓으면 사람들을 연결할 때 더 빠르게 적합한 사람을 떠올리거나 찾을 수 있다.

나는 사람들과 대화를 나누다 보면 내 머릿속에 저장된 관계 카테고리별로 연관된 사람이 자연스럽게 떠오른다. 그리고 기회가 되면 반드시 서로를 연결시켜 준다. 관계를 연결할 때는 연결할 사람들에게 개별적으로 연락을 하여 상황을 설명한다. 필요하다면 간단한 만남의 아젠다를 제공하여 첫 만남에서 어떤 점을 논의하면 좋을지 안내한다.

예를 들어, "안녕하세요, A님. 제가 알고 있는 B라는 분이 있는데, 당신의 특정 목표에 큰 도움이 될 것 같습니다. 두 분이 만나면 좋은 시너지가 있을 것 같아 소개해 드리고 싶습니다."라고 문자나 이메일 혹은 전화로 설명한다. 그리고 만남 이후에는 각자 어떻게 느꼈는지 피드백을 받고, 추가로 필요한 도움이나 연결이 있는지 확인한다. 이는 지속적인 관계 관리를 위해 중요한 단계이다.

만일 내가 연결해준 사람들이 새롭게 비즈니스를 시작했다면 정기적으로 연락을 주고받으며 일이 잘 진행되고 있는지, 더 필요한 부분이 있는지 확인한다. 이렇게 하면 지속적으로 관계를 관리하고 추가적으로 도움이 필요할 때 적시에 도움을 줄 수 있게 된다.

또한 주기적으로 소규모 네트워킹 이벤트를 조직하여 다양한 사람들이 서로 연결될 수 있는 기회를 제공한다. 이를 통해 새로운 관계를 확장하고 나 역시 그 안에서 새로운 관계를 만들어간다.

사잇꾼으로서 활동하면서 가장 중요하게 생각하는 것은 바로 신뢰이다. 어릴 적부터 부모님께 자주 들었고, 지금도 주변 지인들에게 종종 듣는 말이 있다. 바로 "사람들을 다 좋게만 보지 말아라."이다. 이는 혹시나 내가 마음의 상처를 받을까 걱정하시는 말이겠지만, 나는 오히려 반대로 생각한다. 내가 사람들에게서 장점과 좋은 점을 보려 했기 때문에 지금의 성공과 성장을 이룰 수 있었다고 믿는다.

어니스트 헤밍웨이는 "누군가를 신뢰할 수 있는지 알아보는 가장 좋은 방법은 그 사람을 신뢰하는 것이다."라고 했다. 그는 상대방을 의심하지 않고 신뢰하는 것이 더 강한 관계와 더 깊은 유대감으로 이어질 수 있다고 믿었던 것 같다.

'호의가 지속되면 권리인 줄 안다.'는 말이 유행어처럼 번지고, 신뢰와 신의를 먼저 건네는 사람에 대한 경계심이 큰 시대이긴 하다. 하지만 그런 시대일수록 당신이 안전한 사람이라는 메시지를 사람들에게 더 보여주고 들려주어야 한다. 당신이 사람들에게 호의를 지속적으로 보인다면 그들은 당신에게 마음을 열고 관계를 시작할 권리를 줄 것이다.

피그말리온 효과와
지그 지글러의 천국과 지옥 이야기

신뢰와 긍정적인 기대가 사람들에게 미치는 영향은 우리나라 속
담에도 잘 나타나 있다. '말이 씨가 된다.'와 '뿌린 대로 거둔다.'
는 말이 바로 그것이다. 이는 심리학에서 말하는 피그말리온 효과
(Pygmalion Effect)와 매우 유사하다.

피그말리온 효과란 타인이 자신에게 갖는 기대가 실제로 그 사
람의 성과와 행동에 영향을 미친다는 심리학적 현상을 말한다.
1964년 하버드대학 사회심리학과 교수인 로버트 로젠탈(Robert
Rosenthal)의 실험에서 이 효과가 실제로 증명되었다.

로젠탈 교수는 샌프란시스코의 한 초등학교에서 무작위로 선정
한 학생들에게 지능 테스트를 실시한 후, 교사들에게 일부 학생들
이 높은 점수를 받았다고 거짓 정보를 주었다. 실제로는 대부분의
학생들의 점수가 큰 차이가 없었음에도 불구하고, 8개월 후 거짓으
로 높은 점수를 받았다고 알린 학생들의 학업 성취도가 크게 향상
되었다. 이는 교사들이 이 학생들에게 높은 기대를 가지고 특별하
게 대했기 때문이다.

이 실험 결과는 교사의 긍정적인 기대가 학생의 자신감과 동기
부여를 높이고, 결과적으로 학업 성취에 실질적인 영향을 미친다는
것을 보여준다. 사잇꾼으로서 사람들을 연결해줄 때도 이렇게 긍정
적인 영향을 줄 수 있다. 누군가가 자신을 추천해주었을 때 사람들

은 스스로 그만한 자격이 있다고 믿게 되고, 이는 실제 성과로 이어질 수 있기 때문이다.

당신이 만나고 싶어하는 사람이 기꺼이 당신 옆에 머물게 하려면 2가지 노력이 필요하다. 하나는 당신이 그들 옆에 머물 수 있을 만큼 계속 성장하는 것이고, 다른 하나는 당신 옆에 있는 사람들을 성장시키는 것이다.

성공한 영업맨인 지그 지글러는 그의 저서 《정상에서 만납시다》에서 다른 사람과 함께 성공하라는 메시지를 전하며 천국과 지옥에 대한 흥미로운 이야기를 소개한다.

그 이야기는 이렇다. 한 사람이 천국과 지옥을 미리 볼 수 있는 기회를 얻었다. 먼저 지옥에 가보니 놀랍게도 풍성한 음식이 가득한 식탁이 있었다. 하지만 사람들은 모두 굶주려 있었다. 이유는 간단했다. 모든 사람의 양손이 각각 포크와 나이프로 묶여있어, 스스로 음식을 먹을 수 없었기 때문이다.

그 다음 천국에 갔는데, 더 놀라운 광경이 펼쳐졌다. 여기서도 사람들의 손은 똑같이 묶여 있었지만, 모두가 행복하게 배불리 먹고 있었다. 그들은 서로를 먹여주고 있었던 것이다.

이 이야기는 협력과 상호 지원의 중요성을 잘 보여준다. 만약 당신이 주변 사람들의 성장을 돕고 그들이 당신 없이도 성공할 수 있도록 지원한다면, 결국 당신 역시 더 큰 성공을 이룰 수 있을 것이다.

잘 파는 사람의 매력 –
마피아 두목이 정장을 입는 이유

매력 자본의 힘

사람과 사람을 연결하는 '사잇꾼'의 역할을 효과적으로 수행하기 위해서는 단순히 넓은 인맥만으로는 부족하다. 여기에 '매력 자본'이라는 중요한 요소가 더해져야 한다. 매력 자본이란 개인이 가진 매력적인 특성들의 총체를 의미한다.

　매력의 중요성은 사실 오래전부터 인식되어 왔다. 당나라의 2대 왕인 태종은 인재를 선발할 때 '신언서판(身言書判)'이라는 4단계 기준을 사용했다. 외모, 말, 글, 판단력이라는 4가지 기준으로 평가한 것이다. 주목할 점은 '신(身)'이 가장 앞에 온다는 것이다. '신'은 단순한 외모가 아닌 용모와 풍채를 아우르는 개념이다.

왜 태종은 이토록 외모를 중요하게 여겼을까? 그는 아무리 능력이 뛰어나도 첫인상이 좋지 않으면 제대로 된 평가를 받기 어렵다고 생각했다. 이는 현대 심리학의 '할로 효과(Halo Effect)'와도 일맥상통하다. 1가지 긍정적인 특성이 다른 특성에도 긍정적인 영향을 미친다는 이 이론은, 외모가 좋은 사람일수록 성격, 지능, 능력 등이 긍정적으로 평가되는 현상을 설명한다.

현대 사회에서도 이러한 경향은 여전히 존재한다. '아우라가 있다.', '훈훈하다.', '스타일이 좋다.' 등의 표현은 모두 외모의 중요성을 나타내는 현대적 표현들이다. 대기업에서 '외모로 평가하지 말라.'는 교육을 지속적으로 하는 것 자체가 사람들이 여전히 외모로 사람을 판단한다는 것을 반증한다.

이러한 외모는 지금부터 이야기할 '매력'과 비슷한 말로 쓰이기도 한다. 비즈니스 세계에서 성공의 열쇠는 다양하지만 '매력'이라는 요소는 점점 더 중요해지고 있다. 그런데 여기서 '매력'이란 외모를 넘어서는 개념으로, 내적인 아름다움, 행동, 태도, 그리고 전체적인 분위기를 포함한다.

매력은 다른 사람을 끌어당기는 능력이나 특성을 의미한다. 여러 연구에 따르면, 장기적인 관계에서 매력은 신뢰, 유대감, 안정성, 그리고 만족도를 높이는 중요한 역할을 한다. 이는 비즈니스 관계에서도 마찬가지이다.

캐서린 하킴 교수는 저서 《매력 자본》에서 매력을 개인이 가지는 높은 가치로 정의한다. 그녀는 매력을 신체적 매력과 사회적 매력으로 나누어 설명한다. 신체적 매력은 단순한 외모를 넘어 건강함, 에너지 넘치는 자세, 그리고 유머 감각을 포함한다. 사회적 매력은 우아한 태도, 대인 관계 기술, 편안함을 주는 능력, 호감을 사는 능력, 그리고 흥미를 유발하는 능력 등을 포함한다.

하킴 교수에 따르면 이러한 신체적, 사회적 매력을 갖춘 사람들은 자신이 원하는 위치와 성공에 도달할 확률이 다른 사람들보다 월등히 높다. 이는 비즈니스 세계에서 매력이 얼마나 중요한 자산인지를 잘 보여준다.

매력의 중요성은 협상 기술에서도 강조된다. 하버드대학의 협상 수업에서는 인간적인 매력을 가진 사람이 협상에서 이미 유리한 입장에 있다고 가르친다. 여기서 말하는 인간적인 매력은 올바른 단어 사용, 아름다운 목소리, 지성, 품성, 교양, 그리고 실력을 포함한다.

연세대 설혜심 교수가 언급한 '신사의 4가지 조건'인 위엄, 풍채, 자신감, 편안함 중에서 풍채(Mien)가 가장 중요한 개념으로 여겨졌다는 점도 주목할 만하다. 풍채는 귀하게 보이는 태도, 몸짓, 분위기 등을 포괄하는 말로, '귀티가 흐른다'는 말과 매우 유사하다.

이렇게 볼 때, 매력은 개인이 가진 큰 자산이며, 특히 비즈니스 세계에서는 부가가치를 창출하는 중요한 자본이 된다. 물론 매력에 대한 기준은 개인마다, 문화마다 다를 수 있다. 그러나 전반적으로 매력적인 이미지를 가진 사람이 다른 사람들과 장기적인 관계를 맺고 비즈니스에서 성공할 가능성이 높다는 것은 부인하기 어려운 사실이다.

매력과 영업 성과의 관계는 여러 연구와 전문가들의 의견을 통해 확실히 입증되고 있다. 이는 단순한 추측이 아닌, 실제 데이터와 경험에 기반한 사실이다.

텍사스 대학의 다니엘 해머매시 교수의 연구 결과는 매력의 경제적 가치를 수치로 보여준다. 매력적인 사람들이 평균적으로 3~4% 더 높은 수익을 올린다는 사실은 매력이 단순한 개인적 특성을 넘어 실질적인 경제적 이점으로 이어진다는 것을 의미한다.

영업 전략가 제프리 기톰의 주장은 이를 더욱 구체화한다. 그는 단정한 외모와 복장이 고객의 신뢰를 얻는 데 중요한 역할을 한다고 강조한다. "외모는 당신이 고객에게 주는 첫 번째 메시지"라는 그의 말은 첫인상이 비지니스 관계에서 차지하는 역할을 잘 나타낸다.

브라이언 트레이시의 견해 또한 주목할 만하다. 그는 잘 정돈된 외모가 프로페셔널리즘과 신뢰감을 준다고 말한다. 반면, 부주의하거나 지저분한 외모는 고객에게 부정적인 감정을 유발할 수 있다고 경고한다. 옷차림이나 모양새가 매우 지저분하고 궁상맞은 것을 순 우리말로 꾀죄죄라고 하는데, 꾀죄죄도 죄인가 보다.

매력 자본을 늘리기 위한

10가지 방법

그렇다면 우리는 어떻게 해야 할까? 완벽한 외모를 갖추는 것은 불가능하며, 또한 그럴 필요도 없다. 중요한 것은 자신의 매력을 최대한 발휘하고 개선하는 것이다. 우리는 지속적인 자기 개발을 통해 매력 자본을 향상시킬 수 있으며, 이는 더 효과적인 네트워킹과 비즈니스 성과로 이어질 수 있다. 그렇다면 매력을 높이기 위해 노력하지 않을 이유가 없지 않을까?

지금부터 당신의 매력 자본을 늘리기 위한 10가지 방법을 소개하려고 한다. 순서와 상관없이 가장 먼저 시도해보고 싶은 것을 해도 좋고, 순서대로 해봐도 좋다. 중요한 것은 하는 것이다.

1 | 혈색을 관리한다

'아우라'는 우리가 흔히 말하는 사람의 분위기나 에너지를 의미한다. 이는 그리스 로마 신화의 산들바람 여신 '아우라'에서 유래했는데, 이는 상쾌하고 청명한 느낌을 연상시킨다. 이러한 아우라를 갖추기 위해서는 먼저 건강한 신체를 만드는 것이 중요하다.

건강한 신체를 만드는 첫 번째 방법은 운동이다. 규칙적인 운동은 혈액 순환을 촉진하고 장기를 튼튼하게 만들어 좋은 혈색을 만든다. 운동을 하는 사람들은 뒷모습에서도 밝은 에너지가 느껴지는 이유가 바로 이 때문이다. 미국의 유명 심리치료사 필 스터츠는 몸을 건강하게 가꾸는 것만으로도 삶의 활력이 85%나 상승한다고 말했다.

운동만큼이나 중요한 것이 바로 식습관이다. 우리가 무엇을 먹는 가는 '이너뷰티'와 밀접하게 연관되어 있다. 이너뷰티란 건강한 생활 습관과 영양을 통해 몸 안에서부터 아름다움을 가꾸는 것을 말한다.

예를 들어, 하루에 최소 8잔의 물을 마시면 피부가 촉촉해지고 혈액 순환이 좋아져 안색이 밝아진다. 오렌지, 레몬, 키위, 브로콜리 등 비타민 C가 풍부한 음식은 피부 톤을 밝게 하고 콜라겐 생성을 도와준다. 또한 오메가-3 지방산이 풍부한 연어, 고등어, 호두, 아마씨 같은 음식들은 피부 염증을 줄이고 건강한 피부 세포를 유지하는 데 도움을 준다.

이처럼 건강한 식습관과 규칙적인 운동을 통해 우리는 신체적 건강뿐만 아니라 정신적 건강까지 얻을 수 있으며, 이는 결국 우리의 '아우라', 즉 매력으로 표현된다. 이는 비즈니스 관계에서도 긍정적인 영향을 미칠 수 있으며, 더 나아가 우리의 전반적인 삶의 질을 향상시킬 수 있다.

오늘부터라도 냉장고 속 식품들을 한 번 점검해보고 일상 속에서 운동할 수 있는 시간을 만들어보면 어떨까? 이러한 작은 변화들이 모여 우리의 신수, 즉 전체적인 이미지를 더욱 밝고 건강하게 만들어줄 것이다.

2 | 표정에 감정을 넣는다

우리의 얼굴 표정은 타인과의 소통과 관계 형성에 중요한 역할을 한다. 많은 여성의 마음을 사로잡았던 카사노바는 특별히 잘생기지 않았음에도 호감을 주는 인상적인 표정으로 많은 이들의 마음을 사로잡았다고 한다.

비즈니스 세계, 특히 영업 분야에서도 표정은 매우 중요한 요소이다. 영화 〈인턴〉의 한 장면은 이를 잘 보여준다. 주인공 벤(로버트 드니로 분)이 면접 전 거울을 보며 다양한 표정 연습을 하는 모습은 표정이 얼마나 중요한 비언어적 소통 수단인지를 잘 보여준다. 그의 목표는 면접관이 편안하게 그의 이야기를 듣고 그를 신뢰할 만한 사람으로 인식하도록 하는 것이었다.

표정은 연기가 아니다. 얼굴도 근육으로 이루어져 있어 자주 사용하는 근육이 발달하게 된다. 예를 들어, 웃는 표정을 자주 지으면 웃을 때 사용하는 근육이 발달하여 '웃는 상'이 된다. 반대로 자주 찡그리면 찡그린 부분에 주름이 생기게 된다. 얼굴이 그 사람의 인생을 나타낸다라는 말은 그래서 생긴 것이다. 그래서 나는 오랜 기간 의식적으로 자주 입꼬리를 올려 미소 짓는 얼굴을 지으려 노력해왔다. 사람들이 나를 볼 때 긍정적인 느낌을 갖게 하기 위해서다.

실제로 이런 연습을 해보는 것도 중요하다. 지금 이 책을 읽으면서도 할 수 있다. 마치 아름다운 풍경을 바라보듯 편안하게 미소를 지어보자. 가장 사랑스러운 것을 떠올리며 그 감정을 얼굴에 담아보는 것이다. 이런 표정을 자주, 의식적으로 지으면 시간이 지남에 따라 그것이 자연스러운 표정이 될 것이다. 이렇게 되면 사람들은 당신의 얼굴에서 그 아름다운 풍경을 보게 될 것이다.

3 | 시선처리를 편안하게 한다

의외로 많은 영업인들이 눈을 마주치는 것을 어려워한다. 아마도 어른들 앞에서는 시선을 내려야 한다는 식의 어린 시절 받은 교육의 영향일 수 있다. 하지만 비즈니스 상황, 특히 판매 활동에서는 이러한 습관이 오히려 방해가 될 수 있다.

효과적인 시선 처리는 신뢰와 자신감을 전달하는 중요한 방법이 된다. 대부분의 비즈니스 미팅이나 상담은 상대방과 마주 앉아 눈을 보며 대화를 나누는 형식으로 진행되기 때문이다. 이때 시선 처리가 어색하거나 불편해 보이면 대화의 집중력이 떨어질 수 있다.

예를 들어, 눈을 지나치게 깜빡이지 않거나 반대로 너무 자주 깜빡이는 경우, 또는 눈동자를 심하게 돌리거나 움직이는 경우 자신감이 없어 보일 수 있다. 이는 상대방에게 불신을 줄 수 있으며, 결과적으로 영업 성과에 부정적인 영향을 미칠 수 있다.

이러한 문제를 해결하기 위한 1가지 방법으로 '4초의 법칙'을 들 수 있다. 이는 4초마다 눈을 깜빡이고 행동을 바꾸는 방식이다. 예를 들어, 상대방을 4초 동안 바라본 후 고개를 살짝 끄덕이고, 다시 4초 바라본 후 미소를 짓는 식의 방법이다. 이렇게 하면 자연스러운 대화 흐름을 만들 수 있고 상대방에게 집중하고 있다는 인상을 줄 수 있다.

상대방이 중요한 이야기를 할 때는 고개를 좀 더 강하게 끄덕이거나 주먹을 가볍게 흔들어 동의를 표현하는 것도 좋은 방법이다. 이는 당신이 대화에 적극적으로 참여하고 있음을 보여주며 상대방의 말에 귀 기울이고 있다는 인상을 준다.

미팅 시 주의해야 할 점도 있다. 가능하다면 노트북 대신 노트와 필기도구를 준비하는 것이 좋다. 노트북을 사용하면 시선이 분산되어 상대방과의 감정 교류에 방해가 될 수 있기 때문이다. 가급적 노트 사용도 최소화하여 상대방의 눈과 대화에 집중하는 것이 좋다.

특히 주의해야 할 것은 핸드폰 사용이다. 미팅 중 핸드폰을 꺼내는 것은 상대방과의 대화에 집중할 의지가 없다는 신호를 줄 수 있으므로 가급적 자제해야 한다.

마지막으로 여성의 경우 가벼운 눈화장도 도움이 될 수 있다. 눈이 또렷하게 보이면 자신감이 높아 보일 수 있기 때문이다.

4 | 걸음걸이에 자신감을 입힌다

걸음걸이는 자신감과 생활 태도를 드러내는 강력한 비언어적 커뮤니케이션 수단이다.

자신감 있는 걸음걸이는 "나는 당신의 문제를 그 누구보다 잘 들어주는 사람이자 그 문제를 해결할 자신이 있는 사람입니다." 또는

"이 세상 주인공은 나야 나!"와 같은 마인드를 반영한다. 이러한 자세는 어깨를 펴고 등을 곧게 세우는 것에서 시작된다.

많은 사람들이 걷는 뒷모습만으로도 그 사람의 성격을 파악할 수 있다고 말한다. 이는 걸음걸이가 우리의 내면 상태를 얼마나 잘 반영하는지를 보여준다.

걸음걸이를 개선하기 위해서는 몇 가지 주의할 점이 있다. 먼저, 신발에 따라 걷는 방식을 조절해야 한다. 운동화와 같은 평평한 신발을 신을 때는 뒷꿈치가 먼저 땅에 닿게 걸으면 좋고, 힐을 신을 때는 뒷꿈치와 앞볼을 동시에 땅에 닿게 하면 안정적으로 보인다.

걷는 속도도 중요하다. 너무 빠르게 걷거나 너무 느리게 걷지 않고 적절한 속도로 걸으면 여유롭고 자신감 있는 모습을 연출할 수 있다. 또한 주머니에 손을 넣고 걷거나 핸드폰을 보며 걷는 것은 피해야 한다. 이는 위험할 뿐만 아니라 어깨가 굽어 긍정적인 이미지를 주기 어렵다.

걸을 때는 목적지와 목표를 생각하며 걷는 것이 좋다. 목적의식을 가지고 걷는 사람은 활기차 보이기 때문이다. 더불어 걸으면서 자연스럽게 미소를 짓는 것도 도움이 된다. 미소는 자신감을 나타내며 주변 사람들에게 긍정적인 에너지를 전달한다. 또한 이는 얼굴에 미소가 베어나도록 하는 데도 도움이 된다.

이러한 걸음걸이는 단순히 외적인 모습을 개선하는 것을 넘어 실제로 우리의 내면 상태에도 영향을 미친다. 좋은 자세는 자신감을 높여줄 뿐만 아니라 상대방에게도 긍정적인 인상을 준다.

5 │ 자신의 목소리 톤을 찾는다

목소리는 우리의 개성과 이미지를 표현하는 중요한 요소이다. W스피치 아카데미의 우지은 대표가 강조했듯이, 목소리와 언어는 지적인 이미지와 품격을 높이는 데 큰 역할을 한다. 특히 비즈니스 상황에서 목소리의 중요성은 더욱 두드러진다.

많은 사람들이 자신의 목소리에 대해 깊이 생각해보지 않지만 우리가 말할 때 듣는 사람들이 한 번에 알아들을 수 있는지, 지나치게 높은 톤이나 빠른 속도로 말하지 않는지, 또는 뭉개지는 발음을 사용하지는 않는지 생각해볼 필요가 있다. 사적인 관계에서는 이러한 요소들이 큰 문제가 되지 않지만 비즈니스 상황에서는 매우 중요하다.

자신의 목소리를 개선하기 위한 첫 단계는 현재 상태를 파악하는 것이다. 평소에 고객을 만날 때 사용하는 영업 대화를 녹음해보는 것이 좋다. 이렇게 하면 자신의 목소리 톤이 안정적이고 편안한지 객관적으로 들어보고 점검할 수 있다.

목소리는 신체에서 나오기 때문에 신체 관리도 중요하다. 고객을 만나기 전에 몸을 스트레칭하고 '아에이오우' 발음으로 얼굴 근육을 풀어주는 것이 도움이 된다. 또한 혀로 입안을 굴려 혀의 건조함과 긴장을 푸는 것도 듣기 좋은 목소리를 내는 데 효과적이다.

평소에 길게 호흡을 내뱉고 입을 크게 벌려 소리를 내는 연습을 하면 정확한 소리를 전달하는 데 큰 도움이 된다. 이러한 연습은 목소리의 안정성과 명확성을 높이는 데 기여한다.

나는 상대방에게 신뢰를 주고 오래 대화를 해도 목이 아프지 않은 목소리를 갖기 위해 보이스 트레이닝을 받았다. 그전에는 주변 사람들에게 긍정의 에너지를 나눠주기 위해 높은 톤의 목소리를 냈는데 그것이 목에 무리를 주었다. 나에게 편한 목소리는 낮은 중저음이었다. 중저음의 목소리를 사용하니 소리에 훨씬 힘이 실렸고 주변에서 더 편안함을 느낀다는 평가를 받았다.

자신에게 맞는 목소리를 찾는 방법은 다양하다. 요즘은 유튜브 등 온라인 플랫폼에서도 많은 정보를 얻을 수 있으므로, 이를 참고하여 연습해보는 것도 좋은 방법이다.

중요한 것은 자연스럽고 자신에게 가장 편한 목소리를 찾아 사용하는 것이다. 자신에게 맞는 목소리로 말을 하면 듣는 사람도 더 편안하게 느끼게 된다.

6 | 청결을 유지한다

청결은 자기 관리 능력과 타인에 대한 배려를 보여주는 지표이다. 한 대기업 부회장은 사람들을 처음 만날 때 그 사람의 구두를 본다고 한다. 구두가 깨끗하지 않으면 일도 못한다고 생각했기 때문이다. 이 사례를 통해 나는 첫 인상을 형성할 때 많은 사람들이 청결함을 중요한 기준으로 삼는다는 점을 깨달았다.

　나 또한 영업인으로서 청결하게 외모를 관리하는 것은 기본적인 성의라고 믿는다. 아무리 멋진 외모를 가지고 있어도 치아에 긴 고춧가루를 보면 실망스럽듯이, 작은 부분의 불청결함이 전체적인 인상을 망칠 수 있다.

　나는 매일 아침 청결을 관리하기 위한 루틴을 실천하고 있다. 하루 세 번 양치질을 하는 것은 기본 예의이지만, 특히 고객을 만나기 전에는 반드시 양치를 하고 입 냄새가 나는지 확인한다. 명함을 줄 때 손톱이 깔끔하지 않거나 겨울철 손이 지나치게 건조하면 보기 좋지 않다는 것을 알기에 항상 손 관리에도 신경 쓴다. 또한 여름철에는 악수를 할 때 손에 땀이 많으면 불쾌감을 줄 수 있기에 주의하고 있다.

　옷 관리도 중요하게 여긴다. 옷에 음식물이 묻어있거나 지나치게 구겨져 있지는 않은지, 몸에 좋지 않은 냄새가 베어있지는 않은지 항상 확인한다. 또한 만일을 대비해 여벌의 옷을 회사나 차에 두고 필요할 때 갈아입는다.

　헤어 관리도 청결 유지의 중요한 부분이다. 정돈된 헤어는 청결한 인상을 준다고 믿기 때문에 머리가 눈을 가리지 않도록 하며 항상 깨끗하고 잘 다듬어진 상태를 유지하려고 한다. 이마를 드러내면 얼굴이 밝아 보이고 자신감이 넘치는 인상을 주므로 이마를 보이는 스타일을 선호한다. 또한 중요한 미팅이나 고객과의 만남 전

에는 반드시 거울을 보며 헤어스타일을 점검하는 습관을 가지고
있다.

내 경험상, 청결한 외모는 전문성과 신뢰성을 높이며 비즈니스
관계에서 긍정적인 첫인상을 만드는 데 큰 도움이 된다.

7 │ 낙천적인 사고를 습관화한다

많은 사람들이 '낙천적'이라는 말과 '긍정적'이라는 말을 혼용해서
사용하지만, 실제로 이 둘은 다른 개념이다. '긍정적'이라는 것은 현
재 상황에서 좋은 면을 보려는 태도이다. 예를 들어, 힘든 일이 있어
도 "그래도 이 상황에서 배울 점이 있을 거야."라고 생각하는 것이다.
하지만 때로는 이런 긍정주의가 지나치면 현실을 무시하게 된다.

반면에 '낙천적'이라는 것은 미래에 대해 희망적이고 자신감을
갖는 것이다. 나는 어려운 상황에서 "이 문제는 해결될 수 있을 거
야."라고 생각하는 것이 낙천적인 태도라고 생각한다. 낙천적인 사
람은 현재의 어려움과 상황을 인정하고 문제를 대비하며 해결책을
찾는 데 초점을 맞춘다는 점에서 더 현실적이라고 생각한다.

리 차일드의 소설 속 주인공 잭 리처의 신조 "최고를 기대하면
서 최악에 대비하라."는 내가 추구하는 낙천주의와 가깝다. 내 경
험상, 낙천주의적 사고를 지닌 사람은 스트레스를 더 잘 관리하고
스스로 동기부여를 할 수 있어 고객과의 관계에서도 좋은 에너지
를 준다.

나는 이와 관련하여 몇 가지 방법을 실천하고 있다. 먼저, 매일 밤 감사일기를 쓴다. 하루 동안 있었던 작은 일들에 대해 감사하는 마음을 적으면서, 나도 모르게 긍정적인 면에 더 주목하게 된다.

또한 현실적으로 달성 가능한 작은 목표들을 세우고 이를 달성해 나가는 과정에서 자주 성공의 경험을 하려고 노력한다. 이를 통해 자존감이 높아지고, 더 큰 도전을 할 수 있는 자신감을 갖게 된다.

주변 환경도 중요하다. 나는 의식적으로 부정적인 영향을 주는 사람들과 거리를 두고 긍정적이고 낙천적인 사람들과 더 많은 시간을 보내려고 노력한다.

최근에는 명상을 하고 있다. 매일 아침 명상을 하면서 마음을 차분히 하고 하루를 시작하는데, 자신감을 높이는 데 큰 도움이 된다.

8 | TPOC로 고객을 배려한다

매력 자본을 구축하는 데 있어 또 하나의 중요한 요소는 바로 TPO, 즉 Time(시간), Place(장소), Occasion(상황)에 맞는 적절한 행동과 옷차림이다. 예를 들어, 테니스를 치러 갈 때 정장이 아니라 운동복을 입는 것처럼, 비즈니스 상황에서도 각 상황에 맞는 적절한 옷차림과 행동을 하는 것이 중요하다.

나는 여기에 1가지 중요한 요소를 추가한다. 바로 Customer(고객)이다. 이렇게 TPOC라는 새로운 개념을 만들어 볼 수 있다.

TPOC는 상황에 맞는 옷과 행동에 더해, 상대방과 고객에 대한 깊은 배려를 포함한다. 배려가 몸에 밴 사람은 매력적이다. 여기서 잠깐 에티켓과 매너의 차이에 대해 살펴보자. 에티켓은 사회적 규칙이지만, 매너는 선택적이면서도 그 사람을 더욱 멋지게 만드는 요소이다. 에티켓이 사회에서 반드시 지켜야 하는 규칙이라면, 매너는 반드시 지킬 필요는 없지만 사람을 멋있어 보이게 만드는 것이다. 예를 들어, 빨간 신호등에 길을 건너지 않는 것은 에티켓이지만, 뒤에 오는 사람을 배려해 문을 잡아두거나 엘리베이터를 잡아준 사람에게 감사 인사를 하는 것은 매너이다.

내가 알고 있는 한 기업 임원은 외국계 자동차 부품회사 대표로 취임하면서, 국내 주요 자동차 회사들의 차량을 구입해 달라고 요청했다. 고객사를 방문할 때 그 회사의 차를 타고 가는 것이 예의라고 생각했기 때문이다. 이런 세심한 배려는 많은 사람들이 간과하는 부분이지만, 나는 이런 작은 부분에서 큰 차이가 난다고 믿는다.

고객 미팅을 위한 의상 선택도 중요한 배려의 한 형태이다. 나는 항상 고객 회사의 평소 의상 코드를 확인한다. 예를 들어, 모든 직원이 캐주얼을 입는 회사를 방문할 때는 지나치게 격식 있는 정장보다는 단정한 비즈니스 캐주얼 복장을 선택한다. 반대로 격식을 중시하는 회사를 방문할 때는 최대한 정장 차림을 갖춘다.

특별히 패션 회사를 방문할 때는 그 회사의 제품이나 액세서리를 착용하려고 노력한다. 이런 작은 센스가 미팅 분위기를 좋게 만들고, 고객과의 관계를 더욱 돈독하게 만든다.

고객의 의상 상황을 파악하기 위해 나는 다양한 방법을 사용한다. 회사 홈페이지를 통해 직원들의 복장을 확인하기도 하고 때로는 점심 시간에 그 회사 빌딩 앞에서 직원들의 복장을 관찰하기도 한다. 이런 노력이 과하다고 생각할 수도 있지만 결국 이런 세심한 배려가 결국 더 나은 영업 성과로 이어진다.

물론 이런 노력들이 때로는 번거롭고 시간이 많이 소요되기도 하다. 하지만 이런 세심한 배려야말로 진정한 프로페셔널한 자세이다.

9 | 자신에게 투자한다

매력 자본을 구축하는 과정에서 가장 중요한 것은 바로 자신에 대한 투자이다. 이러한 투자는 외모 관리, 학습, 건강 관리, 새로운 경험 등 다양한 영역에 걸쳐 있다. 이러한 자기 투자는 장기적으로 볼 때 가장 높은 수익률을 가져다주는 투자라고 할 수 있다.

국내 기업의 한 영업 고수는 수입의 50%를 자신에게 투자한다고 한다. 이는 대부분의 사람들에게는 과하게 들릴 수 있지만, 그의 논리는 단순하다. 자신에 대한 투자만큼 수익이 더 늘어난다는 것이다.

자기 투자의 형태는 매우 다양하다. 예를 들어, 나는 승마를 취미로 하고 있다. 처음에는 단순한 취미로 시작했지만, 이를 통해 긴장감과 불안감을 다루는 법을 배우게 되었다. 또한 승마는 자세를 곧게 하고 안정적인 호흡을 하는 데도 큰 도움이 된다. 비용이 적지 않게 들지만 내 업무에 미치는 긍정적인 영향을 고려하면 투자 대비 효과가 매우 크다고 느낀다.

또 다른 형태의 자기 투자로는 고급 서비스를 경험해보는 것이 있다. 고급 레스토랑, 호텔, 매장에서 서비스를 경험하는 것은 단순한 소비가 아니다. 그들이 손님을 어떻게 환대하고 대접하는지 관찰하는 것만으로도 고객을 대하는 태도와 매너를 배울 수 있다.

나라는 '상품'에 투자해 우량주로 만드는 것은 매우 중요하다. 하지만 이는 명품을 입거나 비싼 물건을 구입하는 것을 의미하지 않는다. 오히려 심신을 바르게 하고 교양을 쌓는 것에 가깝다.

《아비투스(Habitus)》의 작가 도리슨 메르틴(Doris Martin)은 교양 있는 사람의 특징에 대해 흥미로운 관점을 제시한다. 그에 따르면, 교양 있는 사람은 취향을 드러내되 지나치게 많은 돈을 쓰지 않는다. 여기서 '아비투스'란 제2의 천성이란 뜻으로, 세상을 사는 방식, 태도와 습관으로 사회적 지위를 나타내는 것을 의미한다.

메르틴이 이 책에서 언급한 '인생을 멋지게 사는 사람이 가지는 7가지 자본' 중 가장 얻기 어려운 것이 바로 문화 자본이다. 문화 자본은 교양이자 격식이며, 인생에서 무엇을 즐기고 배우는지를 나타내는 자본이다. 흥미로운 점은 문화 자본이 높은 사람이 경제 자본이 높은 사람보다 더 높은 평가를 받고 매력적인 사람으로 보여진다는 것이다.

문화 자본을 쌓기 위해 나는 격조 있는 행동을 하려고 노력하고 예술적 감각을 넓히는 활동에 참여하며 꾸준히 독서를 하고 있다. 이러한 꾸준한 자기 계발은 전문성과 신뢰성을 높여주며 다양한 경험과 지식은 더 풍부한 대화를 가능하게 한다.

다양한 활동을 통한 자기 관리는 스트레스 대처 능력을 키워준다. 또한 새로운 경험과 학습은 창의적 사고를 촉진하여 비즈니스 상황에서 혁신적인 아이디어를 제시할 수 있게 한다.

결국, 자기 투자는 단기적으로는 비용으로 여겨질 수 있지만 장기적으로는 가장 높은 수익률을 가져다주는 투자이다. 안 쓰고 아끼는 것보다 나라는 상품에 투자해서 우량주로 만들어 더 큰 수익을 얻는 것이 더 현명한 전략일 수 있다.

10 | 현재 자신에게 어떤 매력이 있는지 생각해본다

우리는 지금까지 매력 자본의 중요성과 자기 투자의 가치에 대해 깊이 있게 살펴보았다. 이제 마지막 단계로, 우리 각자가 가진 고유한 매력에 대해 이야기해보자.

사실 모든 사람에게는 자신만의 독특한 매력이 있다. 그것이 유머일 수도 있고 따뜻한 미소나 위로의 말일 수도 있으며 때로는 남모르게 베푸는 작은 배려일 수도 있다. 최근에는 유머가 매력의 중요한 요소로 주목받고 있는데, 이는 유머가 상대방의 긴장을 완화시키는 효과가 있기 때문이다.

매력은 다양한 형태로 나타날 수 있다. 힘들어하는 사람에게 따뜻한 미소와 말로 힘을 주는 사람, 누군가가 자신감을 잃었을 때 챙겨주는 배려, 혹은 상대방의 기쁜 소식에 진심으로 함께 기뻐해주는 마음 등이 모두 매력이 될 수 있다. 이러한 매력들은 때로 우리 스스로는 인식하지 못하는 경우도 많다.

자신의 매력을 알게 되면 자신감이 생기고, 그 매력을 어떻게 더욱 발전시킬지 고민하는 즐거움도 생긴다. 자신의 매력을 인식하고 가꾸는 것은 타인에게 더 매력적인 사람으로 다가가는 길이기도 하다.

지금까지 매력으로 자신의 가치와 자본을 높이는 다양한 방법들에 대해 알아보았다. 이러한 노력들이 당장 급한 일은 아닐지 모르지만, 항상 중요하지만 급하지 않은 것들이 미래를 바꾼다는 점을 기억해야 한다. 공부, 운동, 독서 등이 그러하듯이 매력을 높이는 일역시 장기적인 관점에서 우리의 삶을 크게 변화시킬 수 있는 중요한 투자이다.

당신은 이미 충분히 매력적이다. 하지만 그 매력을 더욱 발전시킨다면, 더 높은 곳으로 오를 수 있을 것이다.

매일 좋은 음식을 먹고, 머리에 좋은 생각을 넣고, 마음에 좋은 감정을 채우려고 노력하자. 또한 품격에 어울리는 단어를 사용하고 다른 사람을 배려하는 태도를 갖추자.

CHAPTER 3

잘 파는 사람은
어떻게 말하는가

주도권을 갖고 말하라

영업은 프로세스로 구성되어있다. 프로세스는 무언가를 이뤄가는 경로(經路)다. 영업의 프로세스는 고객 발굴에서 시작하여 첫 만남, 신뢰 구축, 제품 테스트, 그리고 최종 계약 체결에 이르는 여러 단계로 구성된다. 그리고 이 여정을 성공적으로 이끄는 가장 중요한 요소는 바로 '주도권'이다.

주도권을 누가 가져야 할까? 일반적으로 사람들은 구매 결정권을 가진 고객이 주도권을 쥐고 있다고 생각하지만 실제로는 그렇지 않다. 주도권은 더 많이 알고, 더 많이 가진 사람이 가지는 것이다. 만약 당신이 고객을 도울 방법과 고객의 성공 전략을 더 잘 알고 있다면, 또는 고객의 비전을 실현시켜줄 수 있는 무언가를 가지고 있다면 주도권은 당신에게 넘어온다.

그러나 반대로 당신이 고객이 원하는 것을 가지고 있지 못하거나 그들의 필요를 충분히 이해하지 못한다면, 또는 고객이 이루고 싶은 비전에 대한 해답을 가지고 있지 않다면 주도권은 순식간에 사는 사람의 손으로 넘어간다. 그리고 안타깝게도 주도권이 없는 영업인은 팔기 어렵다.

여기서 주의해야 할 점이 있다. 주도권을 갖는다는 것은 권력이나 힘으로 상대방을 조종하거나 누르는 것이 아니다. 판매자가 주도권을 가지되 현명한 구매 의사결정이 이루어지도록 전문성을 가지고 구매자를 친절하게 안내하는 것이다. 사는 사람이 현명하게 구매를 결정할 수 있도록 조언해주는 것, 그것이 바로 진정한 주도권의 의미이다.

영업의 세계에서 '주도권'은 영화 〈인셉션〉을 생각하면 이해하기 쉽다. 〈인셉션〉의 주인공 도미닉 코브는 타인의 꿈에 들어가 생각을 훔치는 특수 보안요원이다. 그는 꿈속에서 주도권을 유지하기 위해 끊임없이 상황을 분석하고 계획을 세우며 팀을 이끈다. 그가 꿈속에서 주도권을 잃으면 꿈속의 상황이 통제 불능 상태로 빠지게 된다. 그러면 꿈속에 갇히거나 꿈속의 위험한 상황이 현실에 영향을 미치게 때문에 주도권을 유지하는 것은 필수적이다.

영업에서도 주도권을 유지하는 것은 필수적이다. 코브가 꿈속에서 주도권을 잃으면 상황이 통제 불능 상태에 빠지듯이, 영업에서도 주도권을 잃으면 프로세스가 원하지 않는 방향으로 흘러갈 수 있다. 따라서 파는 사람은 처음부터 구매가 완료되는 순간까지 영업 프로세스를 주도해야 한다.

그렇다면 어떻게 영업 프로세스에서 주도권을 가질 수 있을까? 다음은 주도권을 확보하기 위한 5가지 중요한 전략이다.

1 | 철저하게 준비한다

이제 주도권을 확보하기 위한 가장 핵심적인 전략 중 하나인 '철저한 준비'에 대해 살펴보자.

윈스턴 처칠은 "두 종류의 사람이 있다. 준비하는 사람과 준비하지 않는 사람이다."라고 말했다. 이는 성공적인 결과를 얻기 위해서는 철저한 준비가 필수적이라는 것을 강조한다. 영업에서도 마찬가지이다. 주도권을 갖기 위해서는 철저한 준비가 필요하다.

파는 사람은 단순히 제품이나 서비스를 설명하는 것이 아니라, 하나의 프로세스를 설계해야 한다. 이 프로세스는 대화를 포함한 모든 상호작용을 포함한다. 그냥 되는 대로 혹은 생각나는 대로 말을 하는 것이 아니라, 처음부터 모든 대화를 설계하고 시작하는 것이다. 무턱대고 부딪혀보자는 접근은 하수의 방식이다.

대화를 설계하기 위해서는 3가지를 중점적으로 준비해야 한다. 먼저, 고객에 대한 사전 정보를 꼼꼼히 조사해야 한다. 다음으로 미팅에서 반드시 확인해야 할 중요 정보들을 미리 정리해 둔다. 마지막으로, 필요한 정보를 얻기 위한 대화 시나리오를 준비한다.

고객에 대한 사전 정보는 영업인이 주도권을 확보하는 데 필수적인 요소이다. 면접관이 면접자의 정보를 더 많이 가지고 있어 면접을 주도하듯, 토크쇼에서도 출연자에 대한 정보를 사전에 충분히 숙지한 진행자가 주도권을 가진다. 영업에서도 마찬가지이다.

기본적으로 고객과의 미팅 전 수집해야 하는 정보는 회사 규모, 재정 상태, 주요 제품이다. 이러한 정보를 통해 해당 고객이 '파워 리드(Power Lead)', 즉 구매 가능성이 높은 잠재 고객인지 예상할 수 있다. 또한 미팅에서 대화의 소재로 활용할 수도 있다.

사전 정보 수집을 위한 좋은 방법 중 하나는 인터넷 포털 사이트에서 해당 고객사의 뉴스 기사를 찾아보는 것이다. 대부분의 회사는 알리고 싶거나 강조하고 싶은 부분을 뉴스로 내보내기 때문에, 이를 통해 고객사의 최근 동향이나 관심사를 파악할 수 있다.

미팅이 시작되면 나는 4가지 정보를 반드시 확인한다.

내가 파는 상품을 살 의사가 있는가?

구매 능력이 있는가?

실제 구매 결정권자인가?

즉각적으로 구매할 의향이 있는가?

이 4가지 정보는 내가 만나는 고객이 파워리드인지 분석하는 데
반드시 필요한 요소이다. 고객에 대한 분석을 마치면 내가 그들을
도울 솔루션이나 상품을 가지고 있는지를 확인한다.

영업기획계획

고객배경(Company Background)					
미 팅 전 조 사	연매출 (Annual Revenue)		직원수 (# of Employee)		대표자정보 (CEO's Information)	
	산업군 (Industry/Sector)		주력상품 (Main Product)			
	최근 기사 (Recent News)		홈페이지 (Web Page)		미팅기록 (Previous Meeting)	
	주요고객사 (Top 3 Customers)		주요경쟁사 (Top 3 Competitor)		주요공급업체 (Top 3 Supplier)	
고객분석(Customer Requirements and Understanding)					
미 팅 시 확 인	무엇을 원하는가? (Customer's Needs and Vision)					
	구매가 시급한가? (The Immediate Need/Urgency)					
	예산은 충분한가? (Enough Budget)					
	결정권자는 누구인가 (Decision-maker)					
	구매절차 및 프로세스는 어 떠한가?(Buying Process)					
	살 의사가 있는가? (Willingness)					
	이후 계획(Next Step)					

예산 이해(Budget)		
확인사항	**Yes/No**	**내용(Detail)**
전반적인 고객 재정상태는 건강한가? (Is the customer's overall financial health enough?)		
제안한 상품을 구입할 예산이 있는가? (Has a budget been made for your suggestion?)		
확정된 예산에서 제안한 상품에 대한 예산의 우선순위를 이해하는가? (Do you understand the priority of the proposed products within the allocated budget?)		
고객의 예산 설정 프로세스를 이해하고 있는가? (Do you understand the customer's internal budget process?)		
고객의 목표와 비전(Customer's Needs and Vision)		
확인사항	**Yes/No**	**내용(Detail)**
고객의 목표가 무엇인지 아는가? (Do you know what the customer's vision?)		
고객의 현재 상황에 대해 충분히 아는가? (Do you know the customer's current situation?)		
고객이 현재 상황에서 목표를 이루기 위해 필요한 것이 무 엇인지 아는가?(Do you know what is needed to achieve the customer's desired vision?)		
고객이 원하는 것과 필요한 것은 같은가? (Do client's want and need are the same?)		
고객이 지금까지 실행했던 방법과 결과를 알고 있는가? (Do you know the methods the customer has implemented so far?)		
고객의 목표를 이루기 위한 솔루션을 가지고 있는가? (Do you have a solution to achieve the customer's goals?)		
고객이 당신이 제시한 솔루션에 동의하고 구매하려 하는가? (Is the customer agreeing with your proposed solution and willing to purchase it?)		

미팅 후 확인사항

<table>
<tr><td rowspan="11">미팅 후 확인사항</td><td colspan="3">구매시기(Urgency)</td></tr>
<tr><td>확인사항</td><td>Yes/No</td><td>내용(Detail)</td></tr>
<tr><td>고객은 당신이 제시하는 솔루션이 당장 필요한가?
(Does the customer need the solution you are proposing immediately?)</td><td></td><td></td></tr>
<tr><td>만일 당장 필요하지 않다면, 언제 구매할 예정인가?
(If the solution is not needed immediately, when does the customer plan to purchase it?)</td><td></td><td></td></tr>
<tr><td>구매시기를 정하는 기준이 있는가?
(Are there criteria that determine the timing of the purchase?)</td><td></td><td></td></tr>
<tr><td>구매 후 사용기간은 얼마나 되는지 아는가?(Do you know what the expected usage period after purchase?)</td><td></td><td></td></tr>
<tr><td colspan="3">결정권자(Decision-maker)</td></tr>
<tr><td>확인사항</td><td>Yes/No</td><td>내용(Detail)</td></tr>
<tr><td>당신은 구매를 결정하는 사람들을 알고 있는가?
(Do you know who make the purchasing decision?)</td><td></td><td></td></tr>
<tr><td>당신은 구매를 결정할 사람을 만났는가?
(Have you met the person will make the decision?)</td><td></td><td></td></tr>
<tr><td>결정권자를 만날 수 없다면, 제안 내용이 명확히 전달되었는지 확인할 수 있는가?(If not, can you confirm that your proposal has been clearly communicated?)</td><td></td><td></td></tr>
</table>

결정권자가 구매 시 무엇을 가장 우선시하는지 아는가?
(Do you know what the deicision-maker prioritizes most when making a purchasing decision?)

당신 주변에 결정권자에게 추천해줄 인맥이 있는가?
(Do you have any connections who can recommend you to the decision-maker?)

<table>
<tr><td colspan="3">영업 전략(Selling Strategy)</td></tr>
<tr><td>판매계획
(Overal lPlan)</td><td></td><td rowspan="2">판매결과 예상(Y/N)</td></tr>
<tr><td>판매 방해요소
(Challenges)</td><td></td></tr>
</table>

경쟁사 분석(Competitors)		
경쟁사 이름 (Company Name)	누가 선택했는가 (Who purchased)	왜 선택했는가 (Why purchased)
당신의 강점 (Your Strength)	당신의 약점 (Your Weakness)	누가 더 유리한가 (Who has the advantage)

고객 연락처					
이름 (Name)	직위 (Title)	업무 (Role)	위치 (결정권자, 의견 제시자, 사용자)	구매에 긍정적인가? (Positive about the purchase?)	참조 (Remark)

팔로우업 계획		
날짜(Date)	계획(Action)	결과(Outcome)

고객의 상황을 올바르게 파악하기 위해 내가 만든 '영업기회계획표'를 활용할 수 있다.

2 │ TPO에 맞게 계획한다

영업의 성공은 세심한 준비와 전략적인 접근에서 시작된다. 특히 고객과의 미팅을 계획할 때 시간과 장소의 선택은 매우 중요한 요소이다.

연구 결과에 따르면 사람들은 오전에 더 긍정적인 감정을 느낀다. 러셀 포스터 옥스퍼드 대학 교수의 연구와 저널 〈이모션 (Emotion)〉의 보고서가 이를 뒷받침한다. 따라서 중요한 고객과의 미팅은 오전에 잡는 것이 유리하다. 긍정적인 분위기에서 시작된 미팅은 더 생산적인 결과로 이어질 가능성이 높기 때문이다. 잠재 고객에게 미팅을 제안하는 콜드콜도 오전에 주로 한다.

첫 미팅에서는 구매자와 판매자 모두 긴장을 하게 된다. 서로를 검증하려 하기 때문이다. 그래서 구매자도 판매자도 비교적 긍정적인 감정을 가진 오전이 미팅 시간이 적합하다.

미팅 장소 선택도 중요한 전략이다. 나는 보통 미팅 장소를 내 사무실이나 외부 미팅 공간으로 정한다. 이는 고객에게 적당한 긴장감을 주어 집중도를 높이는 효과가 있다. 낯선 환경에서 사람들은 더 주의를 기울이고 방해 요소가 줄어들기 때문이다. 만일 고객 사무실에서 미팅을 해야 할 경우는 조용한 미팅룸이 마련되어 있는지 확인한다. 카페나 휴게실 같은 소음이 있는 장소는 피해야 한다. 이런 곳에서는 충분한 대화를 나누기 어렵다.

영업 미팅을 준비할 때는 마치 정성스러운 식사를 준비하는 것처럼 접근해야 한다. 고객에게 무엇을 원하는지 일일이 묻기보다는 미리 준비된 최상의 '메뉴'를 제공하는 것이다. 주도권이라고 하면 상대를 강하게 끄는 것만 생각하지만 이는 마치 집들이와 같다. 손님을 잘 대접하면 결국 손님은 내가 준비한 음식을 잘 먹고 만족하여 행복한 기분으로 각자 돌아가게 된다.

미팅 준비의 핵심은 'TPO', 즉 시간, 장소, 상황을 고려한 철저한 계획이다. 대화 내용, 예상 질문과 답변을 미리 준비하고, 미팅 시간에 따라 15분, 30분, 1시간 버전의 시나리오를 만들어둔다. 이러한 준비는 미팅에서 주도권을 확보하는 데 큰 도움이 된다.

주도권은 곧 힘이다. 영업사원은 고객이 원하는 제품이나 서비스를 제공할 수 있는 능력을 가진 사람으로, 주도권을 포기하는 것은 이러한 힘을 고객에게 넘겨주는 것과 같다. 철저한 준비와 진정성 있는 접근을 통해 주도권을 유지하면 고객 만족과 매출 증대라는 목표를 달성할 수 있을 것이다.

3 │ 힘 있는 단어를 사용한다

미셸 길란(Michelle Gielan)은 긍정심리학 및 행복 연구 전문가로 긍정적인 단어 사용이 관계에 미치는 영향을 연구했다. 그녀는 긍정적인 소통과 언어 사용이 사람들의 사고방식과 행동에 긍정적인 변화를 만든다고 했다.

나 역시 경험을 통해 긍정적인 단어가 주는 영향이 크다는 것과 언어의 힘이 영업에서 얼마나 중요한지 알게 되었다. 실제로 나는 지그 지글러의 《세일즈 클로징》에서 소개된 24가지 키워드를 항상 염두에 두고 고객과 대화한다.

고객의 이름	새롭다	중대한
이해	사랑	받을 자격이 있다
건강	이윤	행복
증명	결과	신뢰
쉽다	진심	가치
발견	돈	재미
안전	편안함	보장
비용절감	자랑스러움	옳다

참고로 예일대학에서는 이 24가지 키워드에 당신, 보안, 이점, 긍정 그리고 혜택을 추가했다. 나는 이 중에서는 '당신'이라는 단어를 특히 중요하게 생각한다. 이 단어는 대화의 초점을 내가 아닌 고객에게 맞추는 데 도움이 된다.

반면에 영업을 망치는 단어들은 최대한 피해야 한다. 영업에서 피해야 할 24가지 키워드는 다음과 같다.

거래	사다	어렵다
비용	죽음	걱정
결제	나쁘다	의무
제약	팔다	책임소재
서명	팔린	실패하다
시도	가격	책임
손해	결정	손해
상처	힘들다	실패했다

따라서 '비용', '손해', '어렵다.' 등의 부정적인 단어 대신 '투자', '기회', '도전적이다.' 등의 긍정적인 표현을 사용하자. 이렇게 긍정

적인 표현을 사용하는 것은 고객의 인식을 바꾸고 제품이나 서비스에 대한 긍정적인 태도를 형성하는 데 도움이 된다.

대화의 시작과 끝도 중요하다. 첫인상과 마지막 인상이 전체적인 대화의 톤을 결정하기 때문이다. 예를 들어, 덥거나 추운 날씨에 대한 이야기로 대화를 시작하면 부정적인 느낌을 줄 수 있다. 날씨 이야기를 하고 싶다면 "날씨가 덥지만 오늘 미팅에서는 시원한 이야기를 나누어볼까요?", "날씨가 많이 춥지만 오늘은 마음 따뜻해지는 이야기를 나누어보시죠."라고 긍정적인 말을 사용하자. 미팅을 마무리할 때도 "시간을 내어주셔서 감사합니다."라고 말하기보다는 "오늘 서로에게 의미 있는 대화를 나눴습니다." 또는 "고객님의 비전이 곧 이뤄질 것입니다."라고 말하는 것이 더 효과적이다. 이러한 표현들은 고객과의 관계를 더욱 긍정적이고 협력적으로 만들어준다.

영업에서는 작은 디테일도 중요하다. 예를 들어, 명함을 받았을 때 3초 동안 천천히 보는 습관은 상대방에 대한 존중을 보여준다. 특이한 직함이나 이메일 주소에 대해 긍정적인 언급을 하는 것도 좋은 인상을 줄 수 있는 방법이다. 이러한 작은 행동들이 모여 고객과의 관계를 더욱 돈독하게 만들어준다.

4 | 고객의 세계로 들어간다 - 고객과의 연결

제임스 카메론 감독의 영화 〈타이타닉〉과 〈아바타〉에서 나오는 "I

see you."라는 표현은 상대방의 내면을 들여다보고, 존중하며 사랑한다는 깊은 의미를 담고 있다. 이 영화적 표현은 우리가 영업 현장에서 추구해야 할 고객과의 관계를 잘 보여준다. 고객과의 진정한 소통은 단순히 듣고 묻는 것을 넘어, 그들의 세계를 이해하고 그 안으로 들어가는 것에서 시작되기 때문이다.

많은 영업인들은 고객과의 긍정적인 관계를 맺고 성과를 내기 위해서는 '듣기'와 '묻기'가 중요하다고 배운다. 물론 이 2가지는 중요한 요소이다. 하지만 그 이전에 고객이 어떤 세계를 가진 사람인지를 이해할 필요가 있다.

모든 사람은 자신만의 독특한 세계를 가지고 있다. 그리고 그 세계에는 그들만의 언어와 소통 방식이 존재한다. 어떤 이는 자신의 이야기를 들어주는 것을 좋아하고, 또 다른 이는 말하는 것보다 듣는 것을 더 선호할 수 있다. 우리는 이러한 고객의 선호를 파악하고, 그에 맞춰 소통 방식을 조정해야 한다. 자신에게 편한 대화방식만 고집해서는 안 된다. 고객과의 대화에서 대화방법을 맞춰야 하는 건 파는 사람이다.

나의 한 고객은 영업인과의 미팅을 꺼리는 이유를 이렇게 설명했다. "내가 만난 영업인들은 마치 다 내가 가진 문제를 해결할 답을 가지고 있다고 말합니다. 그리고 나의 문제가 무엇인지, 어떤 목표를 가지고 있는지 물어봅니다. 하지만 나는 목표나 문제를 공유할 정도로 정도로 상대방을 믿지 못했으며, 내가 그 말을 해줘야 하는 이유도 없다고 생각합니다." 이 말은 많은 영업인들이 빠지기 쉬운 함정을 잘 보여준다. 우리는 때로 너무 빨리 솔루션을 제시하려 하거나 고객의 신뢰를 얻기도 전에 민감한 정보를 요구하는 실수를 범한다.

그렇다면 어떻게 해야 고객의 세계로 들어갈 수 있을까? 나는 다음과 같은 방식으로 대화를 시작한다. "저는 이 미팅을 위해 (고객사 혹은 상대방 이름)의 정보를 찾아보았습니다. 하지만 그 자료들은 (고객사 혹은 상대방 이름)을 충분히 이해하는 데 부족합니다. 제가 (고객사 혹은 상대방 이름)에게 필요한 솔루션이나 상품을 가지고 있을 수도 있고 아닐 수도 있습니다. 하지만 이 업계에서는 성공적인 경험을 많이 보유하고 있어 필요하신 정보를 드릴 수도 있습니다. 오늘 미팅이 서로에게 의미 있도록 하려면 어떤 (혹은 어떻게) 대화를 나누는 것이 좋을까요?"

이 접근 방식은 여러 가지 장점이 있다. 먼저, 고객에 대한 사전 조사를 했다는 점을 보여준다. 또한 겸손한 태도로 고객의 세계를 더 알고 싶어 한다는 의지를 표현할 수 있다. 동시에 자신의 경험과 전문성을 은근히 언급하면서도 고객에게 압박을 주지 않는다. 마지막으로, 대화의 방향을 고객이 결정하도록 함으로써 주도권을 부여한다.

이렇게 대화를 시작하면 고객은 자신이 가장 편안하게 느끼는 대화 방식을 알려준다. 우리의 역할은 그 방식에 맞춰 대화를 이끌어가고 고객이 가장 편한 상태에서 말할 수 있도록 분위기를 조성하는 것이다.

이 과정에서 나는 몇 가지 원칙을 지킨다. 먼저, 메모를 하지 않는다. 중요한 정보를 기록해야 할 때를 대비해 노트와 필기도구를 준비해 책상에 올려놓지만, 가급적 사용하지 않는다. 메모를 하는 동안 고객의 시선을 놓치거나 대화의 흐름이 끊길 수 있기 때문이다.

또한 호기심 많은 아이처럼 듣고 질문한다. "좀 더 자세히 이야기해주시겠어요?", "아, 그거 참 흥미롭군요." 등의 추임새를 적절히 사용하여 적극적으로 듣고있다는 것을 보여준다. 무엇보다 중요한 것은 전념하는 자세이다. 상대방이 신나서 이야기할 수 있도록 고개를 끄덕이며 집중해서 듣는다.

이런 방식으로 미팅을 하고 나면 그야말로 진이 빠진다. 단순히 수동적으로 듣고 질문하는 것이 아니라, 최대한 집중하여 대화에 참여하고 상대방의 세계에 들어가 이해하려고 노력했기 때문이다. 하지만 이런 노력의 결과로 종종 "정말 잘 들어주시네요."라는 말을 듣는다. 아마도 나와 미팅을 한 고객도 진이 빠졌을 것이다. 적극적으로 대화했을 테니까 말이다.

고객의 세계로 들어가는 과정은 결코 쉽지 않다. 많은 에너지와 집중력을 요구하며, 때로는 우리 자신을 완전히 내려놓아야 할 수도 있다. 하지만 이러한 노력은 반드시 보상받는다.

진정으로 고객의 세계를 이해하고 그들의 언어로 소통할 때, 우리는 단순한 판매자가 아닌 신뢰받는 파트너가 된다. 이는 앞서 논의했던 매력 자본의 개념과도 깊은 연관이 있다.

5 | 진심을 전달한다

영업의 세계에서 우리는 종종 전략과 기술에 집중하곤 한다. 하지만 그 모든 것의 근간에는 '진정성'이라는 핵심 가치가 있다. 세계적인 동기부여 연설가인 존 맥스웰은《사람을 움직이는 말의 힘》에서 중요한 통찰을 제시한다. 그는 어떤 메시지든 청중에게 들려주기 전에 자신에게 먼저 들려주어야 한다고 말한다. 이는 자신에게 도움이 되지 않는 내용은 다른 사람들에게도 도움이 되지 않을 것이라는 의미이다.

이 원칙은 영업의 세계에서 특히 중요하다. 우리가 판매하려는 제품이나 서비스에 대해 스스로 확신이 없다면 어떻게 고객을 설득할 수 있을까? 자신이 납득되지 않는 내용을 다른 사람에게 납득시키는 것은 불가능에 가깝다. 따라서 대화에서 주도권을 잡을 때 가장 중요한 것은 대화의 내용에 진심을 담는 것이다.

거짓이나 과장, 오만 등의 감정이 들어간 내용으로는 결코 대화를 주도할 수 없다. 그 안에는 상대를 위하는 배려나 진심이 없기 때문이다. 우리는 해결할 수 없는 부분에 대해서는 말하지 말아야 하며 확신하는 것만을 이야기해야 한다. 이를 위해서는 자기 자신과 먼저 대화를 나누는 것이 중요하다. 우리가 무엇을 전달하든 결국 진심으로 하는 말만이 상대방에게 전달되기 때문이다.

하지만 여기서 주의해야 할 점이 있다. 솔직하게 얘기한다는 것을 잘못 이해하여, 해서는 안 되는 말까지 하는 실수를 범해서는 안 된다. 내 경험을 하나 이야기해보겠다. 이전 회사에서 고객사를 초청해 포럼을 개최할 때의 일이다. 소규모 포럼이어서 중간에 자기소개를 하는 시간이 있었는데, 그때 포럼을 진행하던 진행자가 이렇게 말했다.

"오늘은 제가 처음으로 진행을 하는 날입니다. 오는 내내 잘할 수 있을까 걱정이 되었습니다. 잘못하면 업체에서 저를 다시는 부르지 않을 것 같아서요."

우리 모두는 이 소개를 들은 후 포럼 내내 그 진행자가 실수를 하지 않을까 조마조마했다.

진정성 있는 대화는 솔직함에서 시작되지만, 그 솔직함은 신중하게 표현되어야 한다. 자신의 약점이나 불안감을 솔직하게 공유하는 것은 때로는 인간적으로 보일 수 있지만 그로 인해 대화 상대에게 불필요한 불안감을 주거나 신뢰를 잃어버릴 수 있다. 따라서 솔직함은 상대방의 신뢰와 공감을 얻기 위한 도구로 사용되어야 하며, 필요 이상의 솔직함은 오히려 해가 될 수 있으니 주의해야 한다.

지금까지 주도권을 가지는 5가지 전략에 대해 알아보았다. 철저한 준비, 적절한 TPO 설정, 힘 있는 단어 사용, 고객과의 연결, 그리고 솔직한 전달이 그것이다. 이 5가지는 판매 과정을 주도적으로 이끄는 중요한 전략이다.

이 모든 전략의 핵심에는 '진정성'과 '균형'이 있다. 우리는 솔직해야 하지만, 그 솔직함이 불필요한 불안을 초래하지 않도록 주의해야 한다. 주도권을 가져야 하지만, 그것이 고객을 압도하거나 불편하게 만들어서는 안 된다. 우리의 목표는 고객과의 신뢰 관계를 구축하고 그들의 니즈를 정확히 파악하여 최적의 솔루션을 제공하는 것이다.

솔직함과 주도권의 균형을 잡는 것은 쉽지 않은 과제일 수 있다. 하지만 이를 능숙하게 익히면 우리는 단순한 판매자가 아닌 신뢰받는 어드바이저로 거듭날 수 있다.

002

1시간 미팅에서 12분만 이야기하라

경청의 기술과

효과적인 질문의 힘

영업의 세계에서 우리는 종종 '말하기'의 기술에 집중한다. 하지만 진정한 영업의 핵심은 '듣기'와 '질문하기'에 있다. 이는 고객의 세계로 깊이 들어가 그들의 니즈와 두려움을 진정으로 이해하는 과정이다.

테니스 코치 파트리크 무라토글루의 사례는 이 점을 잘 보여준다. 그는 최고의 실력을 가진 선수들이 때로는 일부러 실수하여 중요한 경기를 포기하는 이유를 발견했다. 그것은 바로 자신감 부족과 실패에 대한 두려움이었다. 무라토글루 코치는 패배한 선수들에게 "당신 잘못이 아니에요. 100% 나의 실수에요. 미안합니다. 내가 더 열심히 가르치겠습니다."라고 말했다. 이는 선수들의 두려움을 이해하고 그들의 입장에서 생각하는 코치의 능력을 보여준다. 비난을 예상했던 선수들은 자신을 이해해주는 코치와 깊은 유대감을 느꼈고 이후 더 열심히 경기에 임하게 되었다.

이를 영업 상황에 적용해보자. 구매자의 입장에서 생각해보면 그들도 판매자 못지않게 좋은 성과를 내고 싶어 한다. 그들에게는 현명하게 잘 사야 한다는 목표가 있다. 특히 회사를 대표해서 구매 결정을 내려야 할 때는 더욱 긴장되고 두렵게 마련이다. 잘못된 판단으로 인한 손실을 걱정하는 것이다.

그때 구매자를 도와줄 사람은 당신이고, 구매자가 믿을 수 있는 사람도 당신이다. 구매자가 당신을 믿어야 하고, 당신도 구매자가 결정을 잘 내릴 수 있도록 믿어줘야 한다.

구매자가 현명한 결정을 내릴 수 있도록 돕는 조력자가 되기 위해서는 구매자의 두려움과 니즈를 깊이 이해해야 하며, 이는 효과적인 경청과 질문을 통해 가능하다.

그동안 영업 교육을 하면서 많은 영업인을 보았지만, 대화를 잘하는 영업인이 드물었다. 왜일까? 방법을 제대로 몰라서다. 내 경험상, 단순히 경청의 중요성만 강조하다 보니 많은 영업인들이 그저 듣기만 하다가 갑자기 뜬금없는 질문을 던져 대화의 흐름을 깨는 경우가 많았다. 또한 대화를 나누고도 고객의 비전이나 상황을 정확히 이해하지 못하는 경우도 자주 보았다. 이런 상황에서 흔히 듣는 "생각해볼게요."라는 고객의 대답은 파는 사람에게 사형선고다. 이는 더 이상 당신과 이야기하고 싶지 않다는 말이다.

그러면 비즈니스 관계를 맺기 위해서는 도대체 어떻게 대화를 해야 하는 걸까? 답은 간단하다. 잘 듣고, 질문을 잘하는 것이다. '결국 말 잘하라는 것인가.' 싶겠지만, 아니다. 말을 잘하는 것이 아니라 잘 듣고 질문을 잘하는 것이다.

그런데 잘 듣고 질문을 잘하는 것은 준비된 말을 잘하는 것보다 몇 배 어렵다. 제대로 배운 적이 없어서이다. 그렇다면 어떻게 잘 듣고 잘 질문할 수 있을까?

8:2 대화의 법칙

구글은 프로젝트 단위로 일을 많이 한다. 각 프로젝트는 구성원과 기간이 다르며, 성과 역시 팀에 따라 다르다. 이에 구글은 어떤 요인이 높은 성과를 내는지 알아보기 위해 '아리스토텔레스 프로젝트'를 시작했다. 이 프로젝트는 3년 동안 많은 자금을 투자하여 진행되었다.

구글은 여러 가설을 세웠다. 지적 능력이 높은 사람들이 모이면 성과가 높을까? 성격이 좋은 사람들이 모이면 성과가 높을까? 친한 사람들이 모이면 성과가 높을까? 하지만 이 모든 가설은 틀렸다. 놀랍게도 성과가 높은 팀은 대화의 균형이 맞는 팀이었다. 미팅에서 한 사람만 이야기하는 것이 아니라 모든 참여자가 골고루 이야기하는 팀이 성과가 높았던 것이다.

이를 '심리적 안정감(Psychological Safety)'이라고 한다. 모든 사람이 대화에 참여했을 때, 자신이 인정받았다고 느끼는 것이 심리적 안정감이다. 이러한 심리적 안정감은 영업에서도 중요한 요소이다. 구매자는 자신의 의견을 충분히 이야기하고 판매자가 그 의견을 제대로 이해했다고 느꼈을 때 심리적 안정감을 느낀다. 그래서 구매자가 모든 것을 마음껏 이야기했다고 생각하게 하는 것이 중요하다.

그래서 나는 대화의 비율을 8:2로 맞춘다. 상대방이 80%를 이야기하고 내가 20%를 이야기하는 것이다. 1시간 미팅에서 나는 12분만 말한다.

12분을 제외한 나머지 시간은 상대방이 의미 있는 말을 할 수 있도록 지속적으로 질문을 한다. 그렇게 대화를 이어가면 고객은 시간 낭비 없이 꽤 의미 있는 대화 시간을 가졌다고 느낀다. 미팅을 마쳤을 때 판매자가 아닌 구매자가 '아, 내가 말을 참 잘했구나.' 하고 느껴야 한다.

이 '8:2 영업 대화 비율'은 세일즈포스(Salesforce)와 《하버드 비즈니스 리뷰(Harvard Business Review)》에서도 가장 이상적인 비율이라고 평가한다. 이는 단순한 이론이 아니라 실제 영업 현장에서 효과가 입증된 방법이다.

이러한 접근 방식을 실제로 적용한 예를 들어보자. 다음 사례는 내가 국내 대형 투자증권사 한 곳과 진행한 조직문화 강화 교육 미팅의 실제 대화이다. 남희는 판매자인 나이고 준우(가명)는 조직문화팀의 차장이자 결정권자이다. 준우 차장은 전 직원을 대상으로 한 자기인식 프로그램을 도입하고자 나와 미팅을 했고, 아래는 그를 위한 첫 번째 미팅이었다. 실제 미팅 시간은 1시간 30분이었는데 다음은 그 미팅을 요약한 것이다.

[사례 | 투자증권사 조직문화팀 차장과의 미팅]

○ **상담 시작**

남희 안녕하세요, 만나서 반갑습니다. (명함을 살펴본 후) 차장님께서는 조직문화팀에서 일하시는군요. 이 팀에서 오래 일하셨나요?

준우(가명) 아니요, 영업팀에서 일하다 조직문화팀으로 온 지는 2년 정도 됩니다.

남희 영업과 조직문화팀 모두 사람의 비전을 실현하는 일인데 차장님은 사람들의 꿈을 이뤄주는 일을 하시는군요.

준우 아, 그런가요?

남희 네, 그럼요. 올해 교육 내용을 자기 인식 프로그램으로 정하셨는데 매우 흥미로운 주제네요. 이 주제는 어떻게 정하게 되셨나요? 새로 기획된 프로그램인가요?

준우   작년에 리더들과 팀원들의 효과적인 대화를 위해 모든 리더를 대상으로 코칭 교육을 실시했었습니다. 올해는 자기 인식으로 변경되었어요.

남희   (고개를 끄덕이며) 아, 새로운 교육을 시작하시려고 하시는군요. 그 배경에 대해 좀 더 자세히 이야기해 주시겠어요? 특별한 이유가 있었을 것 같아서요.

준우   네, 맞아요. 우리 회사는 현재 부서 간의 소통이 원활하지 않아서 협업에 어려움을 겪고 있습니다. 특히 정보 공유가 잘 되지 않아 프로젝트가 지연되거나 중복되는 일이 많아서 고민이 큽니다. 그래서 자기 인식부터 시작하려고 합니다.

남희   부서 간의 소통이 원활하지 않아 협업에 어려움을 겪고 계시는군요. 그렇게 생각하셨던 이유에 대해 좀 더 상세히 이야기해 주시겠어요?

(이후 준우 차장은 자기 인식 프로그램을 구상하게 된 구체적인 배경에 대해 보다 상세히 설명했다.)

○ **경청과 피드백**

남희   그런 배경이 있었군요. 시도해 보지 않았던 교육 내용이라 차장님께서도 설레는 마음으로 준비하시겠어요.

준우   사실은 처음 해보는 일이라 걱정이 더 많습니다.

남희   아, 그러시군요. 어떤 점들이 걱정되시나요?(걱정이란 무거운 단어를 사용하지만 밝은 톤으로 질문한다. 무거운 주제라도 대화가 즐겁게 진행되도록 하는 것이 중요하다.)

준우 네, 몇 가지 워크숍과 팀 빌딩 활동을 해봤지만, 일시적인 효과만 있었어요. 직원들이 워크숍에서는 적극적이지만 일상으로 돌아가면 다시 원래대로 돌아가는 것 같아요.(이후 계속해서 그는 걱정되는 부분을 상세히 이야기했다.)

남희 네, 충분히 이해됩니다. 제가 만나는 분들도 비슷한 걱정들을 하셨어요. 그럼 이번 교육이 성공적으로 마무리되기 위해서는 어떤 부분이 가장 중요할까요?

준우 기존의 교육 형태로 볼 때 가장 이상적인 방법은 집합 교육이었습니다. 그런데 이번에는 전국에서 모두 모여 함께 교육을 받는 자리이기 때문에 더욱 신중해야 합니다.(이후 그는 계속해서 교육에 대한 기대치와 예상 시나리오에 대해 이야기했고, 나는 그의 목표와 비전을 이해했다.)

○ 맞춤형 제안

남희 아, 그렇군요. 그럼 이번 집합교육의 프로그램 내용을 제가 미리 볼 수 있을까요? 그에 맞게 교육 내용이 들어가야 할 듯해서요.

준우 네, 그럼요. 알겠습니다.

남희 제가 교육 프로그램 제안서 2개를 3일 후에 보내 드리고 연락 드리겠습니다. 검토하시고 내부적으로 어느 것이 가장 적합할지 의논해서 결정해주시길 부탁드립니다. 이후 다시 한번 선택한 제안서를 바탕으로 세부적인 내용 확인을 위한 미팅을 진행했으면 합니다. 차장님 의견은 어떠세요?

준우 네, 아주 좋습니다. 그럼 보내주실 제안서를 보고 다시 의논하 도록 하겠습니다.

남희 네, 목표와 비전이 이루어지시도록 진심을 다하겠습니다.

준우 네, 안심이 됩니다.

○ 미팅 요약

• **적극적인 경청** 고객의 말을 중간에 끊지 않고 끝까지 들었으며, 대 화 시간의 대부분을 고객이 충분히 이야기할 수 있도록 배려했다.

• **열린 질문 사용** '예, 아니오'로 간단히 대답할 수 있는 질문보다는 상 대의 생각을 묻는 질문을 통해 더 많은 의견을 이끌어냈다. 이를 통 해 내가 이 분야에 전문성을 가지고 있음을 간접적으로 보여주었다.

• **피드백 제공** 상대의 말에 공감하고, 그의 말을 요약하거나 반복하 여 그가 잘 이해받고 있다는 느낌을 주었다.

• **후속 조치** 상대에게 2개의 제안서를 3일 안에 보내겠다고 약속하 여 향후 진행 과정에 대한 명확한 계획을 제시했다.

위 이야기는 고객이 대화의 80% 이상을 이끌도록 하여, 그들의 필요를 정확히 파악하고 결과적으로 성공적인 판매로 이어진 사례 이다. 하지만 이 법칙을 단순히 아는 것과 실제로 실천하는 것은 큰 차이가 있다. 이제 이 법칙을 어떻게 효과적으로 실천할 수 있는지, 그리고 그 과정에서 어떤 준비와 자세가 필요한지 알아보자.

8:2 대화 법칙을 성공적으로 실천하기 위해서는 2가지 핵심 요소가 필요하다. 바로 '무한한 호기심'과 '충분한 체력'이다.

먼저, 호기심에 대해 이야기해보자. 호기심이 없으면 상대의 말이 의미 없는 이야기로 들린다. 호기심 없이 질문하면 답을 하는 사람도 재미가 없다. 영업인의 입장에서는 고객의 이야기가 비슷하게 들릴 수 있다. 하지만 고객의 입장에서는 본인에게 가장 중요하고 특별한 이야기를 판매자에게 해주는 것이다.

따라서 우리는 한 번도 들어본 적 없는 흥미로운 이야기를 듣는 것처럼 고객의 말을 들어야 한다. 판매자가 벽처럼 들으면 구매자는 판매자에게 벽을 친다. 진정한 호기심을 가지고 고객의 이야기에 귀 기울일 때, 우리는 그들의 세계로 깊이 들어갈 수 있다.

두 번째로 중요한 것은 체력이다. 고객의 말을 집중해서 듣고 그에 맞는 질문을 하려면 충분한 에너지가 필요하다. 말을 많이 하는 것이 힘들 것 같지만, 들어주고 질문을 통해 생각을 이끌어내는 것은 그보다 몇 배 더 힘들다. 미팅을 하고 나왔는데 쓰러질 듯 에너지를 다 썼다고 느꼈다면 그것은 성공적으로 잘 듣고 잘 질문했다는 증거이다.

나 역시 미팅하고 나면 근처 커피숍에 앉아 한참 동안 눈을 감고 있다. 상대방이 충분히 이야기할 수 있도록 온 힘과 에너지를 썼기 때문이다. 그래서 평소에 잘 쉬고, 잘 먹고, 꾸준히 운동하는 것이 중요하다. 이것이 바로 앞서 언급한 '신수관리'의 이유이기도 하다.

미팅을 마친 후에는 자기 점검의 시간도 중요하다. 나는 미팅을 마친 후 매번 아래와 같은 질문으로 스스로 대화 과정을 점검한다.

- 내가 너무 많이 이야기하지 않았는가?
- 고객이 충분히 이야기할 시간을 주었는가?
- 고객의 의견을 충분히 경청했는가?

비즈니스 관계를 강화하는
10가지 질문의 기술

이 세상은 질문을 잘하는 사람과 그렇지 못한 사람으로 나뉜다. 아무리 많이 배운 사람이라도, 아무리 매력적인 외모를 가진 사람이라도 질문을 잘하지 못하면 대화를 나누고 싶지 않다. 반면, 질문을 잘하는 사람을 만나면 다시 약속을 잡고서라도 계속 이야기를 나누고 싶어진다. 질문을 잘하는 사람은 상대방을 신나서 말하게 한다.

코칭은 좋은 질문을 던져 사람들로 하여금 스스로 답을 찾도록 하는 일이다. 나는 그동안 코칭 수업을 받으며 다양한 질문 기법을 익혔다. 세상에 그렇게 좋은 질문들이 많은지는 코칭을 배우며 알게 되었다. 그리고 비즈니스 관계를 굳건하게 만들기 위해 전문적으로 질문에 대해 배우고자 미국 MIT 경영대학에서 '사람을 움직이는 질문 방법'에 대한 교육과정을 이수했다.

질문을 전문적으로 배울 필요가 있나 생각할 수도 있지만 질문은 사람의 마음을 움직이고 관계를 쌓는 데 중요한 요소이다.

'좋은 답변을 얻으려면 좋은 질문을 해야 한다.'는 말이 있다. 이 말은 좋은 답변을 얻지 못했다면 좋은 질문을 하지 않았기 때문이라는 말이다. 모든 질문에는 의도가 있다. 궁금해서 물어보는 질문, 확인을 위해 하는 질문, 생각이나 관점 혹은 분위기를 바꾸기 위한 질문, 대화를 리드하기 위한 질문 등 이유는 가지각색이다.

영업을 하는 사람은 이 모든 질문을 골고루 사용할 수 있어야 한다. 만일 질문을 잘하지 못한다면 오히려 질문을 하지 않는 편이 낫다. 그 정도로 질문의 의도와 방법은 중요하다. 좋은 질문은 궁금증을 해결하는 데 그치지 않고 상대방의 생각을 탐구하고 새로운 시각을 제시하며 신뢰 관계를 구축하는 중요한 역할을 한다. 질문을 잘하는 능력을 가지면 그저 정보를 교환하는 대화를 하는 것이 아니라 대화의 질을 높여 좋은 비즈니스 관계를 형성하게 되고 결국 성과로 이어지게 된다.

다음은 내가 고객과 비즈니스 관계를 강화하고 좋은 답변을 이끌어내는 10가지 방법과 질문들이다. 이 방법을 통해 당신도 질문의 달인이 되기를 바란다.

1 | 질문의 이유를 설명한다

먼저, 대화를 시작할 때 가장 중요한 것은 질문의 이유를 설명하는 것이다. 본격적인 미팅을 시작하고 질문하기 전에 정중하게 질문의 이유를 설명하자. 이는 상대방이 취조받는다는 느낌이 들지 않고 안심을 할 수 있도록 내가 질문을 많이 할 수 있다는 것을 사전에 알려주는 방법이다. 예를 들어 "제가 미팅을 하면서 질문을 많이 할 수 있습니다. 이는 (회사명 혹은 상대방 이름)의 비즈니스를 더욱 이해하기 위해서입니다. 괜찮으실까요?"라고 양해를 구하는 것만으로도 상대방은 안심하고 대화에 참여할 수 있다.

2 | 큰 질문부터 시작한다

처음부터 "그래서 지금 필요하신 것은 무엇인가요?"라고 묻지 않는다. 먼저 큰 질문을 던진 후, 구체적인 작은 질문으로 좁혀간다. 큰 질문은 상대방이 자신의 경험과 생각을 깊이 있게 공유할 수 있도록 돕는 포괄적이고 개방적인 질문이다. 큰 질문을 통해 우리는 대화의 방향과 분위기를 설정하고 보다 풍부하고 의미 있는 정보를 얻을 수 있다. 예를 들어 "현재 하고 계시는 비즈니스를 시작하시게 된 계기는 어떻게 되세요?"라는 큰 질문은 상대방이 비즈니스를 시작한 동기와 배경에 대해 이야기할 수 있도록 한다. 또한 "이전에는 어떤 일을 하셨고, 이 일은 어떻게 시작하셨나요?"는 과거의 경력과 현재의 비즈니스 사이의 연결점을 탐색할 수 있는 질문이다. "이 비즈니스의 비전은 뭔가요?"라는 큰 질문은 상대방의 목표와 장기적인 계획에 대해 깊이 있는 답변을 이끌어낼 수 있다. 비전이라는 주제는 자연스럽게 큰 그림을 이야기하게 만든다.

이렇게 큰 질문을 한 후에는 상대방의 답변과 연결되는 구체적인 질문으로 좁혀간다. 예를 들어, "그러한 비전을 세우게 된 특별한 계기가 있나요?", "올해 그 목표를 세우신 기준이 있으신가요?", "비즈니스 확장을 계획 중이라면, 어떤 방향으로 나아가고 싶으신가요?"라고 질문하면 고객이 자신의 니즈와 목표를 더욱 자세히 이해할 수 있다.

3 | 일반적인 질문에서 구체적인 질문으로 구조화한다

큰 질문이 비즈니스 전체를 묻는 질문이라면 일반적인 질문은 특정 분야나 목표에 대한 질문이다. 먼저 일반적인 질문으로 시작하여 고객의 현재 상황을 이해한 후, 그 분야나 목표에 대해 구체적인 질문으로 이어가며 대화를 깊이 있게 나눌 수 있다. "현재 비즈니스에서 가장 중요한 목표는 무엇인가요?", "최근에 가장 집중하고 있는 프로젝트는 어떤 것인가요?"와 같은 일반적인 질문을 한 후 "그러한 비전을 세우게 된 특별한 계기가 있나요?", "올해 그 목표를 세운 기준이 있나요?"라고 질문을 구체화하는 것이다. 질문할 때 주의할 점은 질문을 하고 답변을 받았으면 그와 연관된 질문으로 이어가는 것이다. 질문했던 내용과 전혀 관련 없는 질문으로 넘어

가서도 안 되고, 계속 큰 질문과 일반적인 질문만 해도 안 된다. 이렇게 하면 답변자가 부담을 느낄 수 있으며, 판매자는 고객의 구체적인 니즈를 파악하기 어려워질 수 있다.

4 │ 닫힌 질문과 열린 질문으로 관점과 분위기를 전환한다

닫힌 질문(Closed Question)이란, 예를 들어 '예, 아니오'나 단답형으로 답할 수 있는 간단한 질문이다. 반면 열린 질문(Open Question)은 답을 구체적으로 설명해야 하는 질문이다. 예를 들어 "파란색을 좋아하세요?"는 닫힌 질문이다. '좋아요, 싫어요'로만 답하면 되기 때문이다. 파란색이 좋다고 말한 사람에게 "파란색을 왜 좋아하세요?"라고 물으면 열린 질문이다. 파란색을 좋아하는 생각을 묻는 질문이기 때문이다. 이 2가지 질문을 함께 사용하면 상황과 이유를 함께 확인할 수 있고 대화를 더욱 풍부하고 의미 있게 만들 수 있다. 예를 들어, "최근에 새로운 소프트웨어를 도입하셨나요?"라는 닫힌 질문으로 묻고, "새로운 소프트웨어를 도입하셨다면, 그것이 업무에 어떤 변화를 가져왔는지 말씀해 주실 수 있나요?"라는 열린 질문으로 상황에 대한 이유를 들을 수 있다.

5 │ 한 번에 1가지 질문만 한다

질문은 간단하고 명확해야 상대방이 쉽게 답할 수 있다. 여러 가지 질문을 한꺼번에 묻거나, 1가지 질문에 2가지 내용이 들어가지 않도록 한다. 예를 들어 "이 프로젝트에서 가장 어려운 점은 무엇이며, 이를 어떻게 해결할 계획이신가요?"라는 질문은 어려운 점과 해결 계획을 묻는 2가지 질문이 하나로 합쳐져 있어, 답변자가 동시에 2가지에 대해 생각해야 한다. "이번 분기 목표는 달성 가능하다고 보시나요? 그렇다면 어떤 전략을 사용할 예정인가요?"와 같은 질문은 달성 가능성에 대한 질문과 전략에 대한 질문이 한 문장에 포함되어 있어 답변이 복잡해질 수 있다. 질문의 의도는 좋지만, 간결성과 명확성을 잃어버려 답변자가 구체적인 답을 하기 어렵게 만들 수 있는 것이다.

6 │ 부정적인 질문은 하지 않는다

"작년 목표를 왜 못 이루신 걸까요?", "왜 아직 비즈니스가 알려지지 않았을까요?"라는 부정적인 질문은 피한다. 구매자와 판매자는 파트너가 되어야 하고, 대화를 통해 비즈니스 관계를 만들어야 한다. 따라서 긍정적으로 생각할 수 있는 질문을 한다. "작년에 무엇을 다르게 했다면 목표를 이뤘을까요?" 또는 "비즈니스를 알리려면 어떤 방법이 효과적일까요?"라고 물으면 상대방이 생산적인 답변을 할 수 있다.

7 │ 루핑(Looping) 기법으로 내용을 확인한다

루핑 기법은 기자, 중재자 등이 정보를 얻을 때 활용하는 기법으로,

상대방의 말을 듣는 사람 스스로가 제대로 이해했는지를 묻는 것이다. 예를 들어 "제가 이해하기로는 현재 무엇보다 품질이 우수한 제품을 원하시는 것 같은데, 제가 제대로 이해한 걸까요?"라고 묻는 것이다. 이것은 상대방의 의도를 재확인하고, 상대방의 말을 잘 듣고 있음을 알려주는 방법이기도 하다.

8 | 백트래킹(Backtracking) 방법으로 대화를 정리한다

백트래킹은 상대방의 말을 반복해서 이야기해 그들의 생각과 감정을 되새겨보는 대화 기술이다. 예를 들어, 상대방이 "지속적인 교육과 후속 관리가 필요하다고 생각해요."라고 말했다면, "지속적인 교육과 후속 관리가 필요하다고 생각하시는군요. 대화 초반에 직원들이 일상에서도 배운 내용을 적용할 수 있도록 도와주는 것이 중요하다고 말씀하셨습니다. 여러 가지 지속적인 변화를 이루고 싶으신 거군요."라고 생각을 정리해주는 것이다. 백트래킹 기법은 고객이 말한 내용을 명확하게 이해하고 있다는 것을 보여준다. 또한 상대방이 자신이 한 말을 확실히 기억하도록 도와주고 상대방과 당신이 같은 부분을 이야기한다는 동지애를 갖게 한다.

9 | 상대방의 관점을 묻는다

미팅을 마무리할 때는 상대방의 관점을 물어보는 것이 중요하다. 나는 2가지 질문으로 미팅을 마무리한다. "제가 설명드린 솔루션에서 염려되는 부분이 있으신가요?"라고 먼저 물어 상대가 구매를 결정하는 데 장애가 되는 요소를 파악한다. 이 질문을 첫 미팅에서 나누지 않으면 추후에 구매를 망설이는 중요한 걸림돌이 된다. 구매를 망설이게 하는 요소는 처음에는 모래처럼 작은 문제인데 시간이 지날수록 큰 바윗덩어리가 되니 반드시 처음에 확인해야 한다. 염려를 확인하는 질문 후에는 "제가 설명드린 솔루션에서 가장 좋았던 부분은 어떤 것인가요?"라고 묻는다. 긍정적인 답변으로 마무리하면 좋은 기억으로 남아 구매 확률이 올라가기도 하고, 고객이 무엇을 가장 중요하게 생각하는지도 알게 되기 때문이다.

10 │ 다음 일정을 묻는다

대화를 마무리하며 물어야 할 가장 중요한 질문은 다음 일정을 확인하는 질문이다. 영업은 여러 과정을 거치며 결과가 나오기 때문에 미팅 후 다음 일정과 팔로우업 내용을 확인하는 것이 중요하다. 이를 통해 앞으로의 계획을 명확히 하고, 관계를 지속적으로 유지할 수 있다. 미팅이 좋았다고 "즐거운 미팅이었습니다."라고 미팅을 마무리하고 나오면 '아, 그 다음은 어떻게 하지.' 하고 다시 고민하게 된다.

미팅을 마무리하며 "자, 그럼 다음 일정은 어떻게 진행하면 좋을까요?", "다음 일정을 진행하기 위해 어느 분과 소통하면 좋을까요?"라고 질문해 다음 과정에 대해 합의한다. 영업은 반드시 과정이 계속 연결되어야 결과가 나온다.

이 모든 기술들은 결국 '8:2 대화의 법칙'을 실현하기 위한 것이다. 즉, 상대방이 대화의 80%를 차지하도록 하는 것이다.

만약 미팅을 마치고 나서 '아, 미처 물어보지 못했네.'라는 생각이 든다면, 24시간 내에 전화로 추가 질문을 하자. "중요한 질문을 놓쳤네요. 몇 가지 더 여쭤볼게요."라고 말하면 된다. 좋은 질문을 많이 한다고 당신을 무시할 고객은 없다.

하지만 계속해서 의도를 알 수 없는 질문을 한다면 구매자는 당신과 관계를 맺고 싶지 않을 것이다. 핵심은 구매자가 충분히 이야기했다고 느끼게 하는 것이고, 판매자가 구매자에게 들어야 하는 모든 정보를 얻는 것이다.

당혹스러운 질문에 대처하는 법

영업 현장에서 어려운 순간 중 하나는 고객의 예상치 못한 질문에 직면했을 때이다. 많은 영업인들이 제품의 단점이나 미처 생각하지 못했던 부분, 혹은 과거의 실패 경험을 떠올리게 하는 질문을 받으면 당황하곤 한다. 이런 상황에서 평정심을 잃고 긴장하거나 말을 더듬는 것은 자연스러운 반응이다.

이렇게 당황하지 않으려면 미리 대비해야 한다. 가장 효과적인 전략은 예상치 못한 질문을 일반화하여 대응하는 것이다. 예를 들어, 고객이 "우리는 이것저것 해봐도 안 되던데 당신 제품이라고 다를까요?"라고 물었다고 가정해보자. 이때 "네, 많은 기업들이 비슷한 어려움을 겪고 있습니다. 제가 만난 다른 고객들도 처음에는 같은 걱정을 했습니다. 하지만 우리 제품을 사용한 후에는 대부분 긍정적인 변화를 경험했다고 피드백을 주었어요."라고 답변한 후, 대화의 주도권을 다시 가져오기 위해 고객에게 질문을 던져보자.

"그런데 고객님께서는 이전에 시도해 보셨던 방법들이 효과가 없었던 이유가 무엇이라고 생각하시나요?"와 같이 말이다.

이 질문은 고객으로 하여금 문제의 근본 원인을 생각해보게 하고 대화를 더 깊이 있게 이어갈 수 있게 한다. 만약 고객이 즉시 답변하기 어려워한다면, 다음과 같이 예시를 들어줄 수 있다.

"제가 많은 고객들과 대화를 나눠본 결과, 주된 이유는 충분한 기술 지원의 부족과 사용자 교육의 미흡인 경우가 많았습니다. 혹시 고객님의 경우에도 이와 비슷한 어려움이 있으셨나요?"

이런 방식으로 대화를 이어가면 고객은 자신의 상황을 더 구체적으로 설명할 수 있게 되고 문제 해결을 위한 대화로 자연스럽게 이어진다. 이를 통해 영업인은 계속해서 대화의 주도권을 유지할 수 있다.

만약 정말 답변하기 어려운 질문을 받았다면, 솔직하게 인정하는 것도 좋은 방법이다.

"그 부분은 제가 미처 생각해 보지 못했네요. 내일까지 정확한 답변을 준비해서 다시 연락드리겠습니다. 괜찮으시겠어요?"

이렇게 하면 모든 것을 다 아는 척하지 않고 정확한 정보를 제공하는 전문가적인 태도를 보여줄 수 있다.

003

당신의 이야기에
생명을 불어넣어라

정보에 감정을 입혀라

예전에 우연히 경쟁사의 제품 설명회에 참석한 적이 있다. 제품 설명을 듣는 순간 나는 중요한 것을 깨닫게 되었다.

"이건··· 마치 우리 회사 발표를 듣는 것 같아."

경쟁사의 발표 내용과 순서가 우리 회사의 것과 거의 흡사했다. 그제서야 고객들이 왜 "다른 제품과의 차별점을 못 찾겠어요."라는 말을 했는지 이해할 수 있었다. 우리는 모두 같은 노래를 부르고 있었던 것이다.

고객 입장에서 보면 모든 설명이 동일하게 들렸을 것이다. 마치

틀린 그림 찾기를 하듯 차이점을 찾으며 들었을 수도 있다.

이후로도 나는 다양한 기업의 제품 설명을 코칭하면서 산업에 상관없이 대부분의 회사가 같은 포맷과 순서로 회사를 소개한다는 것을 알게 되었다.

내가 한 마케팅 담당자에게 이와 관련하여 묻자 "안전하고 검증된 방식이니까요."라고 말했다. 하지만 과연 그럴까?

중요한 것은 당신이 무엇을 이야기했는지가 아니라 상대방이 무엇을 들었는가이다. 비슷한 내용, 비슷한 상품, 비슷한 가격을 듣고 구매자가 어떤 생각을 할까? 대부분의 사람과 비슷한 방식으로 이야기하면 고객은 당신을 기억할 수 없다. 아무리 말을 잘해도 차별성을 느끼기 어려운 것이다.

많은 영업인들이 꿈꾸는 장면이 있다. 자신이 제품이나 회사를 소개하면 상대방이 기립박수를 보내며 "당장 사겠습니다!"라고 말하는 것이다. 하지만 현실은 다르다. 현실은 시청자의 관심을 붙잡으려 애쓰며 '제발 채널을 돌리지 말아주세요.'라고 하는 방송과 다를 바 없다. 우리는 고객의 관심을 얻기 위한 방법을 알아야 한다.

그렇다면 어떻게 고객의 마음을 열 수 있을까? 그 비밀을 하나씩 풀어보자.

내가 오랜 기간 경험한 바에 의하면 고객을 서서히 이해시키는 방법이 효과적이다. 강한 힘으로 문을 밀어 열기보다는 부드럽게 안내하여 문이 자연스럽게 열리게 하는 것이다.

우리는 먼저 전통적인 영업 화법에서 벗어나야 한다. 이를 위해 먼저 일반적으로 영업인들이 사용하는 제품 설명 문구에 대해 살펴보자. 다음은 많은 영업인들이 흔히 사용하지만, 실제로는 고객에게 큰 의미를 주지 못하는 7가지 표현들로, 내가 절대 고객에게 하지 않는 말이다. 나 역시 오래 전 영업교육을 받았을 때 이렇게 이야기하라고 배웠고, 안타깝게도 많은 회사들이 아직도 영업교육을 할 때 비슷한 방식으로 교육한다. 하지만 고객은 대부분 이러한 문구들에 관심이 없다.

① **우리는 업계에서 가장 큰 회사예요**

당신 회사의 크기는 중요하지 않다. 고객은 당신 회사의 크기보다는 자신의 문제를 해결할 수 있는 능력에 더 관심이 있다.

② **우리 제품은 최신 기술을 사용해요**

고객은 기술 자체보다는 그 기술이 자신의 필요를 어떻게 충족시킬 수 있는지에 더 관심이 있다.

③ **우리는 다양한 상을 받았어요**

고객은 상보다 그 상이 제품이나 서비스의 품질에 어떻게 반영되는지 알고 싶어한다. 그리고 대부분의 회사가 상을 받았다. 그러므로 상을 받았다면 그 상이 어떤 의미를 가지는지를 설명해야 한다.

④ **우리 고객들은 모두 만족하고 있어요**

고객은 다른 고객의 만족도보다는 자신의 상황에 맞는 요구와 문제를 해결할 수 있는지를 알고 싶어한다. 대부분의 회사가 높은 고객만족도를 강조하고 있다. 고객의 입장에서는 어떤 근거로 그런 점수가 나왔는지를 모르므로 신뢰하기가 어렵다.

⑤ **우리의 가격이 가장 경쟁력 있어요**

고객은 단순한 가격 비교보다는 가격 대비 가치와 효과에 더 관심이 있다. 고객이 지불할 가격으로 어떤 가치를 얻게 될 것인지를 자세히 설명한다.

⑥ **우리는 오랫동안 사업을 해왔어요**

고객은 당신의 경력이나 회사의 이력보다 현재의 문제를 어떻게 해결할 수 있는지에 더 관심이 있다.

⑦ **우리의 서비스는 최고예요**

고객은 당신의 서비스가 어떻게 구체적으로 그들에게 도움이 될 것인지 알고 싶어한다.

이러한 표현들은 고객에게 어떠한 영감도 주지 못하며, 그들의 실제 니즈와 문제를 해결하는 데 도움이 되지 않는다. 심지어 신중하게 연구하고 잘 정리된 파워포인트를 준비하여 여러 데이터와 다른 고객의 성공결과를 공유한다 해도 고객에게 큰 의미를 주지 못한다. 고객의 구체적인 상황과 요구사항에 초점을 맞추지 못했기 때문이다.

고객이 당신의 말에 몰입하고 동화되기 위해서는 당신이 정성스럽게 준비한 정보에 감정을 입혀 그 정보들이 살아있도록 만들어야 한다. 정보를 종이에 적힌 차가운 숫자나 데이터를 나열하는 것은 아무 의미가 없다. 숫자가 마치 살아서 움직이는 것처럼 스토리를 입혀 고객에게 전달하는 것이 중요하다. 마치 그 정보들과 당신의 제품을 이용할 고객의 미래가 눈앞에 펼쳐져 있는 듯이 보이게 하는 것이다. 그렇다면 어떻게 정보에 감정을 입혀 고객의 마음을 움직일 수 있을까? 다음은 몇 가지 효과적인 전략이다.

정보에 감정 입히는 방법 1.
스토리를 만든다

스토리는 단순히 정보를 전해주는 뉴스가 아니다. 스토리란 어릴 적 들었던 옛날이야기처럼 재밌고 친구들과 나눴던 무서운 이야기처럼 몰입이 되며 동화책처럼 감동이 있는 이야기다.

우리는 흔히 기업이 자사의 성과나 역사를 수치로 표현하는 것을 본다. "고객 만족도 90% 이상", "100년의 역사", "고객 수익 80% 증가" 등의 문구를 주변에서 흔하게 접할 수 있다. 하지만 이런 숫자들이 과연 고객의 마음에 와 닿을까? 대부분의 경우 고객들은 이런 정보를 듣고 "그래서 나와 무슨 상관이 있나요?"라고 생각하게 된다. 이는 단순한 데이터가 감정적인 연결고리를 만들어내지 못하기 때문이다.

만약 100년의 역사를 자랑하는 회사가 있다면 101년의 역사를 가진 회사가 그 회사보다 더 유리한 위치에 놓여야 한다. 고객은 판매자들이 말하는 데이터에는 크게 관심이 없다. 비록 그 데이터가 의미 있는 숫자일지라도 그렇다.

《Thick data》의 저자, 백영재 작가는 빅데이터란 반쪽짜리 진실이며 '무엇을, 얼마나'를 말해주는 단순한 정보일 뿐이라고 하였다. 데이터로 상대방의 마음을 열고자 한다면 그 데이터가 어떤 맥락에서 나왔는지, 왜 중요한지를 설명해야 한다. 이것이 바로 스토리의 역할이다.

무채색 같은 고객의 마음에 색을 입히려면 단순한 숫자나 회사 소개를 넘어서 의미를 부여해야 한다. 이 의미가 바로 스토리가 되는 것이다. 즉, 고객과 감정적으로 연결되지 않는 단순한 정보가 아니라 고객의 마음을 움직이는 것이 '스토리'이다.

스토리 구성의 7단계

다음은 내가 스토리를 구성하기 위해 사용하는 7가지 단계다. 이 단계들은 영화에서 주인공의 스토리보드를 만드는 과정과 유사하다. 이렇게 구성된 스토리는 고객에게 들려줄 이야기를 더욱 흥미롭고 감동적으로 만들어준다.

[스토리 구성의 7단계]

① 핵심 메시지 설정

제일 먼저, 스토리의 핵심 메시지를 정한다. 핵심 메시지를 정하기 위해서는 당신이 파는 제품이나 회사의 핵심 가치나 키워드가 무엇인지 먼저 알아야 한다. 영화에서 주인공 캐릭터의 특징을 만드는 것과 같다. 다른 영화에서 나왔던 캐릭터와 다른 그 주인공만의 특징을 이해하는 것이다. 주인공의 핵심 특징 3가지를 정하면 캐릭터의 특징이 더욱 쉽게 보인다. 제품이나 회사의 핵심 가치와 키워드는 이 주인공의 핵심 특징과 같다.

② **배경 설정**

스토리의 배경을 설정한다. 즉 스토리의 주인공(회사 또는 제품)이 놓인 상황을 설명한다. 이 단계에서는 구체적이고 생생한 배경을 설정하는 것이 중요하다.

③ **문제 제시**

주인공이 직면한 문제나 도전 과제를 제시한다. 이 문제나 과제는 고객이 일반적으로 공감할 수 있는 실제 상황을 바탕으로 만든다.

④ **해결 과정 설명**

문제를 해결하기 위해 주인공이 어떤 노력을 했는지 설명한다. 이 과정에서 주인공이 경험한 어려움과 그것을 극복해 나가는 과정을 생생하게 전달한다.

⑤ **결과와 성취**

문제가 해결된 후 어떤 결과가 나타났는지 변화와 성과를 설명한다. 이 단계에서 긍정적인 변화를 강조하고, 주인공의 성취를 부각시킨다.

⑥ **감정 이입 유도**

이야기를 통해 고객이 정서적으로 연결될 수 있게 한다. 주인공의 여정에 고객이 공감하고, 함께 기쁨과 감동을 느낄 수 있도록 감정적으로 이입할 수 있는 요소를 적절히 배치한다.

⑦ **인상적인 마무리**

스토리를 강렬하게 마무리한다. 처음에 제시했던 핵심 메시지를 다시 한번 강조하고, 고객에게 직접적인 행동을 유도하는 호소력 있는 마무리 멘트를 덧붙인다.

스토리 구성 실전 연습

내가 위의 7단계를 통해 만든 실제 스토리를 살펴보자. 내가 판매했던 비즈니스 온라인 교육회사 프로그램은 인지도가 낮았고, 회사 자체도 TV나 각종 매체를 통해 광고를 하는 대형회사에 비해 규모가 작았다. 고객의 입장에서는 당연히 신뢰할 만한 회사인지 의구심이 들었을 것이다. 나는 고객에게 전달할 회사의 스토리를 만들기 위해 회사를 설립한 회장을 직접 인터뷰했고 다음과 같이 스토리를 만들었다.

"이 회사를 설립한 프랑스 대표는 미국 월스트리트에서 근무했던 금융 IT 개발자입니다. 그는 미국에서 성공하기 위해 최선을 다했지만 언어 장벽 때문에 실력을 제대로 발휘할 수 없었습니다. 그는 결심하고 영어 학원을 등록했습니다. 하지만 현실은 그리 녹록지 않았습니다. 비효율적인 학원 운영 방식에 어려움을 겪었고, 바쁜 직장 생활로 수업 시간을 자주 놓치곤 했습니다. 또한 강사들은 금융 용어를 제대로 이해하지 못해 그가 정작 필요로 하는 영어를 가르쳐주지 못했습니다. 그래서 그는 스스로 비즈니스 영어 교육 데이터를 만들기 시작했습니다. 자주 사용하는 영어 표현과 단어만 모아 공부하니 학습 시간이 절약되고 더 효율적이었지요. 이 방법을 통해 그는 영어 능력을 크게 향상시켰고, 결국 월스트리트에서 성공적인 커리어를 쌓았습니다. 이후 모국에 돌아와 보니 다른 많은 직장인들이 여전히 그가 처음 뉴욕에 갔을 때처럼 비효율적인 방식으로 공부하고 있었습니다. 그는 자신이 만든 비즈니스 영어 학습법을 주변 직장인들에게 공유해보았고, 모두가 시간 대비 효과가 크다는 의견을 주었습니다. 이를 통해 그는 시간이 돈인 직장인들에게 자신이 만든 교육방법이 효과적이라는 것을 발견하였습니다. 그리고 10년 전, 그는 큰 결심을 합니다. 자신의 경험을 바탕으로 직장인을 위한 외국어 교육회사를 설립한 것입니다. 그 회사는 직장인들이 언제든지 공부할 수 있도록 24시간 학습을 지원하고 해당 산업에 경력이 있는 외국어 강사가 맞춤형으로 가르치며 산업과 직무별로 특화된 커리큘럼을 제공하는 온라인 교육 회사였습니다. 이 회사는 전 세계 직장인들에게 큰 반향을 불러일으켰습니다. 시간은 절약하면서도 실제 업무에 필요한 외국어 실력은 크게 향상되었기 때문입니다. 이렇게 우리 프로그램은 창립자의 실제 경험과 노력을 바탕으로 개발되었습니다. 그의 여정을 통해 많은 사람들이 시간 대비 효과적인 학습을 편리하게 경험할 수 있게 되었습니다. 24시간 학습이 가능하고, 산업과 직무별로 외국어를 공부할 수 있는 우리의 온라인 교육 프로그램을 통해 효율적인 학습을 경험해보세요."

스토리를 만드는 7단계를 더 쉽게 이해하고 이용하기 위해, 이 스토리가 각각 어느 단계에 해당되는지 알아보자.

[비즈니스 온라인 교육 프로그램 스토리]

① 핵심 메시지 설정

"24시간 학습을 지원하고 해당 산업에 경력이 있는 외국어 강사가 맞춤형으로 가르치며 산업과 직무별로 특화된 커리큘럼을 제공하는 온라인 교육 회사였습니다."

② 배경 설정

"이 회사를 설립한 프랑스 대표는 미국 월스트리트에서 근무했던 금융 IT 개발자입니다. 그는 미국에서 성공하기 위해 최선을 다했지만 언어 장벽 때문에 실력을 제대로 발휘할 수 없었습니다."

③ 문제 제시

"비효율적인 학원 운영 방식에 어려움을 겪었고, 바쁜 직장 생활로 수업 시간을 자주 놓치곤 했습니다. 또한 강사들은 금융 용어를 제대로 이해하지 못해 그가 정작 필요로 하는 영어를 가르쳐주지 못했습니다."

④ 해결 과정 설명

"그는 스스로 비즈니스 영어 교육 데이터를 만들기 시작했습니다. 자주 사용하는 영어 표현과 단어만 모아 공부하니 학습 시간이 절약되고 더 효율적이었지요."

⑤ 결과와 성취

"이 방법을 통해 그는 영어 능력을 크게 향상시켰고, 결국 월스트리트에서 성공적인 커리어를 쌓았습니다. 이후 모국에 돌아와 보니 다른 많은 직장인들이 여전히 그가 처음 뉴욕에 갔을 때처럼 비효율적인 방식으로 공부하고 있었습니다. 그는 자신이 만든 비즈니스 영어 학습법을 주변 직장인들에게 공유해보았고, 모두가 시간 대비 효과가 크다는 의견을 주었습니다. 이를 통해 그는 시간이 돈인 직장인들에게 자신이 만든 교육방법이 효과적이라는 것을 발견하였습니다. 그리고 10년 전, 그는 큰 결심을 합니다. 자신의 경험을 바탕으로 직장인을 위한 외국어 교육회사를 설립한 것입니다."

⑥ 감정 이입 유도

"이렇게 우리 프로그램은 창립자의 실제 경험과 노력을 바탕으로 개발되었습니다. 그의 여정을 통해 많은 사람들이 시간 대비 효과적인 학습을 경험할 수 있게 되었습니다."

⑦ 강력한 마무리

"24시간 학습이 가능하고, 산업과 직무별로 외국어를 공부할 수 있는 우리의 온라인 교육 프로그램을 통해 효율적인 학습을 경험해보세요."

내가 이 스토리를 들려주자, 처음에는 무관심한 표정으로 앉아 있던 고객들도 점차 흥미를 가지고 귀를 기울이기 시작했다. 이야기를 듣는 사람들도 외국어 공부에서 비슷한 어려움을 겪고 있었고 효과적인 학습 방법을 찾지 못해 고민하고 있었기 때문이다. 또한 단순히 정보만을 나열한 것이 아니라, 감정이 이입될 수 있도록 스토리를 구성했기 때문이다.

만약 내가 단순히 '프랑스 기업', '10년 전 설립된 비즈니스 온라인 외국어 교육회사'와 같은 객관적 정보만을 고객에게 전달했다면, 고객은 아마도 속으로 '그래서요?'라고 했을 것이다.

흥미진진한 스토리 만들기

이제 스토리를 더욱 흥미진진하게 만들어보자. 마치 설렁탕에 깍두기 국물을 넣으면 더욱 감칠맛이 나는 것처럼, 스토리에도 특별한 '맛'을 더하면 더욱 매력적으로 바뀐다.

이 단계에서는 로버트 맥키(Robert Mckee)의 조언을 떠올리면 도움이 될 것이다. 그는 세계적으로 유명한 스토리텔링 전문가로, 디즈니, 픽사, 파라마운트와 같은 영화 제작사뿐만 아니라 마이크로소프트 같은 대기업의 프로젝트 컨설턴트로도 활동하는 사람이다. 맥키는 기업 발표에서 회사의 밝은 면만 보여주는 것은 좋지 않다고 조언한다. 사람들은 그런 장밋빛 이야기를 신뢰하지 않는다는 것이다.

그의 말에 따르면, 스토리가 더욱 감동적이려면 주인공이 만난 갈등과 역경, 실패를 보여주고, 그것을 극복한 과정을 담아야 한다. 나는 이 조언이 매우 타당하다고 생각한다. 우리는 착한 주인공이 어려움을 이겨냈을 때 카타르시스를 느끼기 때문이다.

그래서 나는 회사의 경영 스토리에 갈등과 난관을 다음과 같이 추가했다.

"저는 대표에게 비즈니스 외국어 온라인 교육회사를 시작하고 바로 성공했는지 물었습니다. 대표는 천천히 고개를 저으며, 초반 3년은 무척 힘들었다고 했습니다. 기업만을 대상으로 하는 B2B(Business to Business)다 보니 인지도가 낮아 기업들이 잘 선택하지 않았기 때문입니다. 그는 수익을 위해 일반인 대상의 외국어 교육으로 전환할지를 심각하게 고민했습니다. 하지만 그렇게 하면 회사의 핵심 가치를 잃게 되는 것이었습니다. 직장인들의 특별한 니즈를 위해 시작한 회사였으니까요. 대신 대표는 과감한 결정을 내립니다. 명성이 높은 콘텐츠사와 파트너십을 만들어 교육 콘텐츠의 질을 높인 것이지요. 외국어 실력이 향상된다면 고객이 반드시 우리를 다시 찾을 것이라고 생각했기 때문입니다. 그 결과 차츰 기업들 사이에 직원들의 외국어 실력이 눈에 띄게 향상되었다고 소문이 나서 우리의 제품을 찾기 시작했다고 합니다."

이렇게 기본 스토리에 실패와 어려움, 그리고 그것을 극복한 과정을 추가하니 내용이 더욱 생동감 있고 설득력 있어졌다.

만일 고객에게 데이터, 자본, 매출액, 역사와 같은 보기 좋은 정보들만 알려주면 오히려 고객은 우리가 진실하지 않다고 생각할 수 있다.

모든 회사와 제품은 고유의 스토리라인을 가지고 있다. 우리의 역할은 그들을 매력적이고 공감할 수 있는 주인공으로 만들어주는 것이다. 어려움과 실패, 그리고 그것을 극복하는 과정을 포함한 진정성 있는 스토리야말로 고객의 마음을 움직이는 강력한 도구가 될 수 있다. 이것이 바로 내 경험을 통해 깨달은 스토리텔링의 진정한 힘이다.

정보에 감정 입히는 방법 2.
비유를 사용한다

복잡하거나 낯선 개념을 친숙하고 이해하기 쉬운 이미지로 바꾸는 비유는 고객과의 소통을 더욱 효과적으로 만들어준다. 이제 비유의 중요성과 그 활용 방법에 대해 자세히 알아보자.

비유는 단순한 언어적 기교를 넘어서는 강력한 커뮤니케이션 도구이다. 이는 고객의 마음속에 생생한 이미지를 그려내며, 제품이나 서비스의 특성을 직관적으로 이해할 수 있게 해준다. 예를 들어, "우리 제품은 사용하기 쉽습니다."라는 평범한 문장 대신 "우리 제품은 내비게이션처럼 친절하게 안내합니다."라고 표현하면, 고객은 즉시 제품의 사용 편의성을 상상할 수 있게 된다.

세계적인 기업들은 이미 비유의 힘을 잘 활용하고 있다. 애플은 "애플워치는 손목 위의 작은 아이폰입니다."라고 표현하여 복잡한 기술을 단순하고 친숙한 개념으로 설명한다. "나이키 신발은 당신의 발을 위한 날개입니다."라는 문구는 신발이 주는 자유로움과 속도감을 생생하게 전달한다. "BMW는 도로 위의 치타입니다."라는 비유는 차의 속도와 민첩성을 동물의 특성과 연결시켜 강렬한 이미지를 만들어낸다.

이러한 비유들은 고객의 감성을 자극하고 제품과의 정서적 연결을 만들어낸다. "코카콜라는 여름날의 시원한 바람입니다."라는 비유는 제품을 마실 때 느낄 수 있는 상쾌함과 즐거움을 연상시킨다. "에어비앤비는 여행자의 집입니다."라는 표현은 낯선 곳에서도 편안함을 느낄 수 있다는 메시지를 전달한다.

실제 판매 현장에서도 비유의 효과는 뚜렷하게 나타난다. 나 또한 다음과 같이 고객에게 비유를 사용하여 설명하곤 한다.

고객   솔직히 말씀드리면, 다른 교육 프로그램과 무엇이 다른지 잘 모르겠어요. 시중에 많은 온라인 교육이 있잖아요.

나   우리 프로그램은 개인 맞춤형 트레이너가 24시간 당신 곁에 있는 것과 같습니다. 필요할 때마다 활용할 수 있는 온라인 트레이너라고 생각하시면 됩니다.

고객　그동안 온라인 교육 프로그램 효과를 본 적이 거의 없어서요.

나　우리의 온라인 교육 프로그램은 바쁜 직장인을 위한 개인 맞춤형 책입니다. 100권의 책을 읽는 것이 아니라 100권의 책 중에서 당신에게 필요한 부분만 모아서 만든 책이죠. 이 세상에 당신만을 위한 단 하나의 책입니다.

고객　학습 코스가 체계적으로 정해져 있나요? 직원들이 무엇을 먼저 공부해야 할지 모를까봐 걱정돼서요.

나　저희 콘텐츠는 온라인 도서관과 같습니다. 도서관에서 섹션별로 흥미 있는 주제의 책을 여행하는 재미를 생각해보세요. 정해진 책만 읽으면 숙제처럼 느껴지지만, 자신에게 맞는 책을 찾아가는 과정은 하나의 여행이 되는 거죠.

　이러한 비유는 고객들에게 프로그램의 효율성과 개인화된 학습 경험을 더 쉽게 이해시키는 데 큰 도움이 되었다. 그 결과, 고객들은 내가 추천하는 프로그램에 더 큰 신뢰와 관심을 가지게 되었고 이는 지속적으로 높은 성과를 내는 판매결과로 이어졌다. 이렇듯 비유는 고객이 제품이나 서비스의 장점을 더 쉽게 이해하고 그 가치를 명확히 느끼도록 도와주는 데 매우 유용하다. 비유를 사용할 때는 고객의 입장에서 생각하고, 그들이 친숙하게 느낄 수 있는 요소와 내용으로 설명하는 것이 중요하다. 비유를 통해 제품의 특성과 장점을 효과적으로 전달하면 고객과의 감정적 연결이 강화되고 더 나아가 긍정적인 구매 결정으로 이어지게 된다.

비유를 만드는 과정은 생각보다 간단하다. 먼저, 전달하고자 하는 핵심 메시지를 정확히 파악한다. 그다음 그 메시지의 특성을 잘 나타낼 수 있는 친숙한 대상을 찾는다. 예를 들어, "신속하고 친절한 고객 지원"을 설명하고 싶다면, "119처럼 신속하고 어머니 손길처럼 따뜻합니다."라고 비유할 수 있다. 만일 "우리의 새로운 베터리는 오래 갑니다."라는 메시지를 전달하고 싶다면, "우리의 새로운 배터리는 토끼와 거북이 경주의 거북이처럼 쉬지 않고 끝까지 갑니다."라고 표현해볼 수 있다. 이렇게 하면 고객은 즉시 서비스의 특성을 직관적으로 이해하고 긍정적인 감정을 연결할 수 있다.

정보에 감정 입히는 방법 3.
고객의 사례를 공유한다

실제 고객의 성공 사례를 공유하면 신뢰성을 높이고, 제품이나 서비스의 실질적인 효과를 보여주는 데 큰 도움이 된다.

고객 사례를 공유할 때는 단순히 성공적인 결과만을 나열하는 것으로는 부족하다. "우리 제품을 사용한 고객 A사는 6개월 만에 생산성을 40% 향상시켰습니다."라는 표현은 'A사는 우리와 상황이 다른데 그런 결과가 나올까?' 하는 의심을 갖게 한다. 따라서 A 사의 전체적인 여정을 이야기하는 것이 좋다. A사의 배경부터 시작해 그들이 꿈꾸던 비전과 목표, 그리고 그 과정에서 마주했던 어려움들을 상세히 설명해야 한다. A사가 왜 우리의 제품이나 서비스를 선택했는지, 어떻게 구현했는지, 그리고 최종적으로 어떤 성과를 얻었는지까지 모든 과정을 풍부하게 담아내는 것이 좋다. 물론 사전에 A사에게 공유 가능 여부를 반드시 확인하여 공유가 가능한 부분만 공유한다.

이렇게 상세한 사례를 공유하는 것은 단순히 우리 제품의 우수성을 자랑하기 위함이 아니다. 이는 잠재 고객들이 그 사례 속에서 자신을 발견하고, 우리 제품을 사용했을 때의 미래를 구체적으로 그려볼 수 있게 하는 것이다. 또한 내가 구매 후에도 끝까지 고객과 함께하겠다는 약속을 전하는 것이다.

고객은 내가 고객의 비전을 이루기 위해 그들만큼 고민한다고 생각할 때 큰 신뢰를 가진다. 실제로 나는 회사 규모와 상관없이 모든 고객에게 그들의 필요와 상황에 맞춰 정성을 다해 설명한다.

지금까지 고객에게 하는 이야기의 전달력을 높이는 3가지 방법에 대해 알아보았다. 하지만 모든 상황이 항상 긍정적인 것은 아니다. 때로는 우리의 제안이 거절될 때도 있다. 그때 어떻게 대응하느냐가 진정한 프로인지를 결정짓는 순간이다. 거래가 성사되지 않았다고 해서 실망하거나 부정적인 태도를 보이는 것은 현명하지 않다. 오히려 이런 상황에서도 고객의 결정을 존중하고, 그들의 성공을 진심으로 응원하는 모습을 보여주어야 한다.

그렇다면 거래가 성사되지 않았을 때 고객에게 무엇을, 어떻게 이야기해야 할까? 나는 "안녕하세요, 저희 제품이 아닌 타사의 제품을 선택하셨다는 소식 들었습니다. 타사의 제품도 저희 제품만큼 훌륭하니 현명하게 결정하셨다고 생각합니다. 저는 미팅에서 나눴던 귀사의 비전이 반드시 이루어질 거라 믿습니다. 진심으로 응원드립니다. 앞으로도 도움이 될 만한 정보나 인사이트가 있다면 언제든 연락드리겠습니다. 감사합니다."라고 축하와 응원의 메시지를 전한다. 그리고 그것이 나의 진심이다. 상대방이 구매를 거절했다면 구매를 선택했을 때보다 더욱 긍정적으로 이야기한다. 그렇게 하여 그들에게 좋은 기억을 남기고 싶은 것이 나의 마음이다.

영업 강사인 빌 크랜포드(Bill Cranford)는 영업에 실패했을 때 그 고객이 다른 영업인에게 마음을 열도록 상담을 더 잘 마무리하라고 조언한다. 상담을 마칠 때는 항상 고객이 웃게 하라는 것이다. 나는 거래가 성사되지 않았을 때 마무리를 잘하는 것이 당신을 위해서도 매우 좋은 방법이라고 생각한다. 다음 만날 사람에게 다시 긍정적인 메시지를 전달할 수 있도록 해피엔딩으로 마무리하는 것이다. 만일 무례한 고객을 만났다면 그 사람을 더욱 높여 이야기하자. 그 사람을 위해서가 아니라 당신 자신을 위해서 말이다.

결국 고객의 마음을 움직이는 것은 화려한 프레젠테이션이나 완벽한 제품 스펙이 아니다. 그것은 바로 당신의 진심이다. 당신의 진심이 효과적으로 전달되려면 무엇을 말할지보다는 어떻게 말하는지를 생각해야 한다.

당신이 파는 상품과 회사에 이야기를 입혀보자. 듣는 사람이 손에 땀을 쥐고 듣게 만들고 고개를 끄덕이게 만들어보자. 그들의 감정이 움직일 것이다.

종이에 쓰인 숫자나 데이터, 회사, 제품에 이야기를 입히고 감정을 불어넣자. 당신의 진심이 고객에게 잘 전달된다면 분명 그들은 당신의 진심에 박수를 보낼 것이다.

004

약점은
약점이다

**약점을 인정하고
신뢰를 얻어라**

2015년 1월,《포브스》매거진은 '미국에서 자수성가한 여성 부자 50
인'을 발표했다. 그 리스트의 압도적인 1위는 '제2의 스티브 잡스'로
불리던 엘리자베스 홈즈였다.

그녀가 운영하던 테라노스의 시가총액은 무려 90억 달러. 그중
절반에 가까운 45억 달러의 주식을 홈즈 본인이 보유하고 있었다.
그녀의 발명품은 혁명적이었다. 손가락 끝을 살짝 찔러 얻은 극소
량의 혈액으로 수많은 질병을 사전에 진단할 수 있는 기계였으니

까 말이다.

하지만 이 모든 것은 거짓이었다. 그녀가 글로벌 제약회사를 대상으로 한 첫 제품 시연을 앞두고 있었을 때 회사 자금은 바닥나 있었고 시연이 그녀와 회사의 운명을 좌우할 터였다. 그런데 시연 당일, 기계가 작동하지 않았다.

제품 개발자는 고객에게 진실을 알리고 다시 정비하자고 제안했다. 하지만 홈즈는 제품의 결함을 숨기고 가짜 진단 결과를 고객에게 넘겼다. 그리고 진실을 말하려 했던 개발자를 해고해 이 문제를 덮으려고 했다.

이 순간의 선택이 그녀의 운명을 바꿨다. 결국 그녀의 제품 개발은 대국민 사기극으로 밝혀졌고, 그녀의 모든 성공과 명예는 한순간에 무너졌다. 엘리자베스 홈즈의 테라노스 사례는 약점을 숨기고 거짓말을 하는 것이 얼마나 위험한지를 잘 보여준다.

모든 제품과 서비스에는 강점과 약점이 공존한다. 모든 면에서 완벽한 제품은 없으며, 고객들도 이 사실을 잘 알고 있다. 따라서 영업 담당자가 제품의 약점을 숨기려 하거나 부인하려 할 때, 고객들은 오히려 더 큰 의구심을 갖게 된다.

제품의 약점을 솔직하게 인정하고 이에 대해 열린 자세로 논의하는 것이 더 효과적인 접근 방식이다.

"저희 회사 프린터는 속도가 느리고 AS도 쉽지 않습니다. 어떻게 하면 잘 팔 수 있을까요?"

한 프린터 회사 직원이 내 강의 중에 이런 질문을 던졌다. 이 질문은 많은 영업인의 마음속 고민을 대변하고 있었다.

만일 당신에게서 프린터를 구매한 고객이 이렇게 말한다면 어떨까? "당신 프린터를 사용해 보니 속도가 느리고 AS도 잘 되지 않네요. 정말 실망스럽습니다." 당신이 아무리 유창하게 답변을 해도 그것은 변명의 소리로 들릴 것이다.

하지만 만약 고객이 알기 전에 당신이 먼저 그 사실을 이야기했다면 어땠을까? 그때는 변명이 아니라 신뢰를 구축할 수 있는 중요한 정보가 되었을 것이다.

파는 사람이 약점을 강점으로 어설프게 포장하거나 고객을 속이면 큰 문제가 생긴다. 관계는 신뢰가 전부다. 신뢰를 잃었다면 아예 팔 생각을 접어야 한다. 그래서 약점은 약점대로 인정해야 한다. 상대는 당신보다 더 당신이 파는 제품에 대해 더 연구하고 공부했을 수도 있다. 심지어 당신이 모르는 약점까지 찾아서 지적할 수 있다.

그래서 나는 고객에게 먼저 제품의 단점을 솔직하게 이야기한다. 그리고 고객이 새로운 단점을 지적해주면 감사의 뜻을 전한다. 이는 진정성 있는 태도로 고객과 소통하는 것이 신뢰를 쌓는 가장 좋은 방법이라고 믿기 때문이다.

모든 제품과 솔루션에는 단점이 있다. 하지만 그런 모든 제품은 시장에서 계속 팔리고 있다. 그리고 구매자에게는 그 약점과 강점을 충분히 이해하고 구매할 권리가 있다. 약점이 있고 없고의 문제가 아니다. 중요한 것은 약점을 약점이라고 진정성 있게 말하는 당신의 말과 태도이다.

약점을 어떻게 전달할 것인가

그럼 고객과의 신뢰를 지키기 위해 약점을 어떻게 전달하면 좋을까? 약점을 효과적으로 전달하는 방법에 대해 알아보자.

먼저, 당신이 약점에 대해 어떻게 생각하고 있는지를 알아야 한다. 나는 오랜 영업 경험을 통해 약점에 대한 인식이 얼마나 주관적인지 알고 있다. 이는 국어사전과 영어사전의 정의를 비교해보면 알 수 있다. 국어사전에서는 약점을 '모자라서 남에게 뒤떨어지거나 떳떳하지 못한 점'이라고 정의하지만, 영어사전에서는 '강점이 되기 부족한 상태나 조건'이라고 설명한다. 당신에게 약점은 말하는 남에게 뒤져서 떳떳하지 못한 점인가, 아직은 부족하지만 강점으로 가고 있는 상황이나 조건인가?

예를 들어, 많은 사람들이 외향적인 성격이 영업에 유리하다고 생각한다. 그래서 내향적인 성격을 약점으로 여기곤 한다. 하지만 내 경험상 내향적이면서도 뛰어난 영업 실적을 내는 사람들이 많다. 그들은 꼼꼼하고 차분하게 고객을 살피는 능력이 있다. 결국, 조용한 성격이 영업의 단점이 아니라 또 다른 장점이 될 수 있는 것이다.

이렇게 볼 때 우리가 생각하는 약점이 실제로는 약점이 아닐 수도 있다. 모든 약점은 그것을 바라보는 사람의 기준에 따라 다르기 때문이다.

전기차의 예를 들어보겠다. 전기차는 한 번 충전으로 갈 수 있는 거리가 제한되어 있고 충전소의 수가 적으며 충전 시간도 오래 걸린다. 이를 단점으로 볼 수도 있지만 전기차의 핵심 가치인 환경 친화성에 비하면 이는 부차적인 문제일 수 있다.

그렇다고 해서 이러한 특성을 고객에게 알리지 않거나 불편함이 전혀 없다고 거짓말을 해서는 안 된다. 대신 이렇게 말할 수 있다. "전기차는 한정된 거리만 갈 수 있는 단점을 가지고 있습니다. 그러나 전기차는 친환경적입니다. 그리고 충전소는 점점 많아지고 있습니다. 대부분의 큰 건물 주차장에는 전기차 충전시설이 법적으로 갖춰져 있습니다. 그러니 안심하고 전기차를 선택하실 수 있습니다."

모든 제품은 약점을 보완해가며 성장한다. 파는 사람이 즉시 고칠 수 있다면 그것은 약점이 아니다. 제품과 서비스는 계속 진화하기 때문에 약점이 존재하는 것이다. 우리가 판매하는 제품의 약점은 점차 개선될 것이며 고객이 이를 인지하고 구매하는 것이 중요하다.

나에게는 고객이 제품에 대한 약점을 어떻게 바라보는지를 알게 된 두 번의 소중한 경험이 있다. 하나씩 살펴보자.

한번은 내가 판매했던 제품과 서비스의 약점이 실제 고객에게도 문제로 여겨지는지 용기를 내서 물어보았다. 기업 구매팀장과의 미팅을 하다가 "제가 판매하는 제품이 글로벌 시장에서는 인지도가 높은데 반해 한국에서는 잘 알려져 있지 않습니다. 그리고 타사 제품에 비해 UI(User Interface, 사용자가 사용하는 시스템의 시각적 요소)가 화려하지도 않습니다. 저는 이것이 저희 회사 제품의 약점이라고 생각하는데, 구매팀장님이 보시기에도 이것이 약점이라고 생각하시나요?"라고 질문을 하였는데, 긴장해서 심장이 두근거렸다. "네, 정말 큰 약점입니다."라는 대답이 돌아올까봐 두려워서였다.

그런데 구매팀장의 대답은 예상 밖이었다.

"아니요, 오히려 저는 글로벌에서 입증된 프로그램을 더 선호합니다. 화려한 UI를 가진 것보다 실제 결과를 낼 수 있는 제품을 원합니다."

이후 나는 다른 고객들에게도 같은 질문을 해보았다. 이를 통해 놀랍게도 내가 심각한 약점이라고 생각했던 것들이 많은 구매자들에게는 그다지 중요한 문제가 아니라는 사실을 알게 되었다.

이제 나는 고객과의 미팅에서 다음처럼 제품의 단점을 가장 먼저 이야기한다.

"저희 제품은 다른 회사에게 없는 단점이 있습니다. 우선 한국에서 인지도가 낮습니다. 그 이유는 우리나라에 들어온 지 불과 몇 년밖에 되지 않았고 우리 제품은 기업에게만 제공되기에 일반 사용자들은 모를 수 있습니다. 특히 우리는 매체 광고를 하지 않고 있기때문에 더 모를 수 있습니다."

그러고 나서 이렇게 덧붙인다.

"하지만 글로벌에서는 높은 인지도를 가지고 있는데, 그 이유는 전 세계적으로 영향력을 끼치는 글로벌 기업에서 사용하고 있기 때문입니다."

그리고 다음처럼 항상 개선 계획도 함께 공유한다.

"그리고 서버가 한국에 있지 않아 제품을 이용하는 데 다소 느린 감이 있습니다. 하지만 곧 아시아에 서버를 설치할 계획이라 이 부분은 개선될 예정입니다. 이 서버 설치 계획에 대한 세부적인 상황은 지속적으로 공유드리겠습니다."

나는 시장에서 소멸한 제품들은 크게 두 종류라고 생각한다. 약점을 개선하지 않거나, 약점을 숨긴 제품들이다.

관계판매의 핵심은 고객에게 거짓말하지 않는 것이다. 한 번은 속일 수 있어도 영원히 속일 순 없고, 속여서는 절대 팔 수 없다.

노바티스와의 미팅도 약점을 드러내는 진정성과 솔직함이 주는 힘을 일깨워준 귀중한 경험이었다. 앞에서 언급한 엘리자베스 홈즈가 제품의 결함을 속여 발표했던 고객사는 스위스 제약회사인 노바티스다. 나는 이 노바티스에 제품을 팔기 위해 링크드인을 통해 노바티스 한국대표에게 연락을 하여 미팅을 잡았다. 제품을 설명하기 위해 노바티스 한국사무실을 방문했는데, 대표의 첫 마디는 충격적이었다.

"저에게는 5분의 시간이 있습니다. 왜 당신의 제품이 좋은지 5분

안에 설명하세요."

그 순간 나의 머리 속 회로가 멈췄다. 오랜 영업 경험에도 불구하고 이런 상황은 처음이었다. 5분 동안 나는 필사적으로 제품의 장점을 얘기했다. 하지만 대표의 반응은 차가웠다.

"아시는지 모르겠지만, 그 장점은 특별히 장점이 아닙니다. 혹시 ○○라는 회사 아세요? 그 회사가 당신이 말한 그 장점보다 더 큰 장점을 가지고 있어요."

미팅은 정확히 5분 만에 끝났고, 나는 실패를 안고 돌아왔다.

미팅을 마치고 돌아오는 길에, 나는 반드시 우리 제품만의 장점을 찾아내서 다시 그 대표를 만나겠다고 다짐했다.

1년 후, 제품이 업그레이드되었을 때 나는 다시 한번 기회를 잡았다. 이번에는 철저히 준비했다. 3분 안에 제품의 장점을 설명할 수 있도록 스크립트를 작성하고 연습했다.

그런데 미팅 직전, 문득 이런 생각이 들었다.

'솔직해져보자.'

대표가 미팅 장소에 들어왔을 때, 나는 준비했던 모든 것을 내려놓았다.

"대표님, 부탁을 하나 드려도 될지요. 저는 진심으로 저의 제품과 서비스를 고객에게 잘 전달하고 싶습니다. 고객에게 반드시 도움이 될 거라 확신하기 때문입니다. 그런데 저는 어떻게 해야 잘 전달할 수 있을지 아직 부족합니다. 저도 대표님처럼 성공하고 싶습니다.

어떻게 하면 될까요?"

잠시 정적이 흘렀다. 그리고 놀라운 일이 일어났다.

대표는 아이패드를 꺼내더니, 자신과 같은 대표에게 어떻게 제품을 설명해야 하는지에 대한 방법을 상세히 알려주기 시작했다.

이후 나는 노바티스의 공개 입찰에 참여했고, 여러 단계의 미팅을 거쳐 결국 노바티스를 고객으로 만들었다. 대표의 인맥이나 특별한 도움 없이, 순전히 제품의 가치와 나의 솔직함으로 이룬 성과였다.

그 대표는 후에 우리 회사 포럼의 연사로 참석하기도 했다. 그는 나에게 많은 것을 가르쳐준 고마운 분이다.

이 경험을 통해 나는 중요한 교훈을 얻었다. 제품뿐만 아니라 나 자신의 약점까지도 솔직히 알리는 것이 오히려 견고한 신뢰 기반의 비즈니스 관계를 만들 수 있다는 것이다.

실제로 많은 성공한 기업들이 이러한 전략을 사용한다. 그들은 회사의 약점을 숨기지 않고 오히려 공개함으로써 고객의 신뢰를 얻고 성공을 거두었다.

약점을 강점으로 전환한
폭스바겐과 도미노피자

폭스바겐 비틀의 사례는 약점을 유머와 창의성으로 극복하는 방법을 보여준다. 작은 크기와 느린 속도라는 단점을 "크기는 작지만 개성은 큽니다.", "Think small." 등의 카피로 재치 있게 바꾸어, 오히려 이를 브랜드의 독특한 매력으로 승화시켰다. 특히 "Think small."은 당시 유행하던 "Think big."이라는 광고문구를 활용한 것으로, 사람들에게 반전의 웃음을 주었다. 이는 약점을 숨기거나 부인하는 대신, 이를 정면으로 받아들이고 긍정적인 방향으로 재해석한 훌륭한 예이다. 이러한 접근은 소비자들에게 신선함과 진정성을 전달하며 브랜드에 대한 긍정적인 인식을 형성하는 데 큰 역할을 했다.

도미노피자의 '피자 턴어라운드(Pizza Turnaround)' 캠페인도 기업의 약점을 인정하고 개선 과정을 투명하게 공개하여 고객의 신뢰를 회복한 탁월한 사례이다. 도미노피자는 한때 피자가 맛없다는 평판에 시달렸다. 음식을 파는 회사의 음식이 맛없다는 평판은 가수가 노래를 못한다는 평판과 같았다. 고객 불만이 증가하면서 브랜드 이미지가 악화되었고, 매출에도 영향을 미쳤다. 결국 도미노피자는 과감한 결정을 내렸다. 피자 턴어라운드 캠페인을 통해, 이전 피자의 맛이 좋지 않았음을 솔직하게 인정하고 새로운 레시피로 개선된 피자를 소개했다.

"우리 피자는 맛이 없었습니다. 우리는 이 실수를 인정하고, 더 나은 피자를 만들었습니다."

이러한 솔직한 고백은 많은 기업들이 꺼려할 수 있는 접근 방식이지만, 소비자들에게 큰 반향을 일으켰다. 솔직함과 개선 의지가 브랜드 이미지를 크게 향상시키고 매출 증가로 이어진 것이다. 이 사례는 약점을 숨기기보다는 이를 인정하고 개선하려는 노력이 더 큰 가치를 창출할 수 있음을 보여준다.

영화 〈라라랜드〉는 재즈 피아니스트 세바스찬과 배우 지망생 미아의 사랑과 인생을 그린 아름다운 작품이다. 이 영화에서는 중요한 몇 가지 장면이 있다. 미아가 세바스찬의 연주를 보며 사랑에 빠지는 첫 장면, 미아가 연기를 포기하려다 마지막으로 보게 된 연기 오디션 장면, 그리고 세바스찬과 미아가 헤어진 후 우연히 세바스찬이 연주하는 클럽에서 둘이 만나는 장면 등이다. 그리고 이 장면에서는 항상 주변의 불이 꺼지고 두 사람에게만 조명이 비추어져 화면에는 두 사람만이 존재한다.

우리가 생각하는 약점도 그렇다. 약점에게만 조명을 비추면 약점만 보인다. 하지만 당신이 꺼져있던 주변의 불을 다시 켠다면 그 약점은 주변에 있는 것들과 함께 존재하게 된다. 약점에만 조명을 비추면 그것이 전부인 것처럼 보이지만, 주변의 불을 켜면 약점은 전체 맥락 속에서 단지 한 부분에 불과하다는 것을 깨닫게 되는 것이다. 이렇게 되면 더 이상 큰 존재감을 갖지 않게 된다.

약점은 약점이다. 그 이상도 그 이하도 아니다. 그리고 현재는 약점이지만 개선되면 강점이 될 수 있다. 약점을 인정하고 개선할 방법을 고객과 공유하는 것은 신뢰를 얻는 방법이기도 하다. 단점과 약점을 알려주는 당신을 보고 고객은 당신을 더욱 믿게 될 것이다.

005

선택을
결정하게 하라

당신은 고객의 목표와 비전을 확실히 이해했고, 구매 가능성이 높은 파워리드인지 확인하기 위한 4가지 요소도 모두 확인했다. 즉, 고객이 살 의사가 있는지, 살 돈이 있는지, 결정을 내릴 수 있는 사람을 만났는지, 바로 구매할 의향이 있는지 확인한 상태이다. 이제 당신은 당장이라도 팔 준비가 되어있다.

　하지만 분위기가 심상치 않다. 서로 좋은 대화를 충분히 나누고, 약점도 공유했으며, 고객을 위한 상품과 솔루션을 제공했다. 모든 것이 순조로워 보였기에 당신은 마음속으로 '네, 이제 어서 사겠다고 말씀하세요.'라고 생각했을지도 모른다. 그런데 고객이 마지막 순간에 망설인다. 이는 마치 분위기 좋았던 소개팅 후 다음 날 연락이 없을 때와 같은 당혹스러운 상황이다. 주선자로부터 상대방이 당신을 마음에 들어하지 않았다는 이야기를 들었을 때처럼 억울할 수도 있다.

도대체 이유가 무엇일까? 고객은 왜 마지막 순간에 결정을 미루는 걸까? 그리고 이때 당신은 무엇을 할 수 있을까?

고객이 망설일 때,
걱정을 해소시켜 주는 판매확인 단계

잠시 숨을 고르고, 고객의 입장에서 생각해보자. 그들도 당신처럼 준비가 되어있을까? 당신과 좋은 대화를 나누고 나서, 그들의 머릿속에는 어떤 생각이 오고 갈까? 미팅을 마치고 나면 판매자와 마찬가지로 고객도 긴장한다. 그들은 '과연 이게 맞을까?'라는 고민을 하고 있을 것이다. 심지어 당신이 제시한 상품이나 솔루션이 필요하다고 믿어도, 머릿속에는 수많은 '만약에…'가 떠오른다. 특히 결정을 쉽게 내리지 못하는 사람이라면 더욱 그렇다.

대부분의 고객이 구매 결정을 앞두고 스스로에게 던지는 질문은 다음과 같다.

- 이 제품이 정말 내 문제를 해결해 줄 수 있을까?
- 이 제품의 가격은 제공하는 가치에 비해 적당한가?

- 이 제품은 얼마나 오래 사용할 수 있을까? 신뢰할 만한 브랜드인가?

- 다른 사람들은 이 제품에 대해 어떻게 평가하고 있을까?

- 문제가 생겼을 때 어떻게 지원받을 수 있을까?

- 저 영업사원은 진실을 이야기하는가? 믿을 만한 사람인가?

- 사용하기 쉬운가?

- 다른 옵션들과 비교했을 때 이 제품이 가장 나은가?

- 내가 이 제품을 구입했다고 사람들이 나를 한심하게 보지는 않을까?

이런 질문들을 품고 있을 때, 판매자가 "그래서 사시겠습니까?"라고 물으면, 아마 고객은 도망갈 것이다. 마치 백화점에서 "이 제품 좋죠? 사실 거죠?"라고 묻는 직원에게 "좀 더 둘러볼게요."라고 말하며 고객이 서둘러 나가는 것과 같은 상황이다.

그렇다면 판매자는 구매를 망설이고 있는 구매자를 배려하기 위해 무엇을 해야 할까? 바로 '확인(Confirmation)'이다. 판매확인 (Confirming the Sale)은 고객이 구매 결정을 내리기 전에 제품이나 서비스에 대해 모든 필요한 정보를 가지고 있는지 확인하는 과정이다. 이 단계에서 고객에게 필요한 질문에 답하고, 그들의 걱정과 우려를 해소해주어야 한다. 판매확인 단계에서 고객의 고민과 의심, 염려, 걱정, 두려움 등이 다 해결되어야 구매가 확실해진다. 구매자가 확인을 가질수록 거래 마무리 단계에 생기는 이의제기(Objection Handling)가 줄어들기 때문이다.

판매확인과 거래완료(Closing the Sale)는 다르다. 거래완료는 고객이 구매 결정을 내리고 실제로 구매를 완료하는 단계다. 계약서에 서명하거나 결제 방식을 논의하는 등의 구체적인 행동이 여기에 포함된다. 다음 표는 판매확인과 거래완료를 비교한 것이다.

	판매확인	거래완료
목적	고객이 충분한 정보를 가지고 합리적인 결정을 내리도록 돕는 것	고객이 구매를 결정했고 그것을 행동으로 옮기도록 돕는 것
방법	질문을 통한 고객의 우려 확인과 답변	구매 요청, 서명과 결제수단 확인
고객에게 주는 것	정보제공과 확신	구체적인 구매확정 안내
단계	구매 결정 전	구매 결정 후

판매확인 단계에서의
말하기 전략

고객이 구매를 결정하기 전 여러 가지를 고민할 때, 영업인은 고객이 현명한 결정을 내릴 수 있도록 이 판매확인 단계를 친절하게 진행해야 한다. 구매자 머릿속에 있는 물음표를 느낌표로 바꿔주는 것이다. 그럼 이제 판매확인 단계에서 영업인은 구매자에게 어떻게 이야기를 하는지 알아보자.

첫째, 살지를 묻지 말고, 같이 갈지를 묻는다

나는 판매확인 단계에서 감정을 배제하고 차분하게 고객과 대화한다. 이때 질문은 간결하고 명확해야 한다. 고객이 결정을 내리는 순간에 부담을 느끼지 않게 하고, 그들의 생각이 복잡해지지 않도록 배려하는 것이다. 그리고 고객을 향해 마음속으로 이런 생각을 한다. '어떤 결정을 하든 당신을 위해서 최선의 결정을 하세요. 저는 당신이 어떤 결정을 해도 옳은 결정을 할 수 있도록 안내하겠습니다. 만일 당신이 다른 회사를 선택한다면 그것은 제가 부족해서도, 저의 제품의 부족해서도 아닌 현재 상황에서는 다른 제품을 선택하는 것이 최선이라고 생각하기 때문이라고 생각합니다. 저는 그런 당신의 생각을 지지합니다. 그리고 만일 당신이 우리 제품을 선택한다면, 그것은 제가 당신이 원하는 목표와 비전을 이뤄줄 수 있는 역량과 진심을 가졌다고 믿어주었기 때문이라고 생각합니다. 어느 선택을 하던 당신이 옳습니다. 당신이 합리적인 선택을 할 수 있도록 제가 돕겠습니다.'

이러한 마음가짐으로 고객에게 첫 질문을 던진다. "이제 어떻게 하고 싶으세요?" 제품에 대한 그들의 생각이나 구매에 대한 의견을 묻지 않고 그저 그들이 이제 어떻게 하고 싶은지를 간단하게 묻는 것이다.

이 질문에 고객들은 그들의 생각을 이야기한다. 바로 진행하자는 고객도 있는가 하면 가격이 비싸다는 고객도 있고, 좀 더 생각해보겠다는 고객도 있다. 내부적으로 검토해보겠다거나 여건상 진행이 어려울 것 같다는 등 여러 가지 이야기들이 나올 수 있다.

이때 나는 그들의 생각을 판단하려 하지 않고, 최대한 이성적으로 듣는다. 고객을 처음 만날 때 선입견을 갖지 않고 만나는 것도 중요하지만, 이 판매단계에서 고객의 말을 내가 생각하는 대로 해석하지 않으려 한다. 고객이 바로 진행하겠다고 결정해도 거래가 성공적으로 마무리되지 않는 경우도 있고, 고객들이 걱정을 이야기하거나 진행이 어려울 것 같다고 했지만 거래가 성사되기도 하기 때문이다. 그래서 나는 고객의 의견에 아래와 같이 대답한다.

[사례 │ 판매확인 단계의 말하기]

고객　네, 바로 진행하시지요.

나　거래를 결정하시기 전에 추가적으로 확인해야 할 상황이 있지 않을까요? 놓치는 부분이 있지 않으신지 제가 좀 더 살펴보겠습니다.

고객　가격이 비쌉니다.

나　저희가 미팅 중에 가격에 대해 충분히 논의를 하지 못한 것 같네요. 제가 확실히 전달하지 못한 부분이 있는 것 같습니다. 가격이 비싸다고 생각하시는 이유가 있을 텐데요. 혹시 가격이 비싸다는 의미는 예산보다 초과된다는 뜻인가요, 아니면 제공하는 가치에 비해 가격이 비싸다고 생각하시는 건가요? 아니면 지불한 가격으로 충분히 효과를 받지 못할 거라고 생각하시나요? 편하게 말씀해 주시면 답변드릴게요.

고객　좀 더 생각해 보겠습니다.

나　네, 충분히 생각해 보셔야지요. 특별히 어느 부분을 더 생각해 보신다는 말씀이실까요? 제가 도움을 드릴 수 있다면 답변드리겠습니다.

고객　내부적으로 검토해보겠습니다.

나　네, 충분히 검토해보세요. 검토를 하실 때 결정권자가 한 분이신가요, 아니면 여러분이신가요? 내부 검토 시 필요하신 자료나 보고 양식이 있다면 알려주세요. 제가 준비해 드리겠습니다.

고객　진행이 어려울 것 같습니다.

나　네, 확실히 의견을 말씀 주시니 더욱 감사합니다. 어떤 부분 때문에 그렇게 판단하셨을까요? 의견을 주시면 저도 참고하여 그 부분을 개선하겠습니다.

　사람이 자연을 사랑하는 이유는 자연이 우리와 경쟁하려 하지 않기 때문이라고 한다. 나무, 산, 바다와 같은 자연은 우리에게 아무런 강요나 요구도 하지 않고, 그저 있는 그대로의 우리를 받아준다. 그래서 사람들은 자연을 사랑하고, 그 속에서 위로와 안식을 찾는다.

영업인은 구매자에게 자연이 주는 것과 같은 긍정적인 느낌을 주어야 한다. 고객은 영업인이 전쟁에서 이겨야 하는 적군도 아니고, 정복해야 하는 산도 아니다. 고객이 망설이는 단계에서 그들을 추궁하거나 압박하기보다 그들이 충분히 여러 가지를 고려해서 가장 합리적인 결정을 할 수 있도록 그들의 입장을 배려하고 이해하며 도와줘야 한다. 영업인의 궁극적인 목표는 고객이 성공하는 것이기 때문이다.

둘째, 진행의사를 표시하면 각 단계마다 예상 일정을 합의한다

당신의 오랜 친구와 함께 건강을 위해 러닝을 시작하기로 했다고 가정해보자.

"그래, 시작해보자!" 친구가 열정적으로 말한다.

"좋아, 꼭 해보자!" 당신도 신이 나서 대답한다.

흥분된 마음으로 집에 돌아왔는데 문득 깨닫는다. '잠깐, 우리 언제 시작하기로 했지?'

일주일이 지나고, 한 달이 지나고… 결국 러닝은 시작되지 않는다. 이렇게 구체적인 날짜와 시간, 장소, 방법을 정하지 않으면 그 계획은 흐지부지될 수 있다.

만약 러닝을 시작하기로 한 그 자리에서 다음 주 토요일 오전 8시에 한강공원에서 만나서 뛰자고 첫 러닝 모임 일정을 확정했다면, 구체적인 계획을 가지고 있으니 기대감도 커지고 준비도 더 철저히 하게 되었을 것이다.

영업도 이와 매우 비슷하다. 고객이 구매 의사를 나타내면 그 자리에서 바로 다음 단계로 넘어가기 위한 구체적인 일정을 합의해야 한다. 이렇게 하면 고객은 다음에 무엇을 기대해야 하는지 명확히 알게 되고, 당신이 권하는 제품을 확실히 살 의사가 있는지 확인할 수 있다.

만일 구매자가 산다고 했는데 구체적인 다음 단계에 대한 의지가 없다면, 그것은 진정한 구매 결정이 아닐 수 있다. 이것은 마치 같이 뛰기로 한 친구가 그 자리에서는 같이 뛰겠다고 했는데 어디서 뛸지 언제 뛸지에 대해 말을 하지 않는 것과 같다. 실제로는 뛰고 싶지 않은 것이다.

그래서 영업인은 구매자와 다음 단계의 절차를 항상 확인하고 합의해야 한다. 확인하고 합의하는 과정에서 고객이 갖는 의문이나 질문에 충분히 답을 해주고, 그 단계에서 고객과의 관계를 견고하게 만들어야 한다. 이때 거래를 급하게 마무리하려는 조급한 마음이나 고객의 마음을 계속 확인하려는 의구심은 버리는 게 좋다.

다음은 내가 각 단계마다 다음 단계를 확인하기 위해 고객에게 하는 말의 예시이다. 중요한 것은 고객이 내가 모든 과정을 고객과 '함께'한다고 믿도록 하는 것이다. 그리고 실제로도 그래야 한다.

[예시 │ 단계별 일정 합의 대화]

① 구체적으로 일정을 합의할 때

• "다음 주 월요일 오전 10시에 다시 만나서 계약서를 검토할 시간을 가지면 어떨까요? 이 시간 괜찮으신가요?"

• "2주 후부터 첫 제품 배송을 시작할 예정입니다. 그 전에 준비하실 것이 있다면 언제든 알려주세요. 저희도 배송 상황을 수시로 업데이트해 드리겠습니다."

② 각 단계마다 명확한 목표 설정

• "다음 회의에서는 프로젝트의 세부 사항을 함께 정리하고, 필요한 자료들을 준비해 오겠습니다."

• "이번 주 금요일까지 초기 설계 도면을 보내드리고, 의견을 반영하여 다음 주 중으로 최종 도면을 완성하겠습니다."

③ 고객의 참여 유도

• "프로젝트의 각 단계마다 중요한 결정들이 필요할 것 같습니다. 모든 과정에서 당신의 의견을 경청하고 최대한 반영하도록 하겠습니다."

• "다음 미팅에서는 귀하의 기대사항에 대해 자세히 이야기 나누고 싶습니다. 그 내용을 바탕으로 최적의 솔루션을 제안해 드리도록 하겠습니다."

이처럼 고객에게 다음 단계에 대한 내용을 명확히 알려주고 합의하면 고객은 모든 진행 상황을 명확히 이해하게 되고, 판매 프로세스가 체계적으로 진행되고 있다는 신뢰감을 갖게 된다. 이는 궁극적으로 고객과 내가 팀이 되어 구매 프로세스를 진행하는 것처럼 느껴 자연스럽게 고객 만족도 향상으로 이어지며, 결과적으로 성공적인 거래를 이끌어내는 데 큰 도움이 된다.

셋째, 반드시 24시간 안에 확인한다

고객과의 합의 내용을 확실히 하기 위해서는 24시간 이내에 다시 한번 확인하는 것이 중요하다. 영업에서는 '기억의 유효시간'이 24시간이라고 볼 수 있다. 일반적으로 사람들은 하루가 지나면 상당 부분의 기억이 흐려지기 때문이다.

24시간이 지나면 고객은 당신과 나눴던 대화의 절반 정도를 잊어버릴 수 있고, 이틀이 지나면 합의한 내용의 대부분을 기억하지 못할 수 있다. 이를 방지하기 위해 고객과 합의한 내용을 24시간 이내에 이메일로 정리해 보내고 48시간 이내에 확인 전화를 하는 것이 효과적이다.

또한 고객의 의사결정에 도움이 될 만한 추가 정보가 있다면 이 역시 24시간 이내에 제공하는 것이 좋다. 이때 중요한 점은 고객이 압박감을 느끼지 않도록 하는 것이다. 미팅을 마무리할 때 다음과 같이 설명하면 도움이 된다.

"오늘 나눈 이야기를 정리해서 내일 중으로 보내드리겠습니다. 검토하시고 혹시 제가 잘못 이해한 부분이나 중요한 내용 중 빠진 것이 있다면 알려주시기 바랍니다. 또한 우리가 합의한 사항들이 명확하게 정리되었는지도 확인해주시면 감사하겠습니다."

이후 24시간 안에 메일로 미팅에서 나눈 대화를 정리하면서 아래와 같은 내용을 넣는다.

- 고객 혹은 고객사 소개(산업, 주요 제품, 관심 분야 등)
- 내가 파는 제품 혹은 회사 소개
- 고객 혹은 고객사의 목표 및 비전
- 그 목표와 비전을 이루기 위해 내가 제시한 솔루션 혹은 제품
- 고객과 내가 서로 합의한 전체적인 판매과정 일정 및 내용
- 다음 일정

앞의 내용에서 핵심은 '다음 일정'을 잡는 것이다. 영업은 지속적인 과정을 통해 결과를 만들어내는 활동이다. 따라서 다음 일정이 없다면 원하는 결과를 얻기가 어려워진다.

판매확인 단계는 고객과의 대화를 효과적으로 마무리하고 지속적인 관계를 구축하기 위한 중요한 과정이다. 이 단계에서는 고객에게 앞으로 무엇을 기대할 수 있는지 명확히 제시하고, 향후 상호작용을 위한 기반을 마련해야 한다.

이를 위해 항상 '다음 일정'이 있어야 한다. 이는 고객에게 "우리는 함께 더 나아갈 준비가 되어 있습니다."라는 메시지를 전달하는 것과 같다. 이러한 접근 방식은 고객에게 신뢰와 지속적인 관심을 보여주며 장기적인 비즈니스 관계 구축에 도움이 된다.

넷째, 고객이 거래를 거절했다면 다음 행동을 계획한다

영업에서 고객의 거절은 흔히 일어나는 일이다. 고객은 자신의 상황에 가장 적합한 제품을 선택하게 되며, 때로는 그것이 우리의 제품이 아닐 수 있다. 하지만 이는 실망할 일이 아니다. 지속적인 영업은 긍정적이고 전문적인 관계를 바탕으로 하며 한 번의 거절로 관계가 끝나는 건 아니기 때문이다.

지금은 우리 제품이 적합하지 않았을지 모르나 언젠가 고객의 니즈가 변화하여 우리 제품이 필요해질 수 있다. 또한 만족스러운 상호작용을 통해 고객이 우리 제품을 주변에 추천해줄 가능성도 있다.

주목할 점은 대부분의 고객들이 같은 업종 내에서 긴밀한 네트워크를 형성하고 있다는 것이다. 때로는 자체적인 커뮤니티를 만들어 활발히 소통하기도 한다. 이러한 특성을 고려할 때 거절한 고객과도 지속적으로 연락을 유지하는 것이 중요하다.

이를 위해 가장 중요한 것은 고객이 왜 우리의 제안이나 제품을 거절했는지 정확히 파악하는 것이다. 거절 이유를 알아야 다음 연락의 시기와 전략을 효과적으로 수립할 수 있기 때문이다. 예를 들어, 높은 가격으로 인한 거절이었다면 새로운 가격 프로모션이 나올 때 즉시 연락을 취할 수 있다. 현재 구매가 시기상조라고 판단한 경우라면 분기별로 연락하여 적절한 시기를 파악하는 것이 필요할 것이다. 만약 실제 의사결정권자를 만나지 못해 거절된 경우라면 그 결정권자와의 직접적인 만남을 추진해야 한다.

이렇게 고객의 거절은 단순한 실패가 아니라 더 나은 전략을 수립하고 관계를 발전시킬 수 있는 새로운 기회로 바라보아야 한다.

다음은 내가 구매를 거절한 고객을 팔로우업하기 위해 사용하는 표이다. 이렇게 거절 이유와 다음 영업 활동에 관해 상세히 기록해 놓으면 관리하기 쉽다.

	산업	회사명	영업 리드	거절 이유	다음 계획
1	제조업	○○	김남희	외부에서 제품을 구매하는 대신 전문가를 채용했다.	담당자와 채용된 전문가에게 추가적인 서비스가 없는지 확인한다. 3개월에 한 번씩 연락한다.
2	반도체	○○○	지인 추천	구매에 대한 욕구가 없다.	구매를 추천하기 보다는 관계를 만들어 확장한다.
3	식품	○○○	김남희	내가 추천한 제품을 사용해본 경험이 있고, 현재 다른 기업의 제품을 사용한다. 다음 번 구매시기까지 2년이 남았다.	이전 제품과 현재 제품의 차이점을 알려주기 위해 미팅을 잡는다. 현재 사용하고 있는 제품의 특징에 대해 연구한다.

고객과의 대화 실전

지금까지 잘 팔기 위한 5가지 대화 방법에 대해 알아보았다. 첫 번째는 고객과의 미팅에서 주도권을 잡는 방법이다. 이는 대화의 방향을 설정하고 목적을 명확히 하는 데 중요하다. 두 번째는 고객의 말을 충분히 듣는 것으로, 고객의 니즈와 관심사를 정확히 파악하는 데 필수적이다. 세 번째는 질문하는 이야기에 스토리를 입히는 방법이다. 네 번째는 약점을 인정하고 공유하는 방법이다. 이는 솔직함을 통해 고객과의 신뢰를 더욱 강화하는 데 도움이 된다. 마지막으로, 다섯 번째는 판매를 확인하는 방법이다.

이 5가지 방법을 통해 판매 프로세스를 원활히 진행하고 고객과의 지속적인 관계를 유지할 수 있다. 5가지 단계를 더 잘 이해하고, 기억하기 쉽도록 아래 예시를 만들어 보았다. 다음 예시에 당신이 파는 제품이나 솔루션을 대입해보면 더욱 효과가 있을 것이다.

[사례 1│ 자동차 딜러와 고객의 대화]

○ 상황 설정

자동차를 구매하려는 사람이 매장 안으로 들어왔고, 자동차 판매 딜러가 고객을 맞이한다.

○ 첫 번째 단계: 대화의 주도권 잡기

딜러는 고객이 쇼룸에 들어서자 따뜻하게 인사하며 고객의 이름을 물어본다. (상대방의 이름을 기억하고 불러주는 것이 관계의 시작이다.) 그리고 특별히 어떤 모델에 관심이 있는지 물어본다. 딜러는 고객에게 무엇인 필요한지와 어떤 제품을 선호하는지 파악하기 위해 질문을 한다.

딜러　안녕하세요, 제 이름은 ○○○입니다. 성함이 어떻게 되시나요? 아, 네. ○○○님 반갑습니다. 저희 쇼룸에 오신 것을 환영합니다. 특별히 관심 있는 모델이 있으신가요. 아니면 둘러보러 오신 건가요?

고객　"이번에 새로 나온 모델 ○○에 관심이 있습니다."

○ 두 번째 단계: 많이 듣기

딜러는 고객의 말을 경청하며, 고객이 차량에 기대하는 것을 이해하려고 노력한다. 고객이 말하는 동안 딜러는 메모를 하며 중요한 정보를 놓치지 않는다.

고객　저는 주로 장거리 운전을 많이 해요. 연비가 좋은 차를 찾고 있어요.

딜러　장거리 운전을 자주 하신다면 편안함과 연비가 중요하실 것 같습니다.

○ 세 번째 단계: 질문하기

딜러는 고객의 요구를 더 깊이 이해하기 위해 구체적인 질문을 던진다. 고객이 실제로 원하는 것을 명확히 하기 위해서다.

딜러　혹시 가족분들과 함께 사용할 계획이 있으신가요? 또는 주말에 레저 활동을 즐기실 때도 사용하실 건가요?

고객   네, 가족과 함께 사용할 예정이고, 주말에 캠핑도 자주 갑니다.

○ 네 번째 단계: 약점 솔직히 인정하기

딜러는 솔직하게 차량의 약점과 그에 대한 보완점을 고객에게 알리고 고객의 신뢰를 얻는다. 차량의 트렁크 공간이 작다는 것이 약점이라면 아래와 같이 설명할 수 있다.

딜러   고객님께서 주말 캠핑도 생각하신다면 이 모델은 트렁크 공간이 조금 작을 수 있습니다. 하지만 편안하고 연비가 탁월해 장거리 여행에는 좋습니다.

고객   트렁크 공간이 작다는 점은 좀 아쉽네요.

딜러   네, 그렇지만 루프 박스를 옵션으로 추가하면 캠핑 장비를 충분히 실을 수 있습니다.

○ 다섯 번째 단계: 다음 단계 제시 및 관계 유지

딜러는 대화를 마무리하며 다음 단계의 일정을 제시하고 지속적인 관계를 유지하기 위한 방법을 안내한다.

딜러   오늘 말씀드린 내용을 바탕으로 고객님께 맞춤형 제안을 준비하겠습니다. 다음 주에 시승해보시면 좋을 듯합니다. 다음 주 수요일과 목요일 오전 중 언제 다시 오실 수 있나요?

고객   좋습니다. 다음 주 수요일 오전 이 시간에 와서 시승해보면 좋겠네요.

딜러   감사합니다, ○○○님. 다음 주 수요일 오전에 시승하실 수 있도록 준비하겠습니다. 곧 문자로 안내드리고, 다음 주 화요일에 다시 한번 전화드려 일정을 확인하겠습니다. 시승 후에도 궁금한 점이 있으면 언제든지 연락 주세요. 제가 지속적으로 도와드리겠습니다.

○ 결과

이러한 과정을 통해 고객은 딜러의 솔직함과 세심한 배려에 신뢰감을 느끼고, 결과적으로 시승 후 차량 구매를 결정한다. 이후에도 딜러는 정기적으로 고객과 연락을 유지하며 차량 관리에 대한 조언을 한다.

[사례 2 │ 프리미엄 커피 구독 서비스 판매 대화]

○ 상황 설정

온라인 스토어의 프리미엄 커피 구독 서비스에 관심을 보인 고객이 채팅으로 문의를 남겼다. 이 고객은 미팅이 아닌 채팅으로 대화를 나누길 원한다.

○ 첫 번째 단계: 대화의 주도권 잡기

영업 담당자   안녕하세요! 프리미엄 커피 구독 서비스에 관심을 가져주셔서 감사합니다. 특별히 어떤 종류의 커피를 찾고 계신가요?

고객   저는 다양한 원두를 시도해보고 싶어요. 매주 새로운 맛을 경험할 수 있는 서비스가 있나요?

○ 두 번째 단계: 많이 듣기

영업 담당자는 고객의 요구와 기대를 경청하며, 그들이 원하는 것을 정확히 이해하려 한다.

고객　저는 평소에 원두커피를 즐기고, 다양한 맛을 시도해 보고 싶어요. 특히 신맛이 나는 원두를 좋아합니다.

영업 담당자　다양한 원두를 시도해 보고 싶으시고, 특히 신맛이 나는 원두를 선호하시는군요. 커피를 즐기시는 방식이나 선호하는 브랜드가 있으신가요?

○ 세 번째 단계: 질문하기

영업 담당자는 고객의 필요와 기대를 더 명확히 하기 위해 좀 더 구체적으로 질문한다.

영업 담당자　평소에 드시는 커피는 어떻게 추출하시나요? 드립, 에스프레소, 프렌치프레스 중 어떤 방식을 선호하시나요?

고객　저는 주로 드립 커피를 즐겨요. 그리고 신맛이 강한 중남미 원두를 좋아합니다.

○ 네 번째 단계: 약점 인정하기

영업 담당자는 제품의 약점을 솔직히 알려주어 고객과 신뢰를 쌓는다.

예를 들어, 특정 원두의 공급이 불규칙하다는 점이 약점이라면 아래와 같이 이야기할 수 있다.

영업 담당자　　중남미 원두의 경우 계절과 수확 시기에 따라 공급이 다를 수 있습니다. 가끔 원두가 일시적으로 품절될 수 있다는 점을 이해해주시면 감사하겠습니다.

고객　　그렇군요. 늘 신선한 원두를 받을 수 있나요?

영업 담당자　　네, 저희는 항상 최상의 원두를 제공하기 위해 노력하고 있습니다. 만약 특정 원두가 일시적으로 품절될 경우 비슷한 맛과 품질을 가진 원두로 대체하여 보내드립니다.

○ 다섯 번째 단계: 다음 단계 제시 및 관계 유지

영업 담당자는 대화를 마무리하며 다음 단계를 제시하고 지속적인 관계를 유지하기 위한 방법을 안내한다.

영업 담당자　　지금 말씀하신 내용을 바탕으로 고객님께 맞춤형 커피 구독 플랜을 제안드리고 싶습니다. 이메일로 자세한 내용을 보내드려도 될까요?

고객　　네, 좋아요.

영업 담당자　　감사합니다. 24시간 안에 이메일로 제안서를 보내드리겠습니다. 구독 서비스에 대해 더 궁금한 점이 있으시면 언제든지 연락 주세요. 첫 배송 후에도 만족도를 확인하고, 필요하시면 조정해드리겠습니다.

고객   알겠습니다. 감사합니다.

영업 담당자   저희 서비스를 선택해 주셔서 감사합니다. 앞으로도 고객님의 커피 경험이 만족스러울 수 있도록 최선을 다하겠습니다.

○ **결과**

고객은 영업 담당자의 솔직함과 세심한 배려에 신뢰감을 느끼고 커피 구독 서비스를 시작하기로 결정한다. 이후에도 영업 담당자는 정기적으로 고객의 만족도를 확인하고 추가적인 지원과 정보를 제공하여 고객과의 관계를 지속적으로 강화한다.

[사례 3 │ 법률자문 서비스 판매 대화]
○ **상황 설정**

로펌의 변호사가 잠재 고객사와 법률자문 서비스 판매를 위한 미팅을 진행한다.

○ **첫 번째 단계: 대화의 주도권 잡기**

로펌 변호사   안녕하세요. 미팅 전에 귀사의 이력을 살펴보았는데 꾸준히 성장하고 계신 것 같습니다. 그 과정에서 법률자문은 반드시 필요했을 텐데요. 그동안 법률자문 서비스는 어떻게 받고 계셨나요?

고객   정해진 로펌은 없었고 중요한 사안이 있을 때마다 자문을 받았습니다.

○ 두 번째 단계: 많이 듣기

로펌 변호사는 고객사의 상황과 비전을 이해하고자 경청한다.

고객   저희 회사 규모가 작다 보니 평소에는 법률자문 서비스를 이용할 일이 자주 없습니다.

로펌 변호사   규모가 작지만 차근차근 탄탄하게 비즈니스를 키워가시고 계시네요. 정해진 로펌이 없다면 의뢰하실 때 모든 상황을 처음부터 설명을 충분히 하시나요, 아니면 해당 케이스만 설명하시나요? 변호사가 회사의 배경과 조직의 성격을 정확히 알면 더 효과적인 자문을 드릴 수 있을 텐데요.

○ 세 번째 단계: 질문하기

로펌 변호사는 고객의 필요를 더 잘 이해하기 위해 구체적으로 질문한다.

로펌 변호사   지금까지 주로 어떤 종류의 법률 문제가 발생했었나요? 그리고 앞으로 예상되는 법적 이슈는 무엇인가요?

고객   주로 계약 관련 문제와 지적재산권 문제가 많았습니다. 앞으로는 회사가 성장하면서 인사 관련 문제도 예상됩니다.

로펌 변호사   그렇다면 계약과 지적재산권, 그리고 인사 문제에 대한 지속적인 자문이 필요하겠군요. 이 부분에서 저희가 어떻게 도움을 드릴 수 있을지 생각해보겠습니다.

○ 네 번째 단계: 약점 솔직히 인정하기

변호사는 자사의 한계점을 솔직히 밝히면서 동시에 강점을 제시하여 신뢰를 얻는다.

로펌 변호사 솔직히 말씀드리면, 저희 로펌은 대기업을 주로 상대해왔기 때문에 소규모 기업에 대한 경험이 상대적으로 적습니다. 하지만 그 덕분에 다양한 복잡한 사안을 다루면서 쌓은 노하우가 많습니다. 이를 활용해 귀사에 맞춤형 자문을 제공할 수 있습니다.

고객 그렇군요. 대기업을 많이 다뤘다면 전문성이 높을 것 같네요.

로펌 변호사 네, 맞습니다. 요즘은 귀사처럼 성장하는 기업에 더 집중하고 있습니다. 귀사의 특성을 잘 파악하여 맞춤형 자문을 제공할 준비가 되어있습니다.

○ 다섯 번째 단계: 다음 단계 제시 및 관계 유지

로펌 변호사는 대화를 마무리하며 다음 단계를 제시하고, 지속적인 관계를 유지하는 방법을 안내한다.

로펌 변호사 오늘 논의한 내용을 바탕으로 귀사에 맞춤형 법률 자문 서비스를 제안드리고 싶습니다. 다음 주에 제안서를 보내드리고 이를 바탕으로 자세히 논의할 수 있는 시간을 잡으면 좋겠습니다. 괜찮으신가요?

고객 네, 좋습니다. 다음 주에 제안서를 보내주세요.

로펌 변호사 감사합니다. 제안서를 보내드린 후, 추가적인 질문이나 우려 사항이 있으시면 언제든지 연락 주세요. 첫 자문 후에도 지속적으로 지원해드릴 테니 안심하셔도 됩니다.

고객 알겠습니다. 감사합니다.

로펌 변호사 오늘 미팅에 시간을 내주셔서 감사합니다. 앞으로도 귀사의 성공을 위해 최선을 다하겠습니다.

○ **결과**

고객은 로펌 변호사의 솔직함과 세심한 배려에 감동하여 신뢰감을 느끼고 법률자문서비스를 시작하기로 결정한다. 이후에도 로펌 변호사는 정기적으로 고객의 만족도를 확인하고, 추가적인 지원과 정보를 제공하여 고객과의 관계를 지속적으로 강화한다.

관계판매의 핵심은 신뢰 관계 구축에 있다. 이는 단기적 이익보다 장기적 관계를 중시하는 접근 방식이다. 하지만 여기서 주의해야 할 점이 있다. 관계 중심의 영업이 단순히 '좋은 사람'으로 인식되는 것만을 목표로 해서는 안 된다.

실제로 고객들은 지나치게 '착한' 영업인을 두려워한다. 이는 그러한 영업인이 중요한 순간에 필요한 결정을 내리지 못하거나 자신의 비전 실현에 도움이 되지 않을 수 있다는 우려 때문이다.

나는 그동안 헤드헌터 컨설턴트, 인사팀 임원, 기업 대표로서 많은 영업인을 인터뷰하고 채용해왔다. 내 경험에 비추어볼 때, 단순히 좋은 성품만을 가진 영업인들은 대체로 성과를 내는 데 어려움을 겪는다.

그렇다고 해서 전략적 사고만을 갖춘 영업인이 항상 성공적인 것은 아니다. 진정으로 뛰어난 영업인은 바른 인성과 전략적 사고를 동시에 갖춘 사람들이다. 이들은 친절하고 전문적이며 여유 있는 태도로 고객과 소통한다. 신중하면서도 신속한 결정력, 고객의 비전 실현을 위한 헌신, 정직성과 약속 이행 능력 등이 이들의 특징이다.

이러한 영업인들은 자신의 성공보다 고객의 성공을 우선시한다. 이러한 영업인들은 최상위 1%의 영업 성과를 달성한다. 이런 인재를 발굴하는 것은 쉽지 않다. 나는 그런 영업인을 찾고자 하는 임원이나 대표들에게 면접에서 반드시 아래와 같은 질문을 하기를 제안한다.

- 고객과의 신뢰 구축을 위해 어떤 노력을 기울이셨나요?
- 어려운 상황에서 고객을 위해 문제를 해결한 경험을 들려주세요.
- 장기적인 고객 관계 유지를 위한 귀하의 전략은 무엇인가요?

이러한 질문에 명확히 답할 수 있는 후보자는 고객 중심의 영업 철학과 필요한 핵심 역량을 갖추고 있을 가능성이 높다.

마지막으로, 마야 안젤루의 명언을 인용하며 이 장을 마무리하고자 한다.

"사람들은 당신이 한 말을 잊어버릴 수도 있고, 당신이 한 행동도 잊어버릴 수도 있지만, 당신이 그들에게 어떻게 느끼게 했는지는 절대 잊지 않을 것입니다."

이 말은 영업에서 신뢰와 관계의 중요성, 그리고 고객에게 진정한 가치를 전달하는 것의 중요성을 잘 요약하고 있다. 친절하고, 전문적이며, 여유 있는 태도로 고객과 소통하자. 그렇게 하면 고객들은 당신을 오래도록 기억할 것이다.

CHAPTER 4

잘 파는 사람은
어떻게
성과를 얻는가

001   TMORW(투모로우) 5단계란 무엇인가

영업의 세계에서 의미 있는 비즈니스를 통해 성공을 거두기 위해서는 제품이나 서비스를 판매하는 행위 이상의 전략이 필요하다. 효과적인 영업은 체계적이고 전략적인 프로세스를 통해 이루어지며, 이러한 프로세스를 통해 지속 가능한 비즈니스 관계를 구축할 수 있다.

영업의 결과를 결정짓는 판매 프로세스에는 가장 중요한 5단계가 있다. 나는 이 5단계의 중요한 판매 프로세스를 'TMORW(투모로우)'라고 이름 붙였다. TMORW는 Target(타깃), Meet(미팅), Opportunity(기회), Relationship(관계), Write(서면 합의)의 첫 글자를 딴 약어이다.

'타깃'은 목표에 맞는 판매 대상을 설정하는 단계, '미팅(Meet)'은 설정한 타깃과 만나는 단계, '기회'는 미팅을 통해 기회를 창출하는 단계, '관계'는 고객과의 관계를 지속적으로 관리하는 단계이며 마지막으로 'Write'는 최종적으로 계약을 체결하는 단계다.

이 프레임워크는 영업의 전 과정을 5개의 핵심 단계로 구조화하여 영업인들이 더 효율적으로 목표를 달성할 수 있도록 돕는다.

- Target(타깃): 목표에 맞는 판매대상을 설정하는 단계
- Meet(미팅): 설정한 타깃과 만나는 단계
- Opportunity(기회): 미팅을 통해 기회를 창출하는 단계
- Relationship(관계): 고객과의 관계를 지속적으로 관리하는 단계
- Write(서면 합의): 최종적으로 계약을 체결하는 단계

내가 이 5단계를 'TMORW(투모로우)'라고 부르는 이유는 내일을 뜻하는 영어 단어 'tomorrow'와 같은 발음이라 기억하기 쉽고, '내일'을 준비하는 미래지향적인 의미를 담고 있기 때문이다. 이는 영업이 현재의 거래만이 아닌, 미래를 위한 준비와 관계 구축 과정임을 상기시킨다.

TMORW 접근법의 핵심은 영업이 '과정'을 통해 '결과'가 나오는 일이라는 점이다. 효과적이고 체계적인 영업 과정을 만드는 사람이

더 좋은 판매 결과를 얻게 된다. 이 판매 과정을 꾸준히 진행하면 반드시 결과가 따라오며, 영업 성과는 누가 더 전략적이고 성실하게 과정을 만드는지에 따라 달라진다.

영업에서 과정을 거치지 않고 나오는 결과는 없다. 그리고 판매 과정이 지속적으로 이루어지면 결과는 필연적으로 따라온다. 따라서 더 나은 판매 결과를 얻기 위해서는 결과에 집중하기보다 과정을 만드는 데 집중하는 것이 더 생산적이고 효율적이다. TMORW 5단계는 이러한 과정 중심의 영업 접근법을 체계적으로 실행할 수 있도록 도와주는 프레임워크이다.

무엇보다 TMORW는 실제 영업 현장에서 적용할 수 있는 실용적인 도구이다. 각 단계를 철저히 이해하고 실천함으로써, 영업 전문가들은 자신의 성과를 크게 향상시킬 수 있다. 이 프레임워크를 통해 영업 과정을 체계화하면, 잠재 고객을 발굴하고 그들과의 관계를 구축하며 기회를 창출하고 최종적으로 거래를 성사시키는 전 과정을 더욱 효과적으로 관리할 수 있다.

TMORW는 영업의 복잡한 과정을 체계화하고 단순화하여 영업 전문가들이 더 효과적으로 목표를 달성할 수 있도록 돕는 강력한 도구이다. 이 프로세스를 깊이 이해하고 실천한다면 당신의 영업 성과는 반드시 향상될 것이다. TMORW 5단계를 일상적인 영업 활동에 통합하고 지속적으로 개선해 나가길 바란다. 실천하기만 한다면 당신은 더 나은 영업 결과를 얻을 뿐만 아니라 고객과의 더 깊고 의미 있는 관계를 구축할 수 있을 것이다. 영업의 미래, 즉 'tomorrow'를 준비하는 TMORW 5단계를 통해 함께 당신의 영업 역량을 한 단계 높여보기 바란다.

TMORW(투모로우) 판매과정의 5단계

Target → Meet → Opportunity → Relationship → Write

002 단계 1 | 타깃(Target) – 당신의 목표는 무엇인가

1 | 목표 타깃 설정하기

영업의 첫걸음은 명확한 목표 타깃을 설정하는 것이다. 목표 타깃이란 특정 기간 동안 달성해야 할 판매 수량이나 금액을 의미하며, 흔히 KPI(Key Performance Indicator, 핵심성과지표)라고도 불린다. 이는 회사가 지정하거나 영업인 스스로 결정할 수 있다.

일반적으로 영업 타깃은 연간 단위로 설정되며, 때에 따라 분기별 또는 월별로 세분화된다. 타깃을 설정할 때는 영업인의 경력, 제품 특성, 시장 상황, 경제 환경 등 다양한 요소를 고려한다.

타깃 설정의 중요성은 아무리 강조해도 지나치지 않다. 기업에게는 영업인의 역량을 평가하는 기준이 되며, 영업인에게는 자신의 능력을 입증하는 척도가 된다. 따라서 타깃은 너무 높지도, 너무 낮지도 않게 적절히 설정되어야 한다. 과도하게 높은 타깃은 포기를 유발하고, 지나치게 낮은 타깃은 안주하게 만들기 때문이다.

나는 효과적인 영업 타깃 설정을 위해 '3배 법칙'을 제안한다. 예를 들어 연봉을 받는 영업인의 경우 연봉의 3배, 커미션 기반 영업인의 경우 월 생활비의 3배를 목표로 하는 것이다. 즉 연봉 3천만 원인 경우 9천만 원의 실적을, 월 생활비 100만 원인 경우 300만 원의 실적을 목표로 삼는 것이다.

'3배 법칙'은 도전적이면서도 현실적으로 달성 가능한 균형 잡힌 목표를 제시한다. 이는 영업인의 잠재력을 최대한 끌어내면서도 과도한 부담을 주지 않아, 지속적인 성장을 가능케 한다. 만약 이 배수가 5배, 10배로 늘어난다면, 그것은 영업의 고수 반열에 올랐다는 의미일 것이다.

2 | 단계별 타깃 설정하기

전체적인 목표 설정도 중요하지만, 그에 못지않게 중요한 것이 바로 단계별 목표이다. 이는 큰 목표를 달성하기 위한 구체적인 로드맵을 만드는 과정이다.

단계별 목표 설정의 핵심은 최종 목표에서 역으로 계산하여 각 단계에서 필요한 구체적인 숫자를 도출하는 것이다. 예를 들어, 한

달 안에 1명의 신규 고객을 유치하는 것이 목표라면, 여러 단계들을 세분화하고 각 단계별로 필요한 수치를 계산해야 한다.

이 과정에서 가장 중요한 것은 각 단계별 성공률을 정확히 파악하는 것이다. 초기 접촉에서 미팅 성사로 이어지는 비율과 미팅에서 협상으로 진행되는 비율, 그리고 최종적으로 구매 결정에 이르는 비율 등을 알아야 한다. 이러한 비율들은 과거의 경험이나 데이터를 바탕으로 산출할 수 있다.

예를 들어, 당신의 미팅 성사 성공률이 10%라면, 10명에게 연락해야 1명과 미팅을 할 수 있다는 의미이다. 만약 각 단계의 성공률이 모두 10%라고 가정한다면, 1명의 신규 고객을 확보하기 위해서는 100명에게 초기 접촉을 해야 한다는 결론에 도달하게 된다.

이렇게 단계별 목표를 세우는 것은 단순히 숫자를 나열하는 것이상의 의미가 있다. 이는 영업 과정을 체계적으로 관리하고 각 단계에서의 성과를 측정할 수 있게 해준다. 또한 어느 단계에서 개선이 필요한지를 파악하는 데에도 도움이 된다.

더불어 이러한 접근 방식은 영업 활동에 대한 현실적인 기대치를 설정하는 데에도 도움이 된다. 100명에게 연락해야 1명의 고객을 얻을 수 있다는 것을 알면, 초기의 거절에 좌절하지 않고 꾸준히 노력하게 하는 동기부여가 된다.

[예시 | 1개월 안에 1명의 신규 고객을 유치하기 위한 목표 설정]

(성공률이 10%인 경우)

1. 최종 목표: 1개월 안에 1명의 신규 고객 유치

2. 미팅 수락률: 10번 미팅 요청하면 1번 수락(성공률 10%)

3. 고객 전환율: 10번 미팅하면 1명이 고객으로 전환(성공률 10%)

이 성공률을 바탕으로 각 단계별 목표를 다음과 같이 계산할 수 있다.

1. 신규 고객 1명 유치: 1명의 고객을 만들려면 10명의 잠재 고객과 미팅이 필요하다.(1명 ÷ 10% = 10명)

2. 미팅 요청: 10명의 고객과 만나려면 100번의 미팅 요청을 해야 한다.(10명 ÷ 10% = 100회)

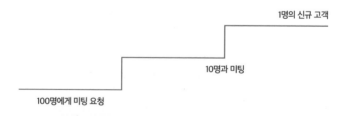

앞의 예시를 보면 위의 그림과 같이 각 단계의 성공률이 10%인 영업인의 경우 1명의 신규 고객을 유치하기 위해서는 100번의 미팅 요청이 필요하다. 이러한 수치는 자신의 영업 프로세스를 정확히

이해하고 있을 때 산출할 수 있으며, 이를 통해 보다 전략적으로 목표를 설정하고 달성할 수 있다.

예를 들어, 2명의 신규 고객 유치가 목표라면 단순히 미팅 요청 횟수를 200번으로 늘리면 된다. 이러한 목표는 더 작은 단위로 나누어 관리할 수 있다. 주별로는 25회, 일별로는 4~5회의 미팅 요청을 하는 식으로 말이다. 이렇게 세분화된 목표는 일상적인 영업 활동을 더욱 체계적으로 만들어준다.

- 주별 미팅 요청: 25회
- 일별 미팅 요청: 약 4~5회

그렇다면 이러한 미팅 요청에 얼마나 많은 시간이 소요될까? 한 통화당 평균 5분이 걸린다고 가정하면, 100명에게 연락하는 데 총 500분, 즉 8시간 20분이 필요하다. 실제로는 연결되지 않는 전화나 예상보다 길어지는 통화 등을 고려하여 약 8시간 30분 정도로 계획하는 것이 현실적일 것이다.

단, 이러한 성공률은 고정된 것이 아니다. 시간이 지나고 비즈니스 관계가 깊어지고 넓어질수록 각 단계의 성공률은 점차 향상될 수 있다. 이는 같은 노력으로도 더 많은 성과를 낼 수 있음을 의미한다.

3 | 실행 계획 세우기

목표 달성을 위해 몇 명을 만나야 할지 정해졌다면 이제는 만날 사람을 찾기 위한 전략을 세울 차례다. 앞에서 한 달 동안 미팅을 요청할 사람이 100명이라고 정해졌다면, 이제 연락할 100명을 찾는 실질적인 방법을 알아보자.

1 | 잠재 고객 리스트 작성

기존 고객 활용 앞서 설명한 비즈니스 관계 정리 방법을 활용한다. 당신의 관계 리스트를 활용하는 것이다. 연락처 목록, 명함집, 디지털 명함 앱 등을 꼼꼼히 살펴보며 당신의 상품이 도움될 만한 사람들을 찾아낸다. 이들에게 당신의 상품을 알릴 때는 판매 목적이 아닌, 그들에게 도움이 될 정보를 공유한다는 마음가짐으로 접근해야 한다. 궁극적으로는 판매를 위한 것이지만, 이 2가지 마음가짐은 분명히 다르며, 이는 당신의 목소리와 글에서 드러난다. 관계판매의 핵심은 관계 유지를 통해 자연스럽게 판매로 이어지게 하는 것임을 기억하자.

네트워킹 업계 행사, 세미나, 컨퍼런스에 참여하여 당신의 상품이 도움될 만한 사람들을 만나자. 이 자리에서 당신과 당신의 상품을 알리는 것이 중요하다. 그러나 주의할 점은 무분별하게 명함을 돌리는 것이 아니라 의미 있는 대화에 집중해야 한다는 것이다. 예를 들어, 100장의 명함을 준비했다면 그중 10장만 사용한다는 마음가짐으로 임하자. 많은 사람에게 명함을 주는 것보다 얼마나 진지한 대화를 나눴는지가 중요하다. 상대방이 당신을 기억할 수 있도록 의미 있는 대화를 나누는 것이 핵심이다.

온라인 리서치 링크드인(LinkedIn), 업계 포럼, 회사 웹사이트 등을 통해 잠재 고객을 찾아 미팅을 요청할 수 있다. 온라인은 전 세계 사람들과 소통하고 그들의 정보를 신속하고 정확하게 파악할 수 있는 도구이다. 디지털 시대에 맞춰 당신과 당신의 상품을 온라인에서 적극적으로 알리자. 알리지 않으면 팔 수 없고, 알려지면 팔린다. 세상에 당신을 적극적이고 친절하게 알려야 한다. 당신의 상품이 필요한 사람들은 당신이 알려주기를 기다리고 있을 것이다.

신문과 잡지 구독 영업인은 신문과 경제 잡지를 정기적으로 구독하는 것이 좋다. 그 속에는 잠재 고객의 소식이 풍부해 잠재 고객을 찾는 데 도움이 된다. 나는 매일 아침 경제지들을 보고 기업현황을 확인하며 매달 《포브스 코리아(Forbes Korea)》 잡지를 보고 있다. 많은 기업과 기업인들이 신문과 잡지를 통해 팔고자 하는 상품과 가치를 알리고 있다. 당신이 파는 상품이 그들의 성장에 도움이 된다고 판단한다면 주저하지 말고 그들에게 연락해서 만나자.

인맥 활용 중요한 고객과의 연결이 필요할 때, 그 고객과 연결해줄 수 있는 인맥에게 도움을 요청할 수 있다. 하지만 중요한 고객일수록 많은 사람들이 인맥을 통해 접근하려 하기 때문에 소개를 요청할 때는 신중해야 한다. 소개를 요청할 때는 인맥에게 부담을 주지 않도록 주의해야 하며, 너무 자주 도움을 요청하면 관계에 악영향을 미칠 수 있다. 인맥이 소개해주기로 했다면 직접 연락하기보다는 인맥을 통해 연락처를 전달받는 것이 좋다. 직접 연락해야 한다면 미리 연락 날짜와 시간을 알려 배려심을 보여주자. 결과와 상관없이 도움을 준 인맥에게 반드시 감사 인사를 전하는 것도 중요하다. 이를 통해 인맥과의 관계도 지속적으로 유지할 수 있다.

2 | CRM 시스템 활용

CRM(Customer Relationship Management, 고객 관계 관리) 시스템의 활용은 현대 영업에서 매우 중요한 부분을 차지한다. 이 시스템은 고객 정보를 체계적으로 관리하고 추적하는 데 매우 유용하다.

많은 기업이 이미 CRM 시스템을 도입하여 활용하고 있다. 이 시스템의 주요 장점은 잠재 고객의 연락처, 회사 정보, 관심사 등을 상세하게 기록하고 추적할 수 있다는 점이다. 또한 과거에 이루어진 연락 내용도 상세히 파악할 수 있어 효과적인 고객 관리가 가능하다.

잠재 고객이 선정되면 CRM 시스템에 해당 고객과의 연락 일정과 내용을 입력하고 알림을 설정하는 것이 좋다. 영업인은 많은 고객을 상대해야 하므로 CRM의 알람 기능을 활용하면 고객과의 연락을 빠뜨리지 않고 효율적으로 관리할 수 있다.

실제로 고객과 대화를 할 때에도 도움이 된다. 고객과 연락하기 전에 나눌 이야기를 미리 시스템에 기록해두고 대화 후에도 그 내용을 상세히 기록해두면 다음 대화 시 이전 대화 내용을 쉽게 참고할 수 있어 자연스럽게 대화를 이어갈 수 있다.

3 | 맞춤형 이메일·메시지 발송

고객에게 주기적으로 소식을 알릴 때는 각 고객의 상황에 맞는 맞춤형 이메일이나 메시지를 작성하여 보낸다. 개별화되지 않은 이메일은 고객들에게 무성의하다는 인상을 줄 수 있으며 회신률도 매우 낮다. 따라서 고객 개개인의 특성과 관심사를 고려한 맞춤형 커뮤니케이션이 중요하다.

대량 메일을 발송할 때는 특히 개인정보 보호에 주의해야 한다. 받는 사람들이 서로의 연락처나 이메일 주소를 볼 수 없도록 '숨은 참조' 기능을 사용하는 것이 좋다. 또한 고객의 관심도에 따라 산업별, 직급별, 직무별로 나누어 이메일을 보내는 것도 효과적인 방법이다.

이메일 내용에는 받는 사람들에게 실제로 도움이 되는 정보를 포함시키는 것이 중요하다. 예를 들어, 특정 산업에 관련된 최신 뉴스나 정보, 직급에 맞는 유용한 팁 등을 제공하면 고객의 관심을 끌 수 있다.

또한 이메일을 보낼 때는 항상 '시간을 할애해 읽어 주셔서 감사합니다.' 등 고객의 관심에 감사하는 마음을 표현해야 한다. 동시에 고객의 선택권을 존중하기 위해 '수신거부' 옵션을 제공해야 한다. "더 이상 이메일을 받고 싶지 않으시면 여기를 클릭하세요."와 같은 링크나 쉬운 수신거부 방법을 안내하여 원치 않는 메일 수신으로 인한 불편을 방지해야 한다.

4 | 콜드콜

콜드콜(소개 전화 또는 미팅 요청 전화)은 잠재 고객에게 직접 전화하여 미팅을 요청하는 방법으로, 투자 시간 대비 가장 빠른 효과를 볼 수 있는 접근법이다.

일반적으로 '콜드콜(Cold-calling)'이라고 불리는 이유는 사전 약속 없이 전화를 걸어 상대방의 반응이 차가울 수 있기 때문이다. 하지만 이는 자연스러운 반응이다. 누구나 모르는 사람으로부터 예고 없이 전화를 받으면 처음에는 건조하게 대응할 수 있다.

따라서 이를 '콜드콜'이라고 생각하지 말고, 단순히 미팅을 요청하는 전화라고 생각하며 접근하는 것이 중요하다. 이 전화의 목적은 무언가를 판매하기 위함이 아니다. 오히려 고객에게 필요한 정보와 상품을 안내하기 위한 것이다.

'콜드콜' 대신 '소개전화' 또는 '미팅 요청 전화'라고 부르는 건 어떨까? 그리고 전화를 걸 때마다, 고객에게 가치 있는 정보와 솔루션을 전하기 위해서라고 생각하자.

이러한 접근 방식은 '콜드콜'이라는 부정적인 인식을 바꾸고, 더 긍정적이고 생산적인 고객 상호작용을 만들어낸다. 고객의 니즈에 초점을 맞추고, 가치 있는 정보를 제공하려는 태도로 임한다면 이러한 전화는 단순한 판매 시도가 아닌 의미 있는 비즈니스 관계의 시작점이 될 수 있다.

[미팅요청 전화를 위한 실용적인 팁]

① **전화 스크립트를 사용을 피하라** 고객과의 자연스러운 대화를 위해 미리 작성된 스크립트 사용을 지양하자. 대신 전화 시작과 마무리를 위한 간단한 개요만 준비하여 유연하게 대응하자.

② **대화에 집중하게 하라** 고객이 바쁘거나 관심이 없어 보이는 경우, "지금이 불편하시다면, 언제 다시 연락드리는 것이 좋을까요?"라고 물어 고객이 집중할 수 있는 시간을 찾자.

③ **전화한 이유를 먼저 이야기하라** 자기소개 직후 통화 목적을 명확히 밝히는 게 좋다. "왜 전화하셨나요?"라는 질문을 받기 전에 먼저 설명하여 전문성을 드러내고 담당자와 비즈니스 대화를 나누고자 전화했음을 밝혀 방향을 설정하자.

④ **후속 조치를 합의하라** 전화 통화 후 미팅이 성사되지 않았다면 그

이유를 명확히 파악하는 것이 중요하다. 예를 들어, 상대방이 "회사 소개 내용은 메일로 보내주세요."라고 요청한다면, 이는 성공적인 통화로 볼 수 없다. 왜냐하면 당신의 전화 목적은 직접 만남을 갖는 것이며, 대부분의 경우 이메일로 보낸 자료는 제대로 읽히지 않기 때문이다.

만약 현재 시점이 미팅을 잡기에 적절하지 않다면, 다음 연락 일정을 구체적으로 정한 후 통화를 마무리하자. 그러나 상대방이 당신의 제품을 절대 사용할 의향이 없다고 판단된다면, 억지로 만남을 추진할 필요는 없다.

반면, 향후 제품 사용 가능성이 있는 회사라면 "3~4개월 후에 다시 인사 드리겠습니다."라고 말하며 통화를 마무리하자. 이는 관계를 지속적으로 유지하고 미래의 기회를 열어두는 중요한 전략이다. 어떤 경우에도 관계가 완전히 단절되지 않도록 주의해야 한다.

⑤ **따뜻하게 전화를 마무리하라** 처음에 고객이 차갑게 반응했더라도, 통화를 마무리할 때는 따뜻하고 밝은 톤으로 끝내자. 긍정적인 인상을 남겨 향후 만남의 가능성을 높이는 것이다. 전화로 좋은 기운을 받게 되면 상대방이 당신을 만나고 싶은 마음이 들게 된다.

미팅 요청 전화는 매우 효과적인 방법이다. 이를 통해 실제로 당신의 제품이 필요한 고객을 사전에 선별할 수 있기 때문이다. 이 과정에서 가장 중요한 것은 제품 구매에 대한 결정권을 가진 담당자와 직접 통화하는 것이다.

만약 전화를 받은 사람이 결정권자가 아니라면 담당자와의 통화를 요청하자. 만약 연결이 어렵다면 당신의 연락처를 담당자에게 전달해 달라고 부탁하면 된다. 이때 반드시 전화를 받은 사람의 이름도 확인하고 기록해두자. 후속 조치가 필요할 때 유용할 것이다.

때로는 이메일로 미팅 요청 내용을 보내달라고 할 수도 있다. 이런 경우에도 연락처와 이름을 꼭 기록해두는 것이 좋다.

미팅 요청 전화의 주된 목적은 '만남'이다. 따라서 간단하고 명확하게 미팅의 목적을 전달하자. 예를 들어 이렇게 말할 수 있다.

"저희 회사 소개와 함께 고객님 회사 이야기를 나누고 싶습니다. 대화 후 필요하다고 생각되시면 제품에 대한 구체적인 안내를 드리겠습니다." 또는 "미팅을 요청드리는 이유는 정보 전달입니다. 들어보시고 필요하시면 구매하시고, 그렇지 않다면 정보로만 기억해 주셔도 됩니다."

전화상에서 본인이나 제품에 대해 자세히 설명하려 들지 말자. 목표는 무조건 직접 만나 이야기를 나누는 것이다. 관계를 만들어야 판매가 가능하고, 관계는 직접 만남을 통해 형성된다는 점을 항상 기억하자.

이러한 방식은 판매 시도를 넘어 잠재 고객과의 의미 있는 관계 구축을 위한 첫걸음이 될 수 있다. 고객의 니즈에 초점을 맞추고 가치 있는 정보를 제공하려는 태도로 임한다면 이러한 전화는 성공적인 비즈니스 관계의 시작점이 될 것이다.

5 | 지식 나눔

지식 나눔을 통한 관계 구축은 매우 효과적인 영업 전략이다. 이는 직접적인 영업 방식이라기보다는 마케팅 전략에 가깝지만, 잠재 고객과의 관계를 형성하는 데 큰 도움이 된다.

잠재 고객에게 도움이 될 만한 정보나 인사이트를 링크드인과 같은 플랫폼에 공유하거나, 포럼 및 세미나에서 연사로 활동하는 것, 그리고 멘토링을 통해 당신의 지식을 나누는 것은 매우 가치 있는 활동이다. 이러한 노력은 당신의 전문성을 알리고 잠재 고객과의 신뢰를 구축하는 데 크게 기여한다.

지금까지 우리는 TMORW 단계 중 첫 번째인 타깃에 대해 살펴보았다. 여기서 중요한 점은 더 나은 판매 성과를 위해 단계를 줄이는 것이 아니라, 각 단계별 성공률을 높이는 것이다. 각 단계의 성공률이 향상되면, 10명을 만나 1명의 고객을 얻는 것이 아니라 2~4명, 혹은 그 이상의 고객을 확보할 수 있게 된다.

모든 단계를 충실히 거치면 반드시 결과가 따라온다. 이는 영업의 기본 원칙이다. 각 단계를 신중하게 수행하고 지속적으로 개선해 나가는 것이 성공의 핵심이다.

이제 두 번째 단계인 미팅에 대해 알아보자. 이 단계는 실제로 잠재 고객을 만나 관계를 구축하고 비즈니스 기회를 창출하는 과정이다. 미팅 단계에서는 앞서 쌓은 신뢰와 전문성을 바탕으로 고객의 니즈를 더 깊이 이해하고, 당신의 제품이나 서비스가 어떻게 그들의 문제를 해결할 수 있는지 효과적으로 전달하는 것이 무엇보다 중요하다.

TMORW의 각 단계는 서로 긴밀히 연결되어 있으며 각 단계를 잘 수행할수록 전체적인 영업 성과가 향상된다. 따라서 타깃 단계에서 쌓은 기반을 미팅 단계에서 잘 활용하여 더 효과적인 미팅과 성공적인 비즈니스 관계 구축으로 이어나가야 한다.

콜드콜이 어려운 이유와 해결방법

① 전화를 했는데 만나자고 할까봐 두렵다

전화를 했는데 막상 만나자고 할까봐 두려워하는 영업인도 많다. 이 경우는 고객과 미팅할 준비가 아직 안 돼서이다. 고객의 질문에 답변하지 못할까봐, 또는 자신의 부족함이 드러날까봐 걱정하는 것이다. 이를 극복하기 위해서는 제품에 대한 전문성을 키워야 한다. 자신이 판매하는 제품에 대해 깊이 있는 지식을 갖추면, 고객과의 만남이 두려움의 대상이 아닌 설레는 경험이 될 수 있다.

자신이 파는 제품에 대해 전문적인 지식이 없다면 아직 전화를 할 준비가 안 된 것이다. 그러면 고객을 막상 만나도 대화가 잘 되지 않아 영업 과정을 주도적으로 이끌 수 없다. 항상 제품에 대해 전문성을 지니고 있어야 한다. 예를 들어 마음에 드는 이성이 있는데, 그 상대가 갑자기 당신에게 전화를 해서, "지금 만날 수 있나요?"라고 했다고 생각해보자. 거울을 보니 머리도 잘 정돈돼 있고 옷도 잘 차려입었고, 어디서 만나면 좋은 대화를 나눌지 미리 생각해놓았다면 그 전화가 반갑고 신날 것이다. 하지만 오늘 아침에 바빠서 급하게 대충 입고 나왔고, 머리 손질도 안 되어 있으며 어디서 봐야 할지도 생각해보지 않았다면 상대를 만나고 싶지 않을 것이다.

우리는 고객이 원할 때 바로 언제든지 만날 수 있도록 항상 준비하고 있어야 한다.

② 콜드콜이 어렵게 느껴진다

모든 행동에는 과정이 있다. 이는 일상적인 행동부터 복잡한 업무까지 모든 영역에 적용된다. 콜드콜 역시 예외가 아니다. 콜드콜이 어렵게 느껴진다면, 그 과정을 세부적으로 나누어 분석해보는 것이 도움이 될 수 있다.

물을 마시는 간단한 행동을 예로 들어보겠다. 물을 마시기 위해서는 물병을 들고, 열고, 컵에 물을 따르고, 마시는 일련의 과정이 필요하다. 만약 이 중 어느 한 단계라도 어려움이 있다면 물을 마시는 전체 과정이 방해받게 된다. 예를 들어, 물병이 너무 미끄럽거나 뚜껑이 잘 열리지 않는다면 물을 마시는 것이 어려워질 수 있다.

콜드콜도 이와 유사한 과정을 거친다. 전화기를 들고, 번호를 누른 뒤 인사를 하고 대화를 나눈 후 마무리 인사를 하고, 전화를 끊는 단계로 구성된다. 이 중 어느 단계에서 어려움을 느끼는지 파악하는 것이 중요하다.

더 나아가 각 단계를 더 세분화할 수도 있다. 예를 들어 '전화기를 든다.'는 단계는 콜을 할 고객 선정, 전화번호 확인, 전화기 위치 확인, 심리적 준비, 실제로 전화기를 드는 행동 등으로 나눌 수 있다.

콜드콜이 어렵다고 느낀다면 이렇게 세분화된 과정 중 어느 부분이 특히 어려운지 정확히 파악해보자. 이렇게 구체적으로 문제를 인식하면 그에 맞는 해결책을 찾기가 더 쉬워진다.

어려운 부분을 파악했다면, 그 부분에 대해 경험 많은 동료나 선배에게 조언을 구하거나, 전문가의 교육을 받는 것도 좋은 방법이다. 이를 통해 구체적인 개선 방법을 찾을 수 있다.

그러나 가장 중요한 것은 시작하는 것이다. 물을 마시고 싶어도 물병을 들지 않으면 물을 마실 수 없듯이, 콜드콜을 해야 한다고 생각만 하고 실제로 전화기를 들지 않으면 아무 일도 일어나지 않는다. 어려움을 분석하고 해결책을 찾는 것도 중요하지만 그보다 더 중요한 것은 실제로 행동으로 옮기는 것이다.

③ 거절당하거나 무시당할까봐 걱정된다

내가 아직도 기억하는 KT의 홍보전화가 있다. 전화를 받았는데 KT 홍보 직원이 "안녕하세요? 고객님, KT VIP셔서 전화를 많이 받으시지요. 번거로우신데도 받아 주셔서 진심으로 감사합니다."라고 대화를 시작한 것이다. 그 직원에게 정중히 별도의 서비스가 현재는 필요하지 않다고 한 후 이렇게 말했다. "밝은 목소리로 인사를 해주셔서 제 기분도 즐거워졌습니다. 다음에 제가 별도 서비스를 추가하게 된다면 꼭 당신에게 구매하고 싶습니다. 오늘 오후 어느 날보다 화창하게 마무리하세요. 감사합니다."

당신이 상대방과 좋은 만남을 하길 원하고, 상대방을 배려한다는 마음으로 콜을 한다면 거절이나 무시는 크게 신경쓰지 않을 것이다. 내가 만일 KT의 홍보직원으로서 고객에게 전화를 한다면 아래 내용을 추가할 것 같다. "제가 염려되는 것은 여러 번 전화를 받으셔서, 혹시 궁금하신 부분이나 혜택에 대해 미처 전달 드리지 못한 부분이 있을까 염려됩니다. 제가 고객님이 아시면 도움이 되실 내용을 2분 정도 설명을 드리고자 하는데, 들으시다가 필요없다고 생각되시면 중간에 전화를 끊으셔도 정말 괜찮습니다. 전화를 중간에 끊으실 수 있으니 내용을 전달드리기 전에 마무리 인사를 먼저 드립니다. 오늘도 행복하세요!"

④ 전화 자체가 어색하다

전화를 많이 사용하지 않고 문자로 소통하는 것이 편한 사람은 전화를 거는 것 자체가 어려울 수도 있다. 영업은 사람과 사람이 만나서 대화를 나누고,

관계를 형성해서 결과를 만드는 일이다. 사람들과 커뮤니케이션을 잘한다고 해서 영업을 잘할 수 있는 것은 아니지만, 커뮤니케이션이 어려우면 영업을 잘하기 어렵다. 전화를 거는 게 어색하다면, 콜드콜을 자주 하는 주변 영업동료나 선배의 전화 내용을 들으며 도움이 될 만한 표현들을 배우고, 평소에 가까운 사람들에게 전화를 해보며 연습하는 것이 좋다. 이런 식으로 어려운 부분을 하나씩 해결해 나가는 것이 곧 경력을 쌓는 과정이다.

⑤ 콜드콜이란 단어에 지배된다

콜드콜이란 단어는 '차가운'이란 의미가 담겨있어 전화를 거는 사람을 긴장하게 한다. 그런데 콜드콜은 단지 영업에서만 사용하는 용어가 아니다. 기자가 취재를 하기 위해 전화를 하는 것도, 누군가의 소개를 받고 연락을 하는 것도 콜드콜에 해당한다. 아직 서로를 알기 전에 하는 전화는 모두 콜드콜인 셈이다. 그러니 콜드콜이라는 단어에 움츠러들기보다는 전화를 따뜻하게 마무리하여 웜콜(Worm Call)로 만드는 것에 집중하자.

단계 2 | 미팅(Meet) − 의도한 대로 이끄는 기술

타깃 설정 후 잠재 고객과 미팅이 약속되었다면, 이제 미팅을 전략적으로 계획할 차례이다. 다음은 고객과 전문적이고 의미 있는 미팅을 하기 위한 방법이다.

미팅 준비 전략

1 | 아젠다 확정

명확한 아젠다 아젠다는 미팅에서 다룰 주제, 순서, 항목 등을 의미하며 미팅의 방향을 정하고 목적을 달성하는 데 핵심적인 역할을 한다. 명확한 아젠다가 있어야 미팅 참석자 모두가 동일한 목표를 가지고 효율적으로 논의를 진행할 수 있다.

아젠다는 일반적으로 미팅 요청 시 처음 제안되며 이후 정리하여 미팅 일정 확인 이메일을 통해 고객에게 전달한다. 이렇게 두 번 이상 아젠다를 확인하는 것은 상대방에 대한 배려이며 미팅 주제를 상기시키는 효과가 있다. 이 과정은 미팅의 효율성을 높이는 데 도움이 된다.

고객 관심 파악 아젠다를 정할 때 고객에게 특별히 다루고 싶은 주제가 있는지 물어보는 것이 좋다. 이를 통해 고객의 니즈를 사전에 파악하고 준비할 수 있다. 만약 고객이 특정 주제를 제시하지 않았다면 미팅 시작 시 고객의 가장 큰 관심사를 물어보는 것이 좋다.

고객의 관심사를 파악하는 것은 단순히 미팅 준비를 위한 것만이 아니다. 이는 고객이 현재 가장 중요하게 생각하는 것을 이해하는 데 도움이 된다. 이러한 이해를 바탕으로 더 맞춤화된 솔루션을 제시할 수 있으며, 고객과의 관계를 더욱 강화할 수 있다.

항상 기억해야 할 점은, 고객은 자신의 궁금증을 해소하고 필요한 정보를 얻기 위해 미팅에 참석한다는 것이다. 따라서 고객의 관점에서 미팅을 준비하고 진행하는 것이 중요하다.

2 | 미팅 설계

장소와 시간 가능하다면 미팅의 장소와 시간을 당신이 결정하는 것이 좋다. 이는 단순히 편의성 때문만이 아니다. 당신에게 가장 편안하고 전문성을 발휘할 수 있는 환경에서 미팅을 진행함으로써 대화의 주도권을 잡을 수 있기 때문이다. 익숙한 환경에서는 긴장도가 낮아지고 집중력이 높아져 더 효과적인 커뮤니케이션이 가능해진다.

첫 미팅에서는 양측 모두 긴장하게 마련이다. 당신은 상대방이 제품에 관심이 있는지 확인하려 하고, 상대방은 당신이 어떤 사람인지 판단하려 할 것이다. 이때 당신이 편안하게 대화를 이끌어갈 수 있다면 양측의 긴장을 완화시키는 데 도움이 된다.

가능하다면 대면 미팅을 하는 것이 좋다. 직접 만나 대화를 나누는 것이 신뢰 구축과 깊이 있는 대화를 나누는 데 더 효과적이기 때문이다.

온라인 미팅 그러나 때로는 원격으로 미팅을 진행해야 할 상황이 있다. 이 경우 줌(Zoom)이나 마이크로소프트 팀즈(Microsoft Teams) 등 신뢰할 수 있는 플랫폼을 선택하되 상대방에게 편한 플랫폼을 이용한다. 미팅 링크를 사전에 점검하고 고객보다 먼저 접속하여 대기하는 등의 준비가 필요하다. 또한 장비를 사전에 점검하여 기술적 문제로 인해 미팅이 방해받지 않도록 해야 한다.

온라인 미팅은 대면 미팅보다 피로도가 높다는 점을 고려해야 한다. 따라서 온라인 미팅은 30분, 대면 미팅은 1시간 정도로 시간을 배분하는 것이 좋다. 특히 온라인 미팅의 경우, 시간이 짧은 만큼 사전에 미팅 주제를 더욱 명확히 설정하는 것이 중요하다.

3 │ 미팅 일정 확인

이메일로 확인 미팅이 확정되면 24시간 이내에 전문적인 이메일 초대장을 발송한다. 이 이메일에는 미팅의 목적과 기대 사항을 명확히 설명하고 다음 3가지 원칙을 준수한다.

- **1가지 주제에 집중**: 여러 주제를 다루면 논의가 복잡해질 수 있으므로 1가지 주제에 집중한다.
- **간략하게 핵심만 전달**: 상세한 내용은 실제 미팅에서 논의하고, 이메일에서는 핵심만 간략히 전달한다.
- **관련된 사람에게만 전송**: 관련 없는 사람들에게 이메일을 보내면 산만해지고 의사 결정자에게 부담을 줄 수 있다.

미팅 전, 일정을 재확인하고 고객의 관심사를 사전에 파악하기 위해 다음과 같이 간단한 확인 이메일을 보내는 것이 좋다.

[예시 │ **미팅 일정 확인 이메일**]
안녕하세요, 김○○ 님.
다가오는 미팅 일정을 안내드립니다.

미팅 일정

· **날짜:** 2024년 12월 2일

· **시간:** 오전 11시

· **장소:** ○○○ 회의실

(온라인 미팅일 경우, 다음 링크를 사용해주세요. [온라인 미팅 링크])

이번 미팅을 통해 상품 소개를 하고, 김○○ 님의 비즈니스에 대해 깊이 이해하고자 합니다. 미팅을 더욱 효과적이고 생산적으로 만들기 위해 특별히 알고 싶으신 내용이나 논의하고 싶은 주제가 있으시면 사전에 알려주시면 감사하겠습니다. 해당 내용을 준비해 가겠습니다.

감사합니다.

(본인의 이름과 직함)

전화로 확인 이메일로 미팅 일정을 보낸 후에도 응답이 없다면 전화를 통해 직접 확인하는 것이 좋다. 이때는 이메일을 보낸 후 영업일 기준 3일 이내에 연락하는 것이 가장 효과적이다. 이 기간을 넘기면 상대방의 미팅 의지가 약해지거나 일정을 잊어버릴 수 있기 때문이다. 이때 회신을 하지 않더라도 상대방이 부담을 느끼지 않도록 미팅 일정만 가볍게 확인한다.

4 │ 사전 조사

배경 조사 배경 조사를 통해 잠재 고객사의 과거, 현재, 미래를 파악한다. 먼저 신문 기사, 잡지, 포털 사이트 등 다양한 출처를 활용하여 정보를 수집한다. 회사의 역사는 설립 연도, 주력 상품의 변화, 경영진 변동 사항 등을 통해 이해할 수 있다. 현재 상황은 최근 5년간의 영업이익 분석을 통해 파악할 수 있으며, 미래 방향성은 언론 보도나 공식 웹사이트에서 확인할 수 있다. 이러한 조사를 바탕으로 해당 회사를 대표하는 핵심 키워드 3개를 선정하여 미팅 시 대화 주제로 활용한다.

개인을 대상으로 하는 경우, 링크드인, 페이스북, 인스타그램 등 소셜 미디어 프로필을 통해 그 사람의 주요 관심사나 가치관을 나타내는 핵심 키워드 3개를 파악한다.

링크드인(LinkedIn) 프로필 검토 링크드인 프로필을 검토하여 미팅 상대방의 전문적 배경과 관심사를 더 자세히 알아보자. 동시에 자신의 프로필도 지속적으로 관리하고 업데이트하는 것이 중요하다. 미팅 전에 상대방에게 자신의 링크드인 프로필 링크를 공유하거나, 전문적으로 작성된 PDF 형식의 프로필을 제공하는 것도 좋은 방법이다. 이는 비즈니스 전문가로서의 준비성과 전문성을 보여주는 효과적인 방법이 될 수 있다.

5 | 대화 준비

맞춤형 프레젠테이션 맞춤형 프레젠테이션은 사전 조사를 통해 파악한 잠재 고객의 요구사항과 문제점에 초점을 맞춰 준비한다. 예를 들어, 조직 내 소통 문제를 겪는 고객이라면 관련 해결 사례를, 특허나 세금 문제로 고민하는 고객이라면 실질적인 해결책을, 신규 사업자라면 성공적인 비즈니스 케이스 스터디를 준비한다. 핵심은 당신이 하고 싶은 이야기가 아닌, 고객이 듣고 싶어 하는 이야기를 전달하는 것이다.

가치 제안 가치 제안을 준비할 때는 자사 제품이나 서비스의 핵심 가치를 나타내는 3가지 키워드를 선정하고, 이들이 고객에게 어떤 구체적인 이점을 제공하는지 명확히 설명한다. 이때 정확한 수치와 데이터, 그리고 스토리텔링을 결합하면 더욱 효과적이다. 예를 들어, "이 제품으로 생산성이 20% 증가하고 연간 비용이 15% 절감됩니다."라는 데이터와 함께, 실제 고객 사례를 들어 구체적인 성과와 그 파급 효과를 설명할 수 있다.

여기서 한 걸음 더 나아가 스토리텔링을 추가할 수 있다. 예를 들어, "한 고객이 우리 제품을 도입한 후 6개월 만에 생산성이 20% 향상되었습니다. 그 결과, 팀은 평균 주당 10시간을 절약할 수 있었고, 이를 통해 연간 15%의 비용 절감 효과를 보았습니다. 그 고객은 절감된 비용을 R&D에 재투자하여 새로운 제품 라인을 개발했으며 이는 결국 매출 성장으로 이어졌습니다." 이렇게 수치와 데이터를 스토리텔링으로 결합하면 상대방은 제품이 실제로 어떤 영향을 미칠지 더 명확하게 이해하고 그 결과를 직관적으로 예상할 수 있다.

무형의 상품을 판매할 때는 고객이 그 상품을 사용할 때의 구체적인 경험을 상상할 수 있게 하는 것이 중요하다. "이 서비스가 좋다."라는 모호한 말 대신, 고객의 일상이나 업무에 어떤 실질적인 변화를 가져다줄 수 있는지를 구체적으로 설명해야 한다.

예를 들어, "이 지식 공유 서비스를 사용하면 다양한 분야의 최신 정보를 쉽게 접할 수 있어, 회의나 프레젠테이션에서 더욱 통찰력 있는 의견을 제시할 수 있게 됩니다."라고 구체적으로 말하는 것이 효과적이다. 이러한 설명은 고객이 서비스의 가치를 더 명확히 이해하고, 자신의 삶에 어떻게 적용될지 쉽게 상상할 수 있게 한다.

반면, "많은 사람들이 사용하고 있어요." 또는 "사용하면 좋을 거예요."와 같은 추상적인 표현은 고객에게 명확한 이미지를 주지 못한다. 이런 표현은 제품의 실제 가치를 전달하지 못하고, 고객의 기억에도 오래 남지 않는다.

또한 미팅 중에는 준비한 핵심 가치 키워드를 여러 번 반복해 언급하는 것이 중요하다. 이는 고객이 그 키워드를 기억하고 제품이나 서비스와 연관 짓도록 도와준다.

미팅 중 리드하는 전략

1 | 관계 구축

라포(rapport) 형성 라포 형성은 어색한 분위기를 부드럽게 만드는 아이스브레이킹을 넘어서는 개념으로, 깊이 있는 신뢰와 이해를 바탕으로 관계를 만드는 과정이다. 이는 미팅 시작 전 짧은 개인적인 대화로 시작될 수 있다.

명함을 주고받으면서도 라포를 만들 수 있다. 명함은 대화 시작을 위해 좋은 소재를 제공하기도 한다. 예를 들어 명함에 이름을 한자로 적은 경우, "한자로 이름을 쓰시네요. 이름이 담긴 의미를 알려주실 수 있나요?"라고 물을 수 있다. 명함에 직함이 나와 있지 않다면 "직함을 사용하지 않으시는 것을 보니 기업이 수평문화를 중요시하나봐요?"라고 물을 수도 있다. 또는 "중요한 업무를 맡고 계시네요. 이전에는 어떤 일을 하셨을까요?"라고 이전 경력을 물을 수도 있으며, "명함 색깔이 독특합니다. 기억하기 쉽겠는데요?"라고 이야기할 수도 있다. 또한 미팅 전 상대방에 대한 정보를 모으면서 궁금한 점이 있었다면 "최근에 뉴스기사에 많이 나오는 거 같습니다. 특별히 이유가 있으실 거 같아요.", "미팅 전에 자료를 찾아보았는데 혁신이라는 단어를 자주 언급하신 듯합니다. 혁신에 대한 의미가 있으세요?"처럼 미팅 초반에 물을 수도 있다.

능동적 경청 능동적 경청은 상대방의 비즈니스에 진정한 관심을 가지고 그들의 말을 깊이 이해하려 노력하는 듣기를 의미한다. 능동적 경청을 통해 상대방의 니즈와 관심사를 정확히 파악할 수 있으며, 이는 향후 비즈니스 제안이나 협력 방안을 구체화하는 데 큰 도움이 된다.

2 | 프레젠테이션

효과적인 비즈니스 프레젠테이션은 고객의 마음을 움직이고 깊은 관계를 형성하는 과정이다. 이때 흥미로운 스토리텔링과 쌍방향 대화가 핵심적인 역할을 한다.

흥미로운 스토리텔링 스토리텔링은 고객에게 공감을 주고 감동을 전하는 이야기를 만들어내는 것이다. 영업인은 아나운서처럼 뉴스를 전달하는 것이 아니라, 스토리텔러로서 고객의 마음을 사로잡는 이야기를 들려주어야 한다. 이를 통해 고객은 당신과 상품에 더 깊은 관심을 갖고 장기적인 비즈니스 관계를 맺고 싶어 하게 된다.

대화 전통적인 영업 '피치(Pitch)'는 제품이나 서비스에 대한 간결하고 설득력 있는 소개를 의미한다. 다음은 일반적인 영업 피치의 예시다.

"안녕하세요, 저는 김○○이며 (회사 이름)의 (직책)입니다. 요즘 많은 기업들이 데이터 관리 문제로 어려움을 겪고 계신데요. 저희 (제품명)은 이러한 문제를 효율적으로 해결할 수 있는 솔루션을 제공합니다. 저희 제품은 (특징 1), (특징 2), (특징 3)을 통해 데이터 관리를 쉽고 효과적으로 만들어 드립니다. 이미 많은 고객들이 저희 제품을 통해 (구체적인 혜택)을 누리고 있습니다. 오늘 짧은 데모를 통해 직접 확인해보시겠습니까?"

이 피치는 고객의 상황을 이해하거나, 고객이 무엇을 원하는지 묻지 않고 상품에 대해서만 이야기하고 있다. 이러한 일방적인 정보 전달만으로는 진정한 관계 형성과 성공적인 판매를 이루기 어렵다. 당신이 관계형성을 통해 더 잘 팔기 위해 기억해야 할 것은 영업 피치(Selling Pitch)가 아닌, 영업대화(Selling Communication)다. 영업대화는 고객과의 쌍방향 소통을 강조한다. 이는 단순히 제품의 특징을 나열하는 것이 아니라, 고객의 상황을 이해하고 그들의 필요와 욕구를 파악하는 과정이다.

3 │ 고객의 니즈(Needs) 분석

질문하기 미팅 중 고객과 성공적인 비즈니스 관계 구축을 위해서는 그들의 니즈를 정확히 파악하는 것이 중요하다. 이를 위해 효과적인 질문 기술과 고객의 비전 및 문제점을 이해하는 능력이 필요하다.

적절한 질문은 고객의 의도와 요구를 깊이 이해할 수 있게 해주며, 동시에 고객과 당신이 같은 팀이라는 인식을 심어준다. 또한 질문을 통해 고객이 미처 생각하지 못했던 부분을 발견하게 하여 가이드 역할을 할 수 있다. 다양한 질문 기법을 활용하여 고객의 상황, 목표, 도전 과제 등을 종합적으로 파악하는 것이 중요하다.

비전 및 문제점 파악　모든 사람과 조직은 각자의 비전과 목표가 있으며, 그것을 달성하는 과정에서 다양한 문제에 직면한다. 당신의 역할은 이러한 비전과 문제점을 정확히 이해하고, 그들의 목표 달성을 돕는 해결책을 제시하는 것이다.

이 과정에서 중요한 것은 고객의 문제를 해결하고 그들의 비전 실현을 돕는 파트너로서의 역할을 하는 것이다. 당신이 제공하는 가치는 상품이 아닌, 고객의 목표 달성을 위한 구체적인 해결책이다.

4 | 가치 입증

제품이나 서비스의 가치를 고객에게 입증하는 것도 미팅의 핵심 요소이다. 이를 위해 사례 연구와 ROI 계산이라는 2가지 중요한 전략을 활용할 수 있다.

사례 연구　사례 연구는 당신의 제품이나 서비스가 다른 고객에게 어떻게 도움이 되었는지를 보여주는 강력한 도구이다. 이를 통해 잠재 고객은 당신의 제품을 사용했을 때 얻을 수 있는 결과를 구체적으로 예상할 수 있다. 그러나 사례 연구를 공유할 때는 주의해야 할 점이 있다.

먼저, 공유하는 회사의 내부 정보나 기밀 사항이 노출되지 않도록 주의한다. 사례로 사용할 회사로부터 사전에 승인을 받고, 공유 가능한 정보의 범위를 명확히 해야 한다. 일부 기업은 자사명을 언급하는 것조차 금지할 수 있으므로 이점을 반드시 확인하자.

또한 사례를 공유받을 회사의 니즈도 고려해야 한다. 경쟁사의 성공 사례나 불필요한 정보는 오히려 거부감을 줄 수 있다. 공유하는 사례가 객관적인지도 확인해야 하며, 동료나 경쟁사가 같은 기업의 성공 사례를 어떻게 공유하는지도 파악해 보는 것이 좋다. 다른 사람들과 크게 다른 결과를 공유한다면 신뢰성에 문제가 생길 수 있기 때문이다.

ROI 계산 ROI(Return on Investment) 계산은 고객에게 투자 대비 수익을 명확히 보여주는 방법이다. 구체적인 수치를 제시하면 고객이 기대할 수 있는 결과를 더 쉽게 이해할 수 있다. 예를 들어, "이 솔루션을 도입하면 연간 20%의 비용 절감 효과를 기대할 수 있습니다."와 같은 구체적인 수치는 고객의 의사결정에 큰 도움이 된다.

그런데 ROI를 정확히 계산하기 어려운 경우도 있다. 이런 경우에는 예상되는 결과를 설명하는 것이 좋다. "이 서비스를 사용하면 고객 참여도가 높아지고, 장기적으로 매출 증대에 기여할 가능성이 큽니다."와 같은 설명도 유효할 수 있다.

이때 주의할 점은 이러한 결과가 반드시 실현되지 않을 수 있다는 점을 다음 예시처럼 고객에게 미리 알려주는 것이다.

[예시]

"이 소프트웨어를 통해 생산성이 15% 증가할 수 있습니다. 단, 이 효과
는 모든 팀원이 소프트웨어를 적극적으로 활용할 때 기대할 수 있는
결과입니다."

"이 광고 캠페인은 브랜드 인지도를 크게 높일 수 있습니다. 다만, 예
상한 효과를 보려면 최소 3개월 동안 꾸준히 캠페인을 운영해야 합
니다."

아무리 효과적인 제품이나 서비스라도 고객이 제대로 사용하지
않으면 예상한 결과를 얻지 못할 수 있기 때문이다. 따라서 모든 예
상 결과는 고객이 약속된 방식으로 제품이나 서비스를 충분히 활
용한다는 전제 하에 나올 수 있는 것임을 명확히 설명해야 한다.

5 | 반론 처리

일반적인 반론 반론은 구매자가 정보를 수집하고 검토하는 과정에
서 발생하는 당연한 현상이다. 오히려 이는 구매 가능성이 높아지
는 긍정적인 신호로 볼 수 있다. 구매자가 반론을 제기한다는 것은
제품이나 서비스에 관심이 있다는 것을 의미하기 때문이다.

반론을 다룰 때 가장 중요한 것은 고객의 우려를 진지하게 받아
들이고 이해하는 자세이다. 고객의 반론을 무시하거나 경시해서는
안 되며 그들의 우려를 인정하고 공감하면서 명확하고 구체적인

답변을 제공해야 한다.

[예시]

고객　이 제품의 가격이 다른 제품보다 높은데, 정말 그만한 가치가 있나요?

나　네, 이 제품은 경쟁 제품보다 초기 비용이 높을 수 있지만 장기적으로는 유지 비용이 적고 고품질의 성능을 제공하기 때문에 오히려 비용 효율적입니다.

고객　이 솔루션이 우리 비즈니스에 잘 맞을지 확신이 서지 않습니다.

나　이해합니다. 그래서 귀사와 유사한 다른 고객 사례를 통해 어떻게 성공적으로 적용되었는지를 보여드리겠습니다.

재확신　상대방의 반론이나 우려 사항을 절대 무시해서는 안 된다. 예를 들어, "왜 그런 걱정을 하세요?"라고 물으면, 구매자는 자신의 우려가 충분히 배려받지 못하고 있다는 느낌을 받을 수 있다. 고객의 우려가 당연한 것임을 인정하고 공감해 줘야 한다. 당신이 고객을 위해 해줘야 하는 일은, 그 우려를 해소할 수 있는 추가 정보를 제공하여 고객이 현명한 결정을 내릴 수 있도록 확신을 심어주는 것이다.

6 | 가격 안내

가격 안내는 매우 섬세함을 요구하는 단계이다. 이를 효과적으로 수행하기 위해서는 여러 가지 전략적 접근이 필요하다.

가격 안내 시점 가격 안내의 시점은 매우 중요하다. 가격 안내는 제품에 대한 설명과 함께 공유하는 것이 좋다. 제품에 대한 기대치가 높을수록 상대방의 가격에 대한 궁금증이 높아져 당신이 전하는 내용에 집중하지 못할 수도 있으며, 가격이 높을 것이란 생각에 불안할 수 있기 때문이다. 가격을 너무 늦게 공개하면 고객은 설명에 집중하지 못하고 "그래서 얼마인가요?"라는 질문만 계속 떠올리게 된다. 제품의 가치를 충분히 설명하면서 동시에 가격을 안내하면, 고객이 구매를 결정하는 데 필요한 정보를 더 명확하게 제공할 수 있다.

가격 옵션 안내 가격은 높은 가격부터 낮은 가격 순으로 안내하는 것이 효과적이다. 이는 심리학적으로 고객이 중간 가격대의 옵션을 선택하는 경향을 활용한 전략이다. 일반적으로 3가지 옵션을 제시하면, 사람들은 극단적인 선택을 피하고 중간 가격대의 옵션을 선택하는 경향이 있다. 이는 고객에게 선택의 폭을 제공하면서도, 심리적 안정감을 줄 수 있는 방법이다.

　각 가격의 옵션을 제시할 때는 해당 가격에 따른 혜택과 한계를 명확히 설명해야 한다. 이를 통해 고객은 각 옵션의 차이점을 이해하고 자신의 필요와 예산에 맞는 최적의 솔루션을 선택할 수 있다.

제안 가격에 대한 불만 가격에 대한 불만이 제기될 경우, 이를 적절히 처리하는 것도 중요하다. 가격을 설명할 때는 그 가격에 포함된 가치도 함께 설명해야 한다. 예를 들어, 제품 가격 외에 지속적인 고객 서비스, 추가 지원 등의 가치도 포함되어 있음을 강조할 수 있다. "이 가격은 10,000원입니다. 그런데 10,000원의 금액에는 제품 가격과 더불어 고객님이 지속적으로 관리를 받으실 서비스팀의 서비스와 고객님이 이 제품을 이용하실 동안 제가 고객님의 추가적인 질문이나 도움 요청에 답을 하는 서비스의 금액이 포함되어 있습니다."라고 설명을 해주는 것이다.

만약 고객이 가격이 비싸다고 느낀다면, 그 이유를 정중히 물어보자. '비싸다.'는 것은 항상 상대적인 개념이므로 무엇과 비교해서 비싸다고 느끼는지 파악하는 것이 중요하다. 이를 통해 고객의 예산에 맞는 대안을 제시하거나, 경쟁사와의 차별점을 설명할 수 있는 기회를 얻을 수 있다.

때로는 고객이 '비싸다.'는 표현을 통해 간접적으로 거절의 의사를 나타내기도 한다. 이런 경우, 고객이 편안하게 거절할 수 있음을 안내하는 것도 중요하다. 이는 불필요한 시간과 에너지 소비를 줄여 더 효율적인 영업 활동을 가능하게 한다.

7 | 현재 상황 확인

경쟁사 확인 고객이 다른 회사와도 접촉하고 있는지, 그리고 어떤 요소를 가장 중요하게 여기는지 파악해야 한다. 이를 통해 고객의 우선순위를 이해하고, 당신의 제품이나 서비스의 강점을 효과적으로 부각시킬 수 있다. 단, 경쟁사를 비하하거나 단점을 강조하는 것은 피해야 한다. 당신의 역할은 고객이 최선의 결정을 내릴 수 있도록 돕는 전문적인 조언자임을 명심해야 한다.

잠재고객 상황 확인 고객이 실제로 당신의 제품이나 서비스를 필요로 하는지, 구매할 수 있는 상황인지, 예산이 충분한지, 그리고 최종 결정권자가 누구인지 등을 확인해야 한다. 이를 위해 체계적인 체크리스트를 활용하는 것이 도움이 될 수 있다.(157쪽 영업기회계획표 참고)

8 | 다음 단계 확인

다음 단계 확인은 미팅을 마무리하는 중요한 과정이다. 먼저, 미팅 내용을 간략히 요약하여 중요한 사항을 재확인하고 오해나 누락된 정보가 없는지 확인한다. 이는 양측이 동일한 이해를 가지고 있는지 확인하는 중요한 단계이다.

그 다음 향후 절차에 대해 명확히 합의해야 한다. 즉각적인 구매가 가능한지, 테스트나 추가 미팅이 필요한지, 그리고 최종 구매 기한은 언제인지 등을 구체적으로 논의해야 한다. 이 과정에서 고객의 의사결정 과정과 일정을 존중하면서도, 당신의 제품이나 서비스가 어떻게 그들의 니즈를 충족시킬 수 있는지를 강조할 수 있다.

중요한 점은, 모든 미팅을 긍정적으로 마무리하는 것이다. 비즈니스 미팅의 궁극적인 목적은 판매가 아니라 장기적인 관계 구축이다. 따라서 당장의 구매 결정 여부와 관계없이, 모든 미팅을 해피엔딩으로 마무리하여 향후에도 좋은 관계를 유지할 수 있도록 해야 한다.

미팅 후
팔로우업 전략

미팅 후 팔로우업 전략은 비즈니스 관계를 공고히 하고 잠재 고객과의 연결을 강화하는 역할을 한다. 이 전략의 2가지 주요 요소는 팔로우업 이메일과 다음 미팅 일정 잡기이다.

1 | 팔로우업 이메일

팔로우업 이메일은 미팅 후 24시간 이내에 보내는 것이 중요하다. 이는 사람들의 기억이 하루를 넘기지 어렵다는 점을 고려한 것이다. 이 이메일에는 감사 인사, 미팅 요약, 다음 단계 안내, 그리고 추가 정보나 자료를 포함해야 한다. 필요에 따라 전화나 카톡 혹은 문자로 인사를 나눌 수 있다. 이를 통해 고객은 미팅 내용을 상기하고, 향후 계획을 명확히 파악할 수 있다.

이메일에는 미팅 요약과 다음 일정 안내를 포함해야 한다. 미팅 중 요청된 추가 문서나 정보를 첨부하거나 제품 샘플이나 체험 서비스를 보낼 수 있다.

2 | 다음 미팅 일정 잡기

다음 미팅 일정을 잡는 것도 중요하다. 먼저 다음 미팅이나 팔로우업 전화를 위한 캘린더 초대를 보낸다. 또한 정기적으로 연락하여 관계를 유지하고 고객의 관심을 지속시켜야 한다. 이는 단순한 일정 조율을 넘어 지속적인 관계 구축의 기반이 된다.

지금까지 두 번째 단계인 '미팅'을 효과적으로 진행하기 위한 방법에 대해 알아보았다. 영업인에게 다음에 이어질 미팅이 있다는 것은 매우 중요하다. 미팅의 횟수가 지나치게 적으면 미팅에 힘이 너무 들어가 효과적인 대화를 나누기가 어렵다. 따라서 영업인은 미팅이 연속적으로 일어날 수 있도록 미팅의 기회를 만들어야 한다.

효과적인 미팅 전략을 위해서는 충분한 미팅 횟수와 체계적인 데이터 분석이 필요하다. 영업인은 미팅이 연속적으로 이루어지도록 기회를 만들어야 하며 각 미팅의 성과를 분석하여 성공률을 높이는 전략을 개발해야 한다. 예를 들어, 평균적으로 몇 번의 미팅 후 다음 단계로 진행되는지, 어떤 시간대나 장소에서 미팅 결과가 가장 좋은지, 어떤 대화 방식이 라포 형성에 가장 효과적인지 등의 데이터를 수집하고 분석할 수 있다.

이러한 데이터의 신뢰성을 높이기 위해서는 최소 100회 이상의 미팅 데이터를 수집하는 것이 좋다. 이를 바탕으로 주간, 일일 미팅 목표를 설정하여 체계적으로 미팅 횟수를 늘리고 효과를 극대화하는 전략을 짤 수 있다.

미팅 횟수를 계획하기 위해 다음과 같이 주간 및 일일 목표를 만들어보자. 아래 목표는 예시이므로 자신의 상황이나 여건에 맞게 조정하면 된다.

[미팅에 대한 주간 및 일일 목표]

① 일일 목표

미팅 요청 하루에 5~10회의 미팅 요청을 목표로 한다.

팔로우업 이전 미팅 요청과 확인에 대해 3~5회 팔로우업한다.

② 주간 목표

미팅 개최 주당 5~10회의 미팅을 목표로 한다.

미팅 준비 다가오는 미팅을 준비하고 지난 미팅의 결과를 검토하는 데 시간을 할애한다.

004 단계 3 | 기회(Opportunity) – 가능성을 높이는 기술

기회 단계는 고객이 상품이나 솔루션을 구매할 가능성을 높이는 중요한 과정이다. 이 단계에서는 미팅을 통해 얻은 고객에 대한 이해를 바탕으로 구체적인 실행 계획을 세워 구매 가능성을 높인다. 기회를 만들기 위한 구체적인 실행 계획을 알아보자.

기회 창출 실행 계획

1 | 문제 및 필요 파악

깊이 있는 질문 고객의 현재 상황을 정확히 이해하기 위해 열린 질문과 심층적 질문을 활용한다. 예를 들어, "현재 비즈니스에서 가장 큰 도전 과제는 무엇인가요?"라는 열린 질문으로 대화를 시작할 수 있다. 이어서 "그 도전 과제가 비즈니스에 어떤 영향을 미치고 있나요?", "이 문제 해결을 위해 현재 어떤 노력을 하고 계신가요?", "장기적으로 이 문제가 해결되지 않으면 어떤 영향이 있을까요?", "문제 해결에 필요한 추가 자원은 무엇이라고 생각하시나요?" 등 첫 질문에 이어진 질문을 통해 고객의 상황을 더 깊이 이해한다. 이는 효과적인 솔루션 제안에 도움이 되며, 고객 역시 자신의 상황을 객관적으로 파악하는 데 도움을 받을 수 있다.(질문 기법에 대한 자세한 내용은 3장 참고)

경청과 이해 고객의 답변에 귀 기울이고, 그들의 필요와 문제점을 완전히 이해하는 것이 중요하다. 단순히 듣는 것(Hearing)이 아니라, 온 마음을 다해 경청(Listening)하는 자세가 필요하다. 질문을 한 후에는 다음 질문이나 할 말을 생각하기보다는 고객의 답변에 집중해야 한다.

2 | 솔루션 제시

맞춤형 솔루션 모든 고객은 고유한 요구사항과 문제점을 가지고 있으며 이를 정확히 파악하고 해결하는 것이 성공적인 비즈니스의 열쇠이다. 일괄적인 접근 방식은 더 이상 효과적이지 않다. 왜냐하면 각 고객의 상황과 필요가 다르기 때문이다.

효과적인 맞춤형 솔루션을 제공하려면 먼저 고객과 깊이 있는 대화를 나누는 것이 중요하다. 이를 통해 고객의 구체적인 요구사항, 당면 과제, 그리고 목표를 정확히 파악한다. 이러한 정보를 바탕으로, 전문 영업인은 다양한 상황에 적용 가능한 여러 솔루션과 상품을 준비해야 한다.

각 솔루션은 명확한 차별점을 가져야 한다. 이는 고객에게 선택의 폭을 제공하면서도, 각 옵션이 어떻게 그들의 특정 요구를 충족시킬 수 있는지 명확히 보여줄 수 있게 한다. 주의해야 할 점은 너무 많은 선택지를 제공하면 오히려 고객의 결정을 어렵게 만들 수 있다는 것이다. 일반적으로 3가지 옵션을 제시하는 것이 가장 이상적이다. 이렇게 하면 충분한 선택의 여지를 제공하면서도, 고객이 쉽게 비교하고 결정할 수 있게 해준다. 마치 식당의 메뉴가 너무 많으면 선택이 어렵고, 하나만 있으면 선택의 폭이 좁은 것과 같다.

맞춤형 솔루션을 제시할 때는 구매를 강요하지 않는 것이 중요하다. 일부 고객은 결정을 내리기 전에 충분한 시간과 고려가 필요할 수 있다. 특히 기업 고객의 경우, 내부 논의와 승인 과정이 필요할 수 있으므로 여유를 주는 것이 중요하다.

구체적인 혜택 강조 마케팅 전략에서 구체적인 혜택을 강조하는 것은 고객이 실제로 얻을 수 있는 가치를 명확하게 전달하는 것을 의미한다. 구체적인 혜택을 강조할 때는 명확하고 측정 가능한 방식으로 표현하는 것이 효과적이다. 예를 들어, "이 솔루션을 통해 생산성을 20% 향상시킬 수 있습니다."라는 문구는 고객에게 직관적으로 이해하기 쉬운 혜택을 제시한다. 이러한 구체적인 수치는 고객이 솔루션 도입 후 기대할 수 있는 결과를 명확히 파악할 수 있게 해준다.

하지만 모든 고객이 같은 방식으로 정보를 받아들이는 것은 아니다. 따라서 고객과의 대화를 통해 그들의 성향을 파악하고, 그에 맞는 방식으로 혜택을 설명하는 것이 중요하다. 크게 2가지 유형으로 고객 성향을 구분할 수 있다.

[예시 │ 성향 파악 방법]

성향 파악을 위한 질문

- 데이터 중심 성향 확인 질문: "최근에 성과를 어떻게 측정하셨나요?" 또는 "가장 중요하게 보는 성과 지표는 무엇인가요?"
- 감정 중심 성향 확인 질문: "제품이나 서비스를 사용할 때 가장 안심되었던 경험은 무엇이었나요?" 또는 "어떤 점이 가장 큰 만족감을 주었나요?"

(고객이 어느 질문에 더 적극적으로 답변하는지를 관찰하여 성향을 파악할 수 있다.)

고객의 반응 관찰

- 통계나 구체적인 숫자에 관심을 보이거나 추가 정보를 요구하면 데

이터 중심 성향일 가능성이 높다.

- 공감이나 안심을 느끼는 순간에 더 큰 반응을 보인다면 감정적 요소
  를 중시하는 성향일 수 있다.

고객의 언어 사용 분석

- 데이터 중심 성향: '효율성', '수치', '비율', 'ROI' 등의 단어를 자주 사용
- 감정 중심 성향: '신뢰', '안정감', '만족감', '안심' 등의 단어를 빈번히
  사용

3 │ 기회 확정 후 확인해야 할 4가지

결정 확인 고객이 정확한 구매의사를 밝히면 구매확정을 명확히 한다. 또한 구매를 결정하게 된 이유를 확인하여 지속적인 고객 만족도 향상을 위해 참고한다.

일정 확인 구매 시기와 실제 사용할 시기 등 중요한 일정을 고객과 확인한다. 이렇게 일정을 정확히 확인하는 이유는 구매 전에 논의해야 할 사항이나 확인할 부분에 대한 일정을 조정하기 위해서다. 예를 들어, 구매 결정 전에 제품을 테스트해야 한다면 제품 사용 시기에 맞춰 테스트 일정을 설정한다. 고객과 일정을 명확히 논의하여 구매 전 모든 절차가 원활히 진행될 수 있도록 한다.

다음은 일정을 확인하는 방법이다. 최종적으로 제품을 사용해야

하는 날짜를 기준으로 역산하여 일정을 계산하는 방식이다. 구매 결정 시기와 제품 사용 시기에 맞추어 테스트, 계약서 작성, 납품일정 및 교육 일정 등을 조율한다.

기대치 확인　고객이 구매 후 어떤 결과를 기대하고 있는지 확인한다. 이는 구매 후 만족도를 높이는 중요한 자료가 되며, 재구매 유도에도 도움이 된다. 고객의 기대치를 명확히 파악하면 그에 맞춰 새로운 제품이나 업그레이드된 제품을 추천할 수 있으며 알맞는 서비스를 제공할 수 있다.

지불 확인　지불 시기와 지불 방법을 명확하게 논의한다. 고객과 언제, 어떤 방식으로 지불할지를 확실히 확인한다.

4 ｜ 데모 및 샘플, 파일럿 제공

제품 데모　제품 데모는 '데몬스트레이션(Demonstration)'의 줄임말로, 영업인이 고객에게 제품이나 서비스를 직접 보여주고 설명하는 과정이다. 이를 통해 제품의 기능과 장점을 실제로 고객에게 시연하고 경험하게 할 수 있다.

효과적인 데모를 위해서는 고객의 참여를 유도하는 것이 중요하다. 예를 들어, "이 부분을 보시면서 실제 이용했을 때 어떤 결과가 예상되세요?"라고 질문하거나, "자, 다음에는 어느 부분을 확인해볼까요?"라고 물으며 설명을 진행할 수 있다. 또한 고객의 집중도를 유지하기 위해 데모 시간은 5분 정도로 짧게 유지하는 것이 좋다. 데모 전에는 예상 소요 시간을 알려주고 반드시 그 시간 내에 마무리해야 한다. 데모 후에는 고객에게 제품의 강점과 약점에 대한 의견을 물어보고, 이를 바탕으로 추가적인 대화를 나누는 것이 효과적이다.

샘플 제공 샘플 제공은 고객이 직접 제품을 테스트해볼 수 있게 하는 방법이다. 샘플을 제공할 때는 사용자와 충분히 상의한 후 제공하고, 성실히 사용해볼 것을 권유해야 한다.

파일럿 프로그램 파일럿 프로그램은 고객이 제품이나 서비스를 실제로 사용해보는 과정이다. 주로 소규모 인원을 대상으로 짧은 기간 동안 진행되며 제품의 안정성과 효과를 검증하는 것이 주목적이다. 고객은 파일럿을 통해 구매에 따른 위험을 줄이고 제품의 효과를 사전에 검증할 수 있다. 파일럿은 무료 또는 유료로 제공될 수 있으며 기간과 조건은 영업인과 고객이 합의하여 결정한다.

파일럿 프로그램의 성공을 위해서는 참여자들의 책임감 있는 적극적 참여가 중요하다. 간혹 파일럿에 참여하지 않고 부정적인 피드백을 주거나, 소수의 인원만이 참여하여 제품의 효율성을 충분히 공유하지 못하는 경우가 있다. 이를 방지하기 위해, 파일럿 프로그램을 완료한 사람들의 의견만을 구매 결정에 반영하도록 사전에 합의하는 것이 좋다. 또한 파일럿은 단기간 검증 과정이므로 장기 사용 시의 효과를 경험하기는 어렵다는 점을 고객에게 미리 설명해야 한다.

이러한 기회를 주기적으로 만들기 위한 주간 및 일일 목표를 다음과 같이 세울 수 있다. 아래에 적힌 목표는 본인의 역량과 상황에 따라 수정할 수 있다. 이러한 목표를 세우는 것은 매우 중요하다. 구체적인 목표 설정은 업무의 방향을 명확히 하고 성과를 높이는 데 큰 도움이 되기 때문이다.

[기회에 대한 주간 및 일일 목표]
① 일일 목표
기회 창출 대화 하루에 3~5명의 고객과 기회 창출을 위한 대화를 나눈다.
맞춤형 솔루션 제시 하루에 최소 1~2건의 맞춤형 솔루션을 제시한다.
② 주간 목표

데모 및 샘플 제공 주당 3~5건의 제품 데모를 진행하거나 샘플을 제
공한다.

파일럿 프로그램 제안 주당 1~2건의 파일럿 프로그램을 제안한다.

영업 과정의 중간 단계인 기회 단계를 마무리하였다. 이제 우리
는 중간 지점에 서 있다. 이 시점에서는 결과에 대한 조급함보다는
긍정적인 기대를 가지고 여유 있게 남은 영업 과정을 진행하는 것
이 중요하다.

단계 4~5 | 관계(Relationship) & 합의·서명(Write)

단계 4 |

관계(Relationship)

비즈니스 세계에서는 오랫동안 "항상 클로징하라(Always be closing)."라는 ABC 개념이 영업의 황금률처럼 여겨져 왔다. 그러나 현대의 비즈니스 환경에서는 이러한 접근법이 오히려 장기적인 성공을 저해할 수 있다. 만일 당신이 고객과 매번 결과를 내려 하거나 클로징(closing, 구매과정 마감)하려 한다면 그 고객과의 관계 또한 클로징될 것이기 때문이다. 따라서 우리는 "Always be connecting"이라는 새로운 ABC 개념을 받아들여야 한다. 이는 거래를 성사시키는 것을 넘어 고객과의 지속적이고 의미 있는 관계를 구축하는 것에 초점을 맞추는 것이다. 그래서 5가지 TMORW 단계의 중심은 바로 이 4단계 '관계'이다. 이제 관계 관리를 위한 구체적인 실행 계획을 알아보자.

관계 관리 실행 계획 1 | 정기적인 소통

정기적인 연락　정기적인 연락은 고객이 솔루션을 채택한 이후에도 지속적인 가치를 제공하는 중요한 수단이다. 구매가 확정되었다는 것은 고객이 영업인과 제품을 신뢰했다는 의미이며, 이는 더 깊은 관계를 구축할 수 있는 기회이다. 월간 또는 분기별로 일정을 설정하여 고객의 현재 상태를 파악하고 필요한 도움을 제공하는 것은 이러한 신뢰를 더욱 강화한다. 구매 후 영업인이 고객을 대하는 태도는 진정한 비즈니스 관계를 만들어준다.

연락 후에는 대화 내용을 꼼꼼히 기록하고, 다음 연락 일정을 고객과 공유하는 것이 중요하다. 이는 고객에게 지속적인 관심과 지원을 보여주는 동시에 영업인 자신의 업무 효율성도 높일 수 있다.

맞춤형 커뮤니케이션　고객의 관심사와 필요에 맞춘 메시지를 보내는 것은 고객에 대한 깊은 이해와 관심을 보여주는 행위이다. 예를 들어, 고객이 제조업계에 종사하고 있다면 다음과 같이 제조업계의 AI 기술 동향이나 효율적인 팀 관리에 관한 정보를 공유한다. "안녕하세요. 김○○ 고객님. 최근에 발표된 보고서에 따르면, 제조업계에서 AI 기술이 점점 더 중요한 역할을 하고 있다고 합니다. 이와 관련된 내용을 첨부해 드리니 참고하시기 바랍니다."와 같은 메시지는 고객의 업계에 대한 영업인의 관심과 이해를 보여준다.

또한, "김○○ 고객님, 효율적인 팀 관리에 관한 유용한 기사를 발견하여 공유드립니다. 일전에 팀 운영에 관해 관심을 가지고 계신다고 했는데 도움이 되길 바랍니다."와 같은 메시지는 고객의 특정 관심사를 기억하고 이에 맞는 정보를 제공함으로써 개인화된 서비스를 제공하고 있음을 드러낸다.

이러한 맞춤형 커뮤니케이션을 통해 고객은 지속적인 가치를 받고 있다고 느끼게 되며, 이는 장기적이고 신뢰할 수 있는 비즈니스 관계 구축의 기반이 된다.

관계 관리 실행 계획 2 | 고객 피드백 수집

만족도 조사 정기적인 만족도 조사를 통해 고객의 의견을 체계적으로 수집한다. 이때 조사의 목적에 따라 질문을 신중하게 선택해야 한다. 예를 들어, 고객의 제품 사용 경험을 이해하기 위한 질문과 제품의 효과성을 평가하기 위한 질문은 다르다. 전자의 경우 "제품 사용 중 가장 만족스러웠던 점은 무엇인가요?"와 같은 질문을, 후자의 경우 "제품이 업무 효율성을 얼마나 향상시켰나요?"와 같은 질문을 할 수 있다. 이러한 만족도 조사 결과를 다른 영업 활동에 활용할 경우, 이를 고객에게 투명하게 공개하여 신뢰를 유지해야 한다.

피드백 반영 정기적인 피드백 요청을 통해 제품이나 서비스에 대한 고객의 의견을 들은 다음 분석하여 개선점을 파악하고 이를 실제로 반영한다. 중요한 것은 이러한 피드백이 어떻게 반영되었는지를 고객에게 알려주는 것이다. 예를 들어, "고객님께서 제안해주신 사항을 반영하여 제품을 개선하였습니다."라고 전달하거나, 반영하지 못한 경우에도 그 이유를 설명한다. 이러한 소통은 고객이 자신의 의견이 존중받고 있다고 느끼게 하며 제품과 회사에 대한 신뢰를 강화한다. 피드백을 주었는데 그 후 후속조치가 없다면 고객은 영업인과 제품에 대해 신뢰를 잃게 된다.

관계 관리 실행 계획 3 | 고객 교육 및 지원

교육 프로그램 제공 제품의 성능이 업그레이드되거나 새로운 버전으로 변경되었을 때, 고객이 이를 최대한 활용할 수 있도록 교육 프로그램을 제공한다. 예를 들어, "○○○ 고객님, 이전에 말씀하신 문제를 해결할 수 있는 새로운 기능이 추가되었습니다. 이 기능이 어떻게 도움이 될지 함께 논의해보고 싶습니다."와 같은 메시지를 보내 고객에게 도움을 준다. 이는 기존 고객에게 추가적인 솔루션을 제안하여 업셀링 및 크로스셀링 기회를 창출한다.

업셀링은 고객이 이미 구매한 제품이나 서비스의 고급 버전, 또는 가격이 높은 옵션을 제안하는 것이다. 예를 들어, "고객님이 사용 중인 소프트웨어의 프리미엄 버전은 더 많은 기능을 제공하며, 생산성을 더욱 향상시킬 수 있습니다."와 같이 기존 제품보다 상위의 제품을 추천하는 것이 이에 해당한다.

크로스셀링은 고객이 이미 구매한 제품이나 서비스와 관련된 다른 제품이나 서비스를 제안하는 것이다. 예를 들어, "고객님이 구매하신 프린터와 호환되는 고품질 잉크 세트도 함께 구매하시면 편리하게 사용하실 수 있습니다."와 같이 관련 제품을 추천하는 것이 크로스셀링에 속한다.

지속적인 지원 고객이 필요할 때 언제든지 도움을 받을 수 있도록 이메일, 전화, 채팅 등 다양한 채널을 통해 지원받을 수 있는 방법을 안내한다.

관계 관리 실행 계획 4 | 가치 있는 콘텐츠 제공

뉴스레터 정기적으로 뉴스레터를 발송하여 고객에게 유용한 정보를 전달한다. 뉴스레터는 업계 동향, 새로운 제품 출시, 최신 기술 업데이트 등 고객이 알아야 할 중요한 정보를 포함한다. 또한 제품 사용 방법, 효율적인 업무 처리 방법, 문제 해결 팁 등 실용적인 정보도 제공한다. 다른 고객의 성공 사례나 인터뷰를 통해 제품 활용 사례를 소개하고 향후 이벤트, 세미나, 특별 할인 등 고객의 관심을 끌 만한 정보도 함께 전달한다. 이렇게 구성된 뉴스레터는 고객에게 실질적인 가치를 제공하며, 동시에 비즈니스에 대한 신뢰와 관심을 유지하는 데 도움이 된다.

블로그 및 소셜 미디어 블로그와 소셜 미디어를 활용하여 고객과 지속적으로 소통하고 관계를 강화한다. 이때 중요한 것은 콘텐츠의 균형이다. 당신이 판매하는 상품에 대한 정보와 그 외의 유용한 정보를 5:5 비율로 제공하는 것이 효과적이다. 즉, 제품의 정보, 사용법, 혜택 등을 설명하는 한편, 고객에게 도움이 되는 일반적인 정보나 업계 동향, 성공 사례, 인문학적 인사이트 등을 함께 제공한다.

이러한 균형 잡힌 콘텐츠 전략은 현재 고객뿐만 아니라 잠재 고객의 관심도 끌 수 있어 방문자 수와 조회 수를 증가시키는 데 도움이 된다. 또한 전문성과 개인화된 차별성을 바탕으로 고객과 더욱 효과적으로 소통할 수 있게 해준다.

관계 관리 실행 계획 5 │ 고객 이벤트 및 감사

고객 초청 이벤트 고객을 초청하여 감사의 마음을 전하는 이벤트를 개최하는 것도 도움이 된다. 예를 들어, 고객 감사 이벤트나 신제품 출시 기념 행사를 여는 것이다. 이때 제품의 특징과 혜택을 소개하고 고객에게 직접 체험할 수 있는 기회를 제공한다. 또한 전문가의 강연과 실습을 통해 고객이 제품을 더 효과적으로 사용할 수 있도록 교육 세미나를 개최할 수도 있다. 이러한 이벤트는 고객과의 관계를 강화하고 고객에게 특별한 경험을 제공하는 기회가 된다.

관계 관리 실행 계획 6 | 고객 커뮤니티 구축

온라인 커뮤니티 온라인 커뮤니티 구축은 고객 간 소통과 정보 교환을 촉진하는 효과적인 방법이다. 포럼이나 소셜 미디어 그룹과 같은 플랫폼을 활용하여 고객들이 자유롭게 의견을 나누고 경험을 공유할 수 있는 공간을 만들 수 있다. 이러한 온라인 커뮤니티는 고객들 간의 관계를 강화하고, 제품이나 서비스에 대한 충성도를 높이는 데 큰 도움이 된다. 고객들은 온라인 공간에서 서로의 경험을 통해 학습하고 문제 해결 방법을 공유하며 제품 사용에 대한 새로운 아이디어를 얻을 수 있다.

오프라인 모임 오프라인 모임을 통해 고객들 간의 직접적인 교류를 촉진할 수 있다. 정기적인 오프라인 모임은 고객들이 서로 네트워킹하고 경험을 공유할 수 있는 기회를 제공한다. 이러한 모임은 고객들 간의 유대감을 형성하고, 제품이나 서비스에 대한 만족도를 높이는 데 효과적이다. 직접 만나서 이야기를 나누고 경험을 공유하는 과정에서 고객들은 더욱 깊은 관계를 형성하게 되며, 이는 브랜드에 대한 애착으로 이어질 수 있다.

더불어 이러한 고객 커뮤니티는 고객들이 서로의 성장을 돕는 플랫폼이 될 수 있다. 고객들이 자신의 지식과 경험을 공유하며 서로를 도울 수 있는 기회를 제공하는 커뮤니티 자체가 학습과 성장의 장이 된다.

관계 관리 실행 계획 7 | 거래가 '거절'로 마무리된 관계

여러 가지 이유로 인해 고객이 거래를 '거절'한 경우에는 그 이유를 명확히 확인하는 것이 좋다. 고객이 구매를 거절하는 것은 있을 수 있는 일이나 영업인은 거래가 왜 성사되지 않았는지를 파악해야 한다.

거절한 고객에게도 주기적으로 연락을 하되 단순히 인사 연락을 하는 것보다는 거절의 이유를 이해하고 그에 해당하는 정보를 주는 것이 좋다.

지금까지 TMORW의 네 번째 단계인 '관계'를 효과적으로 관리하기 위한 방법에 대해 알아보았다. 관계 형성에는 상당한 시간과 노력이 필요하며 관계를 유지하는 것은 더욱 중요하다. 수년간 쌓아온 관계도 잘못된 관리로 인해 하루아침에 무너질 수 있다. 하지만 반대로, 잘 유지된 관계는 지속적인 비즈니스 성과로 이어지게 된다.

따라서 관계가 형성된 후에는 단순히 현상 유지에 그치지 않고, 지속적으로 강화하고 발전시키기 위해 노력해야 한다. 이는 꾸준한 관리와 세심한 배려를 통해 이루어진다. 정기적인 연락, 가치 있는 정보 제공, 고객의 니즈에 대한 지속적인 관심과 대응 등이 이에 해당한다.

주간 및 일일 목표 설정은 이러한 관계 관리 노력을 구체화하고 실천하는 데 도움이 될 것이다. 이 목표는 본인의 역량과 상황에 따라 수정할 수 있다.

[기회에 대한 주간 및 일일 목표]

① 일일 목표

• 고객 체크인: 하루에 2~3명의 고객과 체크한다.

• 피드백 요청: 하루에 1~2명의 고객에게 피드백을 요청한다.

② 주간 목표

• 교육 프로그램: 주당 1~2개의 교육 프로그램을 진행한다.

• 뉴스레터 발송: 주간 뉴스레터를 발송한다.

단계 5 │ 서면 합의(Write)

최종 단계에서는 고객과의 합의를 문서화하고 서명을 받아 계약을 체결하는 것이 목표다. 서명을 받지 않았다면 구매가 완료되었다고 보기 어렵다. 그러므로 반드시 서명을 받아야 한다. 다음은 합의와 서명을 성공적으로 이끌기 위한 실행 계획이다.

1 | 계약서 준비

명확하고 간결한 문서 계약서는 명확하고 간결하게 작성한다. 계약 조건, 가격, 제공되는 서비스 또는 제품, 일정 등을 구체적으로 명시한다.

법적 검토 계약서를 법적으로 검토하여 모든 조항이 법적 효력을 가지도록 한다. 필요 시 법률 자문을 받는다.

2 | 합의 사항 확인

서면 확인 구두로 합의한 사항을 서면으로 확인하여 오해가 없도록 한다. 이메일이나 서면 문서를 통해 합의 내용을 확인한다.

명확한 요약 합의 내용을 요약하여 고객에게 명확히 전달한다. 주요 조건과 일정, 책임 등을 명확히 한다.

3 | 서명 단계

서명 일정 조율 고객과 서명 일정을 조율하여 가능한 한 빠르게 계약을 체결한다. 서명 일정을 놓치지 않도록 주의를 기울인다.

전자 서명 활용 가능한 경우, 전자 서명 시스템을 활용하여 신속하고 편리하게 서명을 받을 수 있도록 한다. 예를 들어, 도큐사인

(DocuSign)이나 어도비사인(Adobe Sign)을 사용할 수 있다.

4 | 서명 후 절차

계약서 보관 서명 완료된 계약서를 안전하게 보관한다. 디지털 및 물리적 사본을 모두 보관하여 필요 시 편리하게 접근할 수 있도록 한다.

계약 조건 이행 준비 계약 조건을 이행하기 위한 내부 준비를 시작한다. 필요한 리소스를 확보하고 관련 팀과 정보를 공유한다.

5 | 고객과의 소통

확인 및 감사 서명 후, 고객에게 확인 메일을 보내고 계약 체결에 대한 감사의 뜻을 전한다.

TMORW 단계
요약

'TMORW 단계'는 영업 성과를 극대화하기 위한 핵심 프로세스다. 전체 내용을 다시 한번 되짚어보고 핵심을 기억하자.

① 타깃(Target)

• 목표 타깃 설정

- 판매 목표 대상을 설정하는 단계이다. 판매 목표 수량이나 매출 금액을 정하고 KPI(Key Performance Indicator)를 설정하여 영업 활동의 방향을 명확히 한다.
- 타깃 설정은 영업인의 역량, 제품 특성, 시장 환경 등을 고려하여 이루어지며 적절한 목표 설정이 중요하다.

• 단계별 타깃 설정

- 목표를 달성하기 위해 각 영업 단계마다 필요한 목표를 설정한다. 예를 들어, 특정 기간 안에 몇 명의 고객을 확보할지를 설정하고 이를 달성하기 위한 활동을 계획한다.
- 각 단계의 성공률을 파악하여 목표를 세분화하고 구체적인 실행 계획을 세운다.

② 미팅(Meet)

• 미팅 준비

미팅 전, 아젠다를 명확히 하고 고객의 관심사를 사전에 파악하여 미팅의 목적을 설정한다. 미팅 장소와 시간을 주도적으로 결정하여 대화의 주도권을 확보하고 필요 시 온라인 미팅을 준비한다.

• 미팅 중

- 라포(rapport) 형성: 고객과의 신뢰를 쌓기 위해 짧은 대화를 나누며 친밀한 분위기를 조성한다.
- 능동적 경청: 고객의 이야기에 집중하며 고객의 니즈를 깊이 이해한다.
- 프레젠테이션: 고객이 쉽게 이해할 수 있도록 스토리텔링을 활용하여 제품이나 서비스의 가치를 전달한다.
- 고객의 니즈 분석: 다양한 질문을 통해 고객의 요구를 파악하고, 그에 맞는 솔루션을 제시한다.

• 미팅 후 팔로업

감사 이메일을 통해 미팅의 내용을 요약하고, 다음 일정에 대해 조율한다.

③ 기회(Opportunity)

• 문제 및 필요 파악

고객의 현재 문제와 필요를 깊이 이해하기 위해 개방형 질문을 사용한다. 이를 통해 고객이 겪고 있는 어려움과 그 문제를 해결하기 위한 요구를 명확히 파악한다.

• 솔루션 제시

고객의 상황에 맞는 맞춤형 솔루션을 제안한다. 고객이 얻을 수 있는 구체적인 혜택을 강조하며, 필요에 따라 다양한 선택 옵션을 제공한다.

• 기회 확정

고객의 구매 의사를 확정하고, 구매 일정을 조정하며, 구매 후 기대치를 확인한다. 필요한 경우 제품 데모나 샘플을 제공하여 구매 결정을 돕는다.

④ 관계(Relationship)

• **관계 유지**

고객과의 관계를 지속적으로 유지하며, 신뢰를 쌓는다. 주기적인 연락과 지원을 통해 고객이 만족할 수 있도록 노력한다.

• **고객 만족 관리**

고객의 기대치에 부응하는 서비스를 제공하여 장기적인 관계를 형성하고, 재구매를 유도한다. 고객의 피드백을 반영하여 제품을 지속적으로 개선한다.

⑤ 서면 합의(Write)

• **계약 체결**

최종적으로 계약을 체결하는 단계다. 계약 조건과 일정을 명확히 하고 고객의 기대치를 재확인하여 만족도를 높인다.

계약 후에도 고객과의 관계를 유지하기 위해 후속 조치를 계획한다.

이 TMORW 5가지 단계는 영업을 체계적으로 관리하고, 지속적인 성과를 달성하는 데 필수적인 과정이다. 각 단계를 충실히 이행하면 더 좋은 성과를 거둘 수 있다.

Target   Meet   Opportunity   Relationship   Write

지치지 않고 마음의 물잔을 지키는 법

여러분의 마음속에는 물잔이 있다. 이 물잔에는 넘치지 않을 정도의 물이 담겨있다. 비즈니스 세계에서 여러분은 다양한 유형의 사람들을 만나게 될 것이다. 당신을 오해하는 사람, 공격하려는 사람, 이용하려는 사람, 무시하는 사람, 그리고 앞뒤가 다른 사람 등 여러 유형의 사람들이 당신의 평화로운 물잔을 흔들려고 할 것이다. 하지만 그럴수록 더욱 침착해져야 한다. 내면의 물잔에 어떤 파동도 일어나지 않도록 스스로를 다독여 중심을 잡아야 한다. 당신의 주변과 당신 자신에게 힘을 주기 위해 그 물이 필요하기 때문이다.

처음 비즈니스를 시작했을 때, 나 역시 수많은 도전에 직면했다. 때로는 내 노력이 오해를 받기도 했고, 진심이 전달되지 않아 좌절감을 느낄 때도 있었다. 하지만 그때마다 나는 내 안의 물잔을 지키려 노력했다. 내면의 평화를 유지하며 중심을 잡으려 했고 진정성 있는 관계를 이어갔다. 시간이 지나면서 나는 놀라운 일을 경험했다. 나와 함께 성장하는 사람들을 만나게 된 것이다. 당신도 마찬가지이다. 당신의 물잔은 점점 더 커질 것이고, 더 많은 사람들에게 힘을 줄 수 있는 그릇이 될 것이다.

관계 형성에 필요한 질문의 기술, 경청의 가치, 그리고 TMORW 단계 등 이 책을 통해 여러분이 배운 모든 것은 결국 이 물잔을 채우고 나누는 방법이다.

단언컨대 당신이 성공하는 가장 빠르고 명확한 방법은 당신과 관계를 맺고 있는 주변 사람들을 성장하게 하고, 성공하도록 돕는 것이다. 그들의 비전이 이뤄질 때, 당신의 비전도 실현될 것이다.

이 책에서 배운 내용들을 실천에 옮기며 당신만의 가치 있는 비즈니스 관계를 구축하자. 그 과정에서 어려움을 만나더라도, 여러분 내면의 물잔을 지키며 꾸준히 나아간다면 함께 성장하고 함께 성공하는 멋진 여정이 여러분 앞에 펼쳐질 것이다.

2000퍼센트 매출 상승을 이끄는 판매 설계의 기술

잘 파는 사람은 무엇이 다른가

초판 1쇄 발행 · 2024년 11월 15일

지은이 · 김남희
펴낸이 · 민혜영
펴낸곳 · 오아시스
주소 · 서울특별시 마포구 월드컵로14길 56, 3~5층
전화 · 02-303-5580 **| 팩스** · 02-2179-8768
홈페이지 · www.cassiopeiabook.com **| 전자우편** · editor@cassiopeiabook.com
출판등록 · 2012년 12월 27일 제2014-000277호

ⓒ김남희, 2024
ISBN · 979-11-6827-240-8 03320

· 오아시스는 (주)카시오페아 출판사의 인문교양 브랜드입니다.
· 잘못된 책은 구입하신 곳에서 바꿔 드립니다.
· 책값은 뒤표지에 있습니다.